王晓梅

浙江大学马克思主义学院副教授
浙江省之江青年社科学者
牛津大学哲学系访问学者

王晓梅，女，汉族，出生于1982年，浙江杭州人，哲学博士，现为浙江大学马克思主义学院副教授，浙江省之江青年社科学者，牛津大学哲学系访问学者。主要研究方向为：马克思主义基本原理、科学技术哲学。已在《哲学研究》《自然辩证法研究》《浙江社会科学》《哲学动态》《伦理学研究》等学术期刊发表学术论文十余篇；已出版专著《自主概念的理论研究》1本；主持省部级项目10余项。参与国家社科基金项目1项，承担国家社科基金重大项目子项目1项。

本书系浙江省哲学社会科学规划项目（23NDJC071YB）研究成果

受中央高校基本科研业务费专项资金资助

人类解放进程中的技术困境及其破解

王晓梅　著

新 华 出 版 社

图书在版编目（CIP）数据

　　人类解放进程中的技术困境及其破解 / 王晓梅著
. -- 北京 ：新华出版社，2023.9
　　ISBN 978-7-5166-7010-1

　　Ⅰ．①人… Ⅱ．①王… Ⅲ．①社会人类学－研究
Ⅳ．①C912.4

　　中国国家版本馆 CIP 数据核字 (2023) 第 183436 号

人类解放进程中的技术困境及其破解

著　　者：王晓梅	
责任编辑：高映霞	封面设计：瑞天书刊
出版发行：新华出版社	
地　　址：北京石景山区京原路 8 号　邮　　编：100040	
网　　址：http://www.xinhuapub.com	
经　　销：新华书店、新华出版社天猫旗舰店、京东旗舰店及各大网店	
购书热线：010-63077122	中国新闻书店购书热线：010-63072012
照　　排：刘　祥	
印　　刷：济南文达印务有限公司	
成品尺寸：170mm×240mm	
印　　张：13.5	字　　数：200 千字
版　　次：2024 年 5 月第一版	印　　次：2024 年 5 月第一次印刷
书　　号：ISBN 978-7-5166-7010-1	
定　　价：56.00 元	

目　录

导　论

习近平总书记在纪念马克思诞辰200周年大会上讲话指出："马克思主义博大精深，归根到底就是一句话，为人类求解放。"追求人的自由与解放是古往今来的人们共同追求的价值目标，是马克思主义的鲜明主题。技术是人类谋求发展、获取自由的基本途径。技术的高速发展在带来进步的同时也造成现代性病痛，技术与资本、政治的强强联合可能给人类解放造成更大的障碍，不少理论家围绕技术宰制、技术垄断等困境做了大量批判，但是大多因为缺乏现实依据、未能跳出资本主义框架而陷入泥淖。本研究在汲取马克思的劳动过程理论思想的基础上，批判继承马克思的阶级革命思想，通过反思和重构技术民主化方案，立足现实，主张建构一种具有能有效调节多方利益的动态平衡机制的技术的社会主义应用方案，使技术沿着公正、民主的方向发展，最终实现人的自由与解放。

一、国内外研究现状述评

国内学者对马克思的人类解放问题进行了系统地梳理，有学者系统归纳了马克思人的解放思想的历史发展、理论内容、理论逻辑、理论价值及其现实意义[1]；有学者对人类解放进行了多维度解读，还从马克思人类解放的思想源泉、解放视域中的社会形态理论、解放思想在现当代的多元发展等方面丰富了人类解放思想[2]；有学者讨论了按马克思的"世界历史"范畴在世界历史中实现人的解放的必要性与可能性问题[3]。也有学者重点关注人类解放的某个角度，譬如感性解放[4]、政治解放[5]、人性解放[6]、精神解放[7]、个人解放[8]、主体解放[9]等。

尽管西方马克思主义学者均从自己的学术传统与立场出发对马克思的技术思想进行了有益补充，但马克思的技术思想并不是西方马克思主义研究的主题。对马克思的技术思想进行系统地梳理，其间大部分工作是由国内学者完成的。乔瑞金从逻辑分析、历史透视、哲学诠释三个角度清晰地展示了研究马克思技术思想的逻辑必然、文本依据与现实意义，并且归纳出马克思技术哲学思想发展所经历的三个阶段[10]；牟焕森认为马克思的技术哲学思想是以

[1] 代俊兰. 马克思人类解放理论的历史轨迹及其当代价值[M]. 北京：中国社会科学出版社，2013：15-211

[2] 刘同舫. 马克思人类解放思想史[M]. 北京：人民出版社，2019：27-280

[3] 韦定广. "世界历史"语境中的人类解放主题[M]. 北京：人民出版社，2004：122-144

[4] 刘兴章. 感性存在与感性解放[D]. 博士学位论文，复旦大学，2008：163-189

[5] 苗贵山. 从政治解放到人类解放：马克思政治哲学的逻辑进路[J]. 理论与改革，2008（03）：8-11

[6] 刘同舫. 人性问题与马克思的人性解放意蕴[J]. 学术研究，2013（02）：1-6

[7] 牟成文. 马克思精神解放理论简论[J]. 哲学研究，2015（01）：25-28

[8] 赵恩国. 马克思"个人解放"思想的历史与逻辑[M]. 上海：上海人民出版社，2017：16-114

[9] 朱春艳，齐承水. 论马克思主体解放思想的逻辑演进[J]. 东北大学学报（社会科学版），2018（06）：628-633

[10] 乔瑞金. 马克思技术哲学纲要[M]. 北京：人民出版社，2002：61-158

对资本主义制度的批判为理论主线，以人文主义的、实践唯物主义的和工程学传统的剖析为切入点对技术进行的全面、深刻的反思[1]；王伯鲁结合马克思的重要论述，将技术分为劳动技术、机器技术与产业技术，并阐述了技术与人性、科学、资本、社会的关系，并就技术困境的超越与人类解放进行了美好的展望[2]。

国外人类解放进程中的技术困境研究的萌芽阶段从 18 世纪开始。工业文明的兴起催生了思想家关于人类与技术之间的关系的关注与思考，法国思想家卢梭是较早关注这一主题的代表人物之一。他们坚持"自然"与"文明"的对立，主张技术的发展加速推进人类进入文明社会的同时，却日益加重了人们遭受奴役和压迫的程度，科学技术的进步总是伴随着社会不平等的加剧和道德的堕落。尽管他们看到了技术给人类带来的负面效应，主张放弃科学，但是并未从技术本身进行深入地探究。

在手工业技术向机器大工业技术过渡的产业技术大变革时代，马克思发现，在机械工厂中工人沦为无意识的、机器体系的有生命的附件。他从具体的技术形态出发，主张技术一方面能提高人类活动效率，另一方面又会对人类造成奴役。尽管马克思当时已经开始意识到机器所引发的人的异化问题，但当时整体的工业发展在历史唯物主义的理论框架内是促进人类解放的，严格地说，当时的"技术问题"尚未真正上升为问题，马克思并未将其正式列入人类解放体系之中，而是将技术奴役和异化问题的解决寄希望于政治解放。这是人类解放进程中的技术困境研究的发展阶段。

研究的繁荣阶段始于二战前后。涌现了韦伯（Maximilian Karl -Emil"Max" Weber）、芒福德（Mumford Da`vid Bryant）、埃吕尔（Jacques Ellul）、霍克海默（Max Horkheimer）、阿多诺（Theodor Wiesengrund Adorno）、马尔库塞（Herbert Marcuse）、哈贝马斯（Jürgen Habermas）、弗洛姆（Erich Fromm）、君特·安德斯（Günther Anders）等一大批理论家。韦伯进一步意识到发端于生产领域的理性分工体系已经渗透到社会生活的各个方面，如同"铁笼"控制着人们的生产生活。芒福德、埃吕尔等人或将技术与权力结合起来，或将

---

[1] 牟焕森. 马克思技术哲学思想的国际反响[M]. 沈阳：东北大学出版社，2003：138-164
[2] 王伯鲁. 马克思技术思想纲要[M]. 北京：科学出版社，2009：303-310

技术视为非人意志的"座架"，或将技术视为"世纪赌注"。法兰克福学派很大程度上继承了马克思、韦伯的观点，且表现出更为浓厚的技术哲学思想的解放意味。他们站在人本主义立场上展开了工具理性、实证主义的批判。关注技术对人性的压抑，将批判的锋芒直指社会政治问题与现存制度，将当代科学技术当作一种新型的控制形式，视它为造成单向度社会的根源。技术拜物教虔徒代表君特·安德斯（Günther Anders）深受马克思的技术思想影响，他坚持认为在人类解放的进程中，技术的革命性进步导致了"普罗米修斯的羞愧"，科学技术已经成为历史的主体，使世界成为"没有人的世界"。（Günther Anders，1980）虽然他们看到了问题的同时也提出了解决方案，但是无论是宗教救赎路径、文化超越方案，还是具有浪漫主义色彩的"中间技术"路线，最终都因脱离现实没有看到引起困境的根源而落空。

近年来，有不少学者如克利斯提安·福克斯（Christian Fuchs）等人开始关注资本逻辑下大数据对人类生存状况的影响。安德鲁·芬伯格（Andrew Feenberg）则对类似的情况早有察觉，提出必须对技术进行改造，将人们从技术的奴役与控制中解放出来，最终实现人的全面而自由的发展。

国内对于技术困境的关注发端于春秋末期的道家，他们关注技术对人类德行的消极影响，主张放弃或远离技术。学术界一直很关注人类前途和命运，近年来，有一些从大数据技术造成隐私泄露等角度来论证技术侵害人的自由和权利的讨论。但是人类解放进程中的技术困境研究专题并不多见，王伯鲁2006 年度的国家社科基金项目"新技术革命背景下的技术困境与人类解放问题研究"，主要从技术哲学领域、基于工程学传统探讨了技术困境及其超越，开辟出了一条从技术层面切入社会现实问题的新路径，是技术困境问题研究上的一次开拓性探索，为本研究提供了很好的理论基础。但是十几年来，科学技术的突飞猛进，以及资本与技术更紧密的联系等新情况带来的新问题需要学界做进一步的回应。

总之，以上理论成果为本课题研究提供了支撑。但是，我们发现，现有研究仍然存在着不足：

第一，从研究维度看，国内外学者重点关注人类解放的某个维度，但尚未将"技术解放"维度列入其中。而且倾向于重人文主义思想传统、轻唯物主义思想传统，譬如文化解放、感性解放、精神解放等。

第二，从研究领域看，人类解放研究主要集中在马克思主义哲学领域；技术哲学领域对技术问题的讨论和著述颇丰。当今人类技术理性泛滥，人性异化现象和生存困境日益严峻，这种状况需要马克思主义理论来做一些比较系统的回应。

第三，从研究范式上看，国内研究方面，论的研究较多，史的研究成果渐丰。理论体系的建构居多，而以问题为主导的专题研究成果较少。马克思主义是一门实践性导向的学科，不能仅限于纯理论、纯学科化解读。国外研究方面，他们提出的解放方案大多因为缺乏现实依据、未能跳出资本主义框架而陷入困境，最终普遍表现出技术悲观主义式的焦虑。

因此，开展人类解放进程中的技术困境机器破解研究具有重要的理论意义和实践意义。

二、学术价值与实践价值

技术异化倾向日益加重，适时提出技术解放路径是在新时代条件下对马克思人类解放思想的现实追问，也是对马克思人类解放体系的科学补充，是延续马克思人类解放逻辑的未尽之意。首先，人类解放是技术发展的现实引领和价值归宿。人类解放的过程也是技术进步、社会发展的过程。技术具有解放的潜能但同时又内含阻碍解放的消极因素。必须坚持唯物史观，将技术问题置于人类解放的进程中加以理解，用动态发展的眼光审视技术发展中产生的问题，以避免"技术乌托邦"的盲目乐观和规避"技术敌托邦"对技术的全盘否定。在对技术问题的批判中积极寻求解决方案，体现了深度的人文关怀，为技术问题的研究提供了一种积极的、辩证的思路。马克思在新时期的追随者们以其敏锐的触角捕捉到不断暴露与凸显的技术问题。他们并没有抛弃技术，而是试图结合各自的时代条件改变技术对人类解放的阻碍，使人摆脱技术的奴役，真正实现被技术所压抑的潜能。技术应该增进人的自由、促进人的发展，而不是反过来使人陷于"技术铁笼"中，使贫富差距在技术的杠杆作用下更加悬殊。将技术问题作为人类解放的中间环节加以理解，能为技术发展提供正确的价值引领，使关心人本身始终成为一切技术进步的主要目标。

一直以来，马克思的技术思想都作为独立于马克思人类解放思想的主题来研究，从马克思主义的思想历程和理论逻辑将技术解放作为马克思人类解放思想的一维，促进技术哲学领域和马克思理论研究领域的融合，贯通马克思人类解放思想研究与技术思想研究的逻辑。

技术解放是对马克思人类解放思想的延伸阅读与有益补充。马克思的人类解放是一种多维度的解放，涉及政治解放、经济解放、劳动解放、文化解放等各个方面。尽管马克思当时已经开始意识到机器的资本主义应用所产生的问题，但当时整体的工业发展是促进生产力发展的，在历史唯物主义的理论框架内是促进人类解放的，这使得马克思并未将其上升为真正的问题加以论述，也未将"技术解放"正式列入其人类解放的思想体系中。随着时代的向前发展，以高新技术为主体的当代技术已成为社会生活的主导因素，它在带来社会变革的同时也造成了严重的实践后果，特别是当代技术正将工具理性引入社会生活的各个领域，发挥其作为统治力量的意识形态功能，形成了一种新的社会控制形式，成为阻碍人类解放的消极因素。这正是芬伯格与马克思得以在当代语境中相遇并围绕技术问题展开跨时空对话的契机与意义所在。芬伯格延续了马克思人类解放逻辑的未尽之意，适时提出的技术解放路径是在新的时代条件下对马克思人类解放思想的现实追问，也是对马克思人类解放体系的科学补充。

用马克思的劳动过程理论、《资本论》中的生产工具与相对剩余价值的关系等来揭示（科学）技术在资本逻辑下的剥削实质，这对于类似的研究有一定的学术启发意义。马克思在《资本论》中提出机器（生产工具）在资本主义生产中已成为"劳动条件"并发挥着"使用工人"（君特·安德斯在她的著作里面的很多地方都很清楚地表达了这样的观点，看来，他是很好地吸收了马克思的这个观点的）的作用。以此为出发点，马克思充分论述了作为"生产工具"的死劳动与劳动者的活劳动之间的区别和内在联系，还揭露了机器与相对剩余价值之间关系。作为生产工具，在生产过程中发挥了强大的复制生产的功能，极大地提高了生产力水平。这种超强的复制功能使得生产出的产品边际成本极小，趋近于零，这就产生了大量的剩余价值。马克思揭示资本主义社会中的剩余价值生产过程，十分强调机器（工具）的"应用场景""被谁用""怎么用""为了谁用"，并提出了机器的"资本主义应用"的论断，实际上凸显的是机器的功能属性与应用场景相区分的重要性。[1]对"机器的资本主义应用"的批判，启示的是"技术的社会主义应用"取代"技术的资本主义应用"的历史必然性；为我们在社会主义社会，参与"技术"相关工作的实践中，如何用技术来促进公平、正义，促进人的解放提供了思路。

除了以上的学术价值，本研究还具有重大的实践意义。

一方面，为中国特色技术现代性道路的建构提供理论参考。对人类解放进程中的技术困境的破解和对可选择的技术现代性的探讨可以为中国特色的技术现代化建设提供更多视野。另一方面，为正确处理技术与资本、"知本"的关系提供参考，树立"以人为本"的技术发展理念，促进人的解放。随着资本与技术的联合越来越紧密，人类面临被操控、被宰制的风险也愈大，这是技术的"资本主义应用"的必然。通过改良的技术民主化方案和技术全过程民主，充分考虑公众的利益，避免技术与精英手中的"资本"与"知本"结合成新的社会控制方式。这可以为技术的"社会主义应用"提供新的思路。

现代技术的急速发展使得技术成为渗透一切的现象。技术在促进生产力巨大飞跃的同时也造成了严重的实践后果：各领域中技术的交织和重叠赋予技术强大的统治力量，人类生产生活的各个领域似乎都被技术殖民化了。从某种程度而言，技术已经成为人类解放进程中难以忽略的消极因素。正是在这种现实语境下，技术解放演变为一种迫切的需要。作为对马克思技术思想在当代的延伸与拓展，当代技术哲学家们以资本主义形态作为研究背景对技术造成的困境做了批判，他们的理论继承了马克思对资本的批判风格以及为人类尤其是广大劳苦民众谋求解放的精神气质，揭示了技术的形式偏见何以

---

[1] 欧阳英. 《资本论》中的生产工具理论及启示[J]. 哲学研究，2021(9):35-44.

产生，指示了社会主义的民主技术如何生成，对于如何使技术能够在更广阔范围内、更大程度上、更有效地与公众的需求一致并设计出能够反映时代的、以人为本的技术，具有重要的借鉴和指导意义。

三、主要内容与研究方法

本研究遵循"基本概念界定-困境生成机理阐释-困境破解机制探索-提出技术的社会主义应用方案"的基本思路，本课题基于广义技术范式，着眼于整个人类解放进程，分析人类和社会的技术化过程、厘清技术困境的基本概念等；通过辨析各理论学派对技术的批判，关照实际，剖析资本逻辑下的技术异化、技术宰制等现象背后的根源；以《资本论》为主要文本依托，重点应用其中的生产工具理论来揭示新兴科学技术社会中存在的新的剥削事实。通过理论考证，案例调查，数据收集，探究社会主义的民主技术如何生成，使技术能够在更广范围内、更大程度上、更有效地与公众的需求一致并设计出能够反映时代的、以人为本的技术应用方案。主要内容如下：

1. 人类解放进程中的技术困境研究史。用规范性方法和描述性方法考察人和社会技术化的过程以及技术困境的历史演变；在人类思想嬗变中把握技术困境的变迁和性状趋势。

2. 技术困境的根源和救赎方案研究。在深入把握技术困境的变迁和性状趋势的基础上，分析各种技术批判思想及技术自主观、技术中性论等救赎方案的发展历史脉络和时代背景，以技术为逻辑对社会问题加以反思，追溯根源，揭示实质。

3. 马克思劳动过程理论对技术困境的破解研究。大多数的技术解放方案最后都因为脱离社会现实，没能从社会体制本质上认清技术困境的根源。本研究以《资本论》为主要文本依托，重点应用其中的生产工具理论来揭示技术的"资本主义应用"的剥削事实。马克思的"机器的资本主义应用"论断将机器的应用场景区分开来。这启示我们，技术的"社会主义应用"与技术的"资本主义应用"存在本质不同，前者可以避免技术困境。

4．技术解放方案重构研究。资本逻辑下的技术体系建立在机构与等级之上，通过法律、伦理等途径"授权"于技术专家等特殊群体，使其利益制度化、合法化，却高度忽视了其他社会成员的合理利益诉求。通过典型案例的实证考察，从微观层面揭示技术实践全过程中，政府、技术专家、资本掌控者、公众等利益相关者的参与度以及他们的行为表现和心理动因。社会优势群体总是技术的既得利益者，他们的价值与利益总是能更轻易地嵌入技术体系中并得到较为充分的实现，而公众的利益则受到压抑，处于潜在的、未实现的状态。以人民为中心的技术如何生成？这是技术解放方案要解决的问题。

5．技术的中国特色社会主义应用方案研究。在揭示了技术民主生成机制后，结合中国实际，以人民为中心作为基本理念和价值取向对技术进行社会主义民主化改造。以技术的全过程民主为中国特色社会主义人民民主保驾护航。

6．大数据技术与人类解放研究。数据技术的本质是处理关系，数据应用是发现关系，处理关系和建立关系，数据离不开人，数据技术的发展要以"人类解放"为价值旨归。

数据及大数据技术的进步增进人类的自由，帮助人们完成现实生活中无法达成的目标，为人们创造理想的生活境界。然而，数据化也将人带入了现实困境。如何发挥数据的解放功能、尽可能规避被其禁锢，是人类解放进程中一直面临的问题。

四、主要研究目标

1．将技术解放纳入马克思人类解放思想体系。当下，技术与资本共谋共生，构筑成一种新型的社会控制形式，高新技术如人工智能甚至威胁人的存在意义。这就要求我们始终以现实生活为依据，牢牢掌握资本主义生产方式这一实际。按照马克思的解放逻辑推演出它对当代技术问题应有的思考。

2．破解技术困境。运用剩余价值理论揭示在资本逻辑下（高新）技术的"资本主义应用"的实质。以现实为依据，批判继承马克思的阶级革命思想，为底层公众争取利益。

3．初步构建 "以人为本"的技术的社会主义应用方案。引入技术微政治学，建立多元主体、多维价值均衡机制。技术在劳动者当家作主的社会主义条件下的应用，是对其"资本主义应用"的批判和超越。马克思在《资本论》中提到的"机器的资本主义应用"强调了机器的应用场景问题的重要性。这点同样适用于技术。传统马克思主义一般只是诉诸马克思的资本主义所有制理论，最终陷于对技术控制人的焦虑。技术的"社会主义应用"则能够加速人类解放进程。

虽然本人自身的学识视野已经在研究坐标之内，但由于学术功力的有限性，粗浅、疏漏与牵强之处尚存，还有待不断地鞭策且倾之于更多的心血而进行后续研究。

第一章　何为技术？

观其本质，技术的存在取决于人们的需要，并满足其需要。人类早期为解决其基本需求而创造和使用技术。而如今的技术则是为了满足人们更广泛的需求和欲望，并需要一个巨大的社会结构来支撑它。

虽然马克思在他的任何著作和手稿中都没有给技术下过定义，但他在他的著作或手稿中都有对技术的发展规律的解释，如 1844 年的《哲学的贫困》《机器的应用》《自然力与科学》《资本论》第一卷《经济学哲学手稿》等。美国技术哲学家（Robert E. Mc Gin）在给技术的哲学分析做分类的时候，将马克思关于技术认识划分为第八类，他强调了马克思关于技术认识的重要性，看到了这种认识是基于活动方式上对技术的理解。[1]法国哲学家考斯塔斯·阿克斯劳斯（kostas Axelos）指出，技术是马克思全部思想的核心，了解马克思的技术观，对理解马克思的思想和马克思主义的意义大有裨益。[2]德国技术哲学家弗里德里希拉普（Friedrich Rapp）宣称，马克思、恩格斯和列宁奠定了技术哲学在马列主义的基础。[3]这无疑是对马克思技术思想的充分肯定。马克思特别强调劳动在人类的形成和发展过程中的作用，也特别重视劳动方式、劳动手段和劳动工具在满足人类需求和利用其达到目标的重要作用。"人们为了能够'创造历史'，必须能够生活。"[4]但要想活下去，吃喝住穿等一些事情都是首先需要的。所以第一个历史活动是生产符合这些需要的材料，也就

---

[1] Robert E. McGinn，What is Technology? Larry A. Hickma，Technology As a Hnuman Affair，10-15，McGraqw-hill.pp.11-14.

[2] KosrasAxelos.Alienation， Praxis， and Techne in the Thought of Karl Marx. Texas: University of Texas Press，1976.pp.1-3.

[3] 弗里德里希·拉普，《技术哲学导论》，刘武等译，辽宁科学技术出版社，1982：182.

[4] [德]马克思，恩格斯. 马克思恩格斯文集（第一卷）[M]，北京：人民出版社，2009：31

是生产物质生活本身，而且，这是所有历史的基本条件，从几千年前一直到今天，人们每天每时每刻都要从事的历史活动，这是维持生活的唯一目的。创造历史的前提是首先得生活下来。这就使得技术成为社会生产和生活中不可缺少的东西，因此技术也被赋予了重要的意义，这恰恰是人类为了满足生存需要而实施的实践活动，是人类在历史进程中对物质生活资料更高更广的追求。

第一节　作为生产力的技术

技术是生产力的思想，马克思已经表达得很清楚了。机器不是经济学范畴，就像拖犁的牛，在《政治经济学的形而上学》中。机器不过是生产力的一种而已。与拖犁的牛一样，机器只是生产力的一个具体表现。现代工厂建立在应用机器的基础上，就是社会生产关系，就是经济范畴。[1]

技术最初存在于人类的劳动中，然后逐渐扩展到人类各个现实活动中。这么一来，技术作为实践的本质就十分明确地显现出来。技术是从客体转化而来的，是人在开始活动前作为主体活动的对象的存在，是以物化的知识代表着人的活动的产品，也是进一步将知识物化为其他人造物的中介性条件。[2]技术是人类创造出来的劳动手段，劳动将之用于自身和劳动对象之间，把它当作媒介，将人类活动引入到对象之中。马克思指出，"自然界没有造出任何机器，没有造出机车、铁路、电报、自动走锭精纺机等等。"[3]这些机器是人类劳动创造的产物，通过它们人类能够驾驭自然界，实现自己的意志。它们是将自然物质转化为人类意志的工具，也可以说是在自然界中实现人类意志的器官。"它们是人的手创造出来的人脑的器官；是对象化的知识力量。"[4]技术是人类劳动的产物，由人类的双手创造；是知识力量的对象化。

在"机器和大工业章节"中，马克思也补充智力则会转化为资本支配劳

---

[1][德]马克思，恩格斯. 马克思恩格斯选集（第一卷）[M]. 北京：人民出版社，1995：161
[2] 乔瑞金.马克思技术哲学纲要[M]. 北京：人民出版社，2002：25
[3][德]马克思，恩格斯. 马克思恩格斯文集（第八卷）[M]. 北京：人民出版社，2009：197-198
[4][德]马克思，恩格斯. 马克思恩格斯文集（第八卷）[M]. 北京：人民出版社，2009：197-198

动的权力，"这种转化是在以机器为基础的大工业中完成的。"[1]在科学面前，在巨大的自然力面前，在社会的群众性劳动面前，作为一种无足轻重的附属品，已经变得空虚的单机工人的局部技能已经荡然无存；在机器系统中体现出来的是科学，是巨大的自然力，是社会的群众性劳动，与机器系统一起构成了"主宰"的力量。[2]不过，人的智力劳动和体力劳动的关系是随着技术的功能属性的变化而发生变化的。科学、自然力、群众性劳动等都成了机器体系中的一部分，这些元素都可以为实践主体加分，共同构成实践主体的强大力量，这进一步表明了机器体系作为技术物质手段，同样属于生产力范畴的思想。 总而言之，马克思在他所处的年代，看到的主要是技术对于社会进步的一面。马克思主张技术是人的智慧力量对象化的产物，技术是生产力，是人类征服自然、改造自然和解放自我的手段。

作为生产力的技术的形态也在随着社会的变化而发生变化，人的智力劳动和体力劳动之间的关系总趋势呈现从分离到结合再到分离。当下，数字技术迅猛发展，数字生产力以惊人的速度参与社会生产。数字生产力本质没有偏离人类解放主题，仍然是以人的解放和全面而自由地发展为价值旨归。数字生产力的极大发展和物质资料的极大丰富将把我们带到一个"无人+"的全新的数字社会，无人超市、无人工厂、无人矿山、无人驾驶将无所不在，人类不需要再为基本的衣食住行所困扰，越来越多的产业工人、脑力劳动者将成为知识创造者，人们将有更多的休闲时间和精力去满足自己的好奇心。

第二节 作为人类生活策略的技术

法国技术哲学家亨利·柏格森（Henri Bergson）、乔治·斯蒂格勒（George Joseph Stigler ）德国技术哲学家斯宾格勒（Spengler Oswald）、赫尔穆特·舍尔斯基（Helmut Schelsky）、汉斯·弗莱尔（Hans Freyer），阿诺德·格伦（Arnold Gehlen）将技术认定为"生活的策略"，这是一种人类学定义。他们要么是从

---

[1] [德]马克思，恩格斯. 马克思恩格斯文集（第五卷）[M]. 北京：人民出版社，2009: 487
[2] [德]马克思，恩格斯. 马克思恩格斯文集（第五卷）[M]. 北京：人民出版社，2009: 487

人类学的角度对技术进行考察，要么着眼于社会学的视角对技术展开分析。他们从人类学的观点来界定技术，相信技术涵盖了各个生命、生活的各个方面，并且把每件事情都融入进了现代化的技术之中，将它视作我们这个年代的特点。

技术就是利用环境以实现某种特定目标的特定方法、途径。就其内涵而言，技术则具有类似于动物本能的生物学含义，技术即是人类谋生而采取的方法、手段。斯宾格勒曾用类比的手法阐释了技术的"生物学"本质，认为技术就是生活的策略，技术是人类生存之必需。

在他们观念里面，技术是一种更广泛的生活策略，"技术"外延很广，此概念并不是我们常识了解的"知识体系"或"物质手段"，而是包括了所有"非工具性技术"，包括打仗技术、政治技术、绘画技术、谈判技术等其他一切有目的的活动。也就是说，也就是说，所有的技术，所有的社会性的技术，所有的有目的的活动和过程，在他们的眼里，都是技术。在他们看来，技术就是一种活动和一种过程。

在那个历史背景下，人们普遍不太重视科学技术，习惯于把科学技术和机器、手工工具等同起来，甚至认为科学技术是"科学的附属品"，通常认为科学技术是自然科学的工具，能够在当时的时代背景下抱得住这个想法，是非常难得的。他们所定义的技术对组织，商业，政治，经济，教育，医药等领域都有作用，作用之广泛，简直无所不及。总之，凡是涉及人类干预的领域，技术在其中都会产生影响，人类活动离不开技术。

第三节　作为理性活动的技术

奥斯瓦尔德斯宾格勒（Oswald Spengler）将科技视为人类的理性活动。哪里有技术，哪里就有人类的介入，反之也是如此。技术和人类的成长是同步的，这是进化论传统的理解。斯宾格勒不赞同达尔文进化论，他指出，达尔文（尤其是马克思主义的唯物主义）的进化论比较极端——主张人类的进化是一种突然的变化，就像一道闪电，或者一场大地震。但是，在技术和人类的起源之间，或者说在人类与猿相揖别的标志性时间上，斯宾格勒的看法和马克思主义的基本观点一样，都是关于人的本质，就是人可以从事技术活动。人类活动中最根本的社会实践就是技术活动。他反对长久以来的"人"观念，即"人是一种理性的动物"，这个观点跟法国科技哲学家让·伊夫·戈菲（Jean-Yves Goff）在其著作《技术哲学》中提出观点——"思维人"之前是"技术人"，如出一辙。按此逻辑而言，他们都赞同是技术造就了人类。在此，我们应该注意到斯宾格勒对海德格尔的影响，因为他已经完成了哲学上的真正的技术转变。

尽管斯宾格勒一再强调，科技对于人类的存在，如同动物的直觉，是人类的一种处世策略，但从这一点上讲，人类首先是"科技人"（Technology）。当然，为了不让自己的观点出现偏差，斯宾格勒也不忘强调人的技术，强调动物的"技术"。斯宾格勒指出，人类的技术与动物的"技术"的本质区别在于，人类的技术活动本来就是一种思想的存在，或者说，人类对技术的认知、理解、运用和转化，只有从"心"开始，才能有始有终，有始有终。或者按斯宾格勒所说的，人类对技术的认知、理解、运用、改造，自始至终只能从"心灵"着手。每一台机器都是一种特定的程序，它的存在是通过相应的思想来实现的。我们的一切交通工具，都是从"车""船""飞机"的概念永远都不大可能推动这些交通工具的诞生，真正促成它们诞生的是如"推""滑行""划""驾驶"和"飞行"等观念或关于这些动作的想象。换言之，人类的技术存在，是一种思维的存在，一种观念的存在，一种目的的存在，而不是一种"技术"或者"本能"。与动物的"无法改变，无法创造，无法独占"的技术不同，人类的技术是"种属"以外的，是"自觉的，可变的，可以创造的技术"。

正是因为人类拥有这种技术，人类才跟动物本质性地区分开来，人类不再仅仅是技术的使用者，而是技术的创造者和制造者。所以，人首先是技术人，又不只是技术人，人是技术人和思想人的有机结合。

由于人类既是"技术人"又是"思维人"，它的行动与其他动物的行动是有区别的，它是由技术的实在理性所引导，是理性活动的产物。

第四节　技术作为推动人类文明进程的力量

根据常识，一般会认为，推动人类文明进程的力量，首先应该是思想文化，然后才是制度、经济、军事等等，最后才是技术，或者说是器物，这是人类文明进程中推动人类文明进程的力量，是例如，历史学者在研究中国古史时，关注的焦点往往集中在儒家文化、典章制度、战争冲突、经贸往来、文学艺术等方面，很少有人会去关注某一技术对历史进程的影响，除非是少数以科技史为主的学者。在探讨中国近现代史时亦是如此，最常见的一套分析洋务运动和维新变法失败原因的观点是，洋务派和维新派在没有触及思想文化、没有"灵魂深处闹革命"的情况下，仅仅在器物和制度层面进行了变革。思想文化为本，"妙术"为末，变革者舍本逐末，其败也就顺理成章了。

很多时候我们强调文化与精神的伟大，而忽视技术对人类的塑造能力、忽视技术作为启蒙人类的强大力量。比如，在某些关键的历史时刻，真正影响文明进程、改变人类命运走向的，可能是技术决定了战争的胜败，可能是权力的归属，可能是制度的变迁，可能是经济的兴衰，可能是文化的传播。在古代，工匠和技师的社会地位不会太高，无论在东方还是西方，都难以跻身于统治阶层，但一些影响政治、经济、文化、军事等方方面面的关键技术的发明，往往会成为历史的重大转折。科技可能推动繁荣发展，也可能招致灭顶之灾，酿成危局。

张笑宇教授在他的《技术与文明：为什么说技术才是启蒙人类的第一力量？》一书中以弩和火枪两件武器为例，考察技术与政治的关系。弩和火枪两件武器着实影响了中国和欧洲的政治走向。从根源上说，无论是冷兵器时代，还是热兵器时代，军事力量往往决定着政治力量的最终归属，即所谓的"政权出枪杆子"，因此武器与政治从来都是密不可分的。那么，武器与政治的关系到底是怎样的呢？

技术与政治、技术与权力的相互作用过程，是非常微妙复杂的，里面藏着无数魔鬼般的细节，绝非简单的谁决定谁，谁影响谁。在张笑宇教授看来，弩这项技术与中国的大一统有很大关系。两千多年前，秦灭六国，建立了中国历史上第一个中央集权王朝，建立了中国历史上第一个中央集权王朝。中国为什么能在如此广袤的土地上建立大一统王朝，一直是史学界争论的焦点议题之一。有人的认为，这是因为中国处在一个相对封闭的环境中，被沙漠、戈壁、高原、雪山、海洋包围和隔绝，因而能形成一个相对独立统一的政治体；也有人会说，这是因为儒家文化的传播，人们奉行忠君爱国的纲常伦理，偏爱秩序和稳定；有的观点则认为，这是因为春秋战国时期战争频繁，人们需要一个强力政府来终结战争；另有观点主张这是因为中国经济以农耕为主，发展农业需要大规模兴修水利，这需要动员大量人力来完成，这为集权政府的出现奠定了基础。以上解释分别从环境、文化、军事、经济角度出发，好像都不无道理，但是有人曾从技术角度出发，给出了一个完全不同的解释。认为秦代大一统与发明了一种远投兵器关系很大，即弩。

中国人常称"弓弩"，但其实弓弩有一个本质区别：弓弩靠的是人的身体力量，拉弓射箭需要极大的臂力，长年累月不训练，一般人根本无法胜任弓箭手的职责。而弩依靠的是机械装置的动力，它不仅有瞄准和测距装置，更重要的是它更为省力，原本不善作战的平民，只要经过短暂的训练，就能够熟练地使用弩，与正规军抗衡。训练难度有所降低，说明了哪些问题？它意味着，政府在战争发生时，无论男女老幼，平民百姓都可以随时被调往战争前线，加强军事力量，从而在战争中增加胜算，而不再全部依靠正规军进行军事动员的能力更加强大。

在战国时期，最擅长用弩的并不是纯粹意义上的战士，而是墨家学派的成员。秦献公时期，秦国开始与墨家合作，墨家带给秦国的不仅仅是一套军事战术，更重要的是扣动了秦国变法的"扳机"，秦国从此由弱变强，这种影响主要表现在两个方面，一是军事上的变化，一是军事上的：一方面，弩的使用使政府管理人口和经济的能力大大提高，墨家提出了以五人为一个单位，战时动员和组织平民、统计和管理平民的"一伍连坐"制度，以消灭敌特混编为设计初衷。

但这套"战时管理办法"，后来成为商鞅变法的重要内容，演变成"什伍连坐"制度，这套制度把秦国改造成一个"军民合一"的国家，政府征兵和征税的能力都空前提高，并逐渐建立起统一管理的户籍制和郡县制。

另一方面，弩的使用使平民也有了获取军功的机会，此前秦国君主受到外戚、宦官、权臣的围攻，但从秦献公开始，几代君主不断改革，将精英从平民中提拔出来，对消灭传统贵族势力起到了重要作用，使国家权力结构发生了变化，王室权力得到了加强。

这改变了国家的权力结构，强化了王室的权力。在具备强大的动员能力和科层制管理能力之后，秦国的经济和军事实力迅速崛起，最终横扫六国，开创了大一统王朝。

古代中国建立科层制政府，依赖的关键军事技术是弩，那么，近代西方国家建立官僚体系，是否有同样的技术契机呢？作者认为有，这项技术就是火枪。

我国"四大发明"之一的火药，大家都知道。中古时期，中国人发明的火药、枪械传到欧洲，火枪也是欧洲人后来发明的。早期的火枪性能很差，比如枪支容易堵塞炸膛、火药容易受潮变质、发射速度慢、射程近、射击精准度差，所以实战效果并不理想。1595 年，英国议会甚至专门举行了一场辩论，讨论火枪与长弓的优劣，结论是火枪并没有明显的优势，但为何最终火枪还是取代了长弓呢？

这与弩的流行有异曲同工之妙，因为火枪有一个很大的优点，那就是它对身体力量的依赖程度比长弓小。长弓手需要长期的训练，还要充足的食物来保障体能，一旦吃不饱，就拉不动弓，但火枪手的训练难度小，需要投入的成本更低，各国政府可以把大规模的平民动员起来，集结成庞大的、有战斗力的现代军队。

那么，火枪是如何推动欧洲政治制度变革的呢？

15 世纪的欧洲战场上，由骑士组成的重装骑兵是最强大的一支军队。当时的欧洲王国普遍实行封建制度，国王分封领地给贵族，贵族分封给骑士，骑士认贵族为领主，一旦国王或贵族有难，骑士就要统领军队，替领主出征。一个重骑兵需要配备三匹常备马，还有铠甲、长矛等武器装备，投资成本非常高，而国王对重骑兵的过分倚重，又会导致贵族和骑士的话语权过高，继而威胁到王权。而火枪技术的运用，为国王扩大兵源、组建以平民为主的常备步兵创造了可能。

这会导致什么后果呢？首先是参战人数大大增加，战争的伤亡规模和惨烈程度大大超过冷兵器时代，骑士时代的战争规模相对较小，但大量平民被送上战场，成为火枪时代的"炮灰"；其次是近代化常备军的建立，这是国家支持的；进一步说，国家摆脱了对骑士阶级的依赖，开始在人口和财政管理日趋现代化和精细化的情况下，直接将统治基础建立在平民之上；最后，引发资产阶级革命，也是最重要的一点。

在等级森严的封建制度中，原本政治地位较低的资产阶级得以崛起，一个重要原因就是，国家常备军需要高昂的军费来维持，而国王向贵族加征赋税通常会受到很大的阻力，在火枪普及之后，国王为了筹集军费，开始绕过贵族，通过贷款等手段从工商业新贵手中获得资金支持。这些新兴的资产阶级，也就此成为一股新的政治力量，他们开始在议会中获得席位，不断争取更好的法律环境，扫清产业发展的障碍。

资产阶级势力的不断壮大，成为欧洲立宪革命的基础，从尼德兰革命到英国光荣革命，一系列资产阶级革命的爆发，推动了欧洲政治制度的变革。资产阶级获得了更多的权利和自由，政治权益的扩大，又为经济的进一步繁荣创造了可能。

透过弩与火枪的例子，我们可以看到，一种可以改变国家动员方式，进而影响社会结构和治理模式的技术，在政治层面可能引起的连锁反应——一种可以最终导致政治体制彻底变革的技术革新。可见，绝对不可低估科技塑造政治文明的功能。

我们再来看看技术与经济，看技术是如何推动经济繁荣，又如何受到经济制约的。这一部分主要讲三项技术，分别是蒸汽机、化肥和育种技术。

蒸汽机的鼎鼎大名你肯定听过，它让 18 世纪的英国率先启动了工业革命，实现了经济的空前繁荣，成为"世界工厂"。在中学历史教科书里，关于蒸汽机的准确表述，是英国人詹姆斯·瓦特（JamesWatt）对蒸汽机进行了"改良"，并由此将人类带入了"蒸汽时代"。

那么问题来了，蒸汽机到底是谁发明的？从发明到改良，人类用了多长时间？蒸汽机为何具有推动工业革命的魔力？这些问题的答案，可能会让你大吃一惊。

其实，蒸汽机不是近代的产物，而是早在两千年前就被人发明出来了。在公元 1 世纪，古罗马的数学家和物理学家希罗，就发现了蒸汽的动力原理，并且写出了一本《气动力学》，对蒸汽原理进行了阐述。不仅如此，书里还介绍了很多利用蒸汽原理制作的机械装置，比如在蒸汽装置下自动转动的神像、自动开启的神庙大门，还有"汽转球"，也就是用蒸汽原理来转动一只球。只不过这些都是用于表现宗教"神迹"或者供人娱乐，没有什么"实用价值"。

我们不妨想象一下，如果蒸汽动力在当时得到大面积应用，那么，人类的工业革命就会提前两千年，世界历史就会被彻底改写。然而，为什么希罗没有把蒸汽变成一种普遍应用的动力呢？是他所观察到的蒸汽原理还不够深刻全面吗？1679 年，法国物理学家巴本（DennisBabben）重新发现蒸汽原理，设计出近代第一台蒸汽机模型，他观察到的原理并不比希罗（Shiro）先进多少。到了 1769 年，瓦特对蒸汽机进行了改进，虽然两者相差了 90 年之久。

而且，瓦特改良的蒸汽机，也不是我们后来熟悉的驱动轮船和火车的蒸汽发动机，它所能实现的，不过是往复抽水而已，但在当时已经能够广泛提高生产效率。

在希罗的时代，蒸汽机之所以没能成为一种普遍动力，除了材料技术和机械技术还不足以支撑之外，更重要的是，当时的人不需要这种"新动力"。古罗马实行奴隶制，奴隶是"会说话的工具"[1]，而且，奴隶的价格非常低廉。罗马贵族通过使用奴隶在庄园里劳动，就可以享受非常奢侈的生活，他们完全没有必要去投资研发或者改进蒸汽动力。所以，即便当时希罗发明出了比较先进的蒸汽机，也不会有任何市场竞争力。

市场需求是技术进步的关键动力之一，说穿了，这是一条颠扑不破的经济规律，技术会有大规模研发生产的可能，这需要有人为技术买单。跟丹尼斯·巴本（Dennis Baben）同期从事蒸汽机研发的工程师还有很多来自德国、意大利和英国的工程师，但为什么最后只有在英国大规模应用？同样的道理，也与这一规律密不可分。

---

[1] 杜罗·德拉马尔《罗马人的政治经济学》1840 年巴黎版。见[德]马克思，恩格斯.马克思恩格斯文集（第五卷）[M]. 北京：人民出版社，2009：197-198

当时的蒸汽机做功的效率并不高，它需要消耗大量的煤，所以，最适合使用蒸汽机的地方就是煤矿。煤矿为蒸汽机提供燃料，蒸汽机被用于给煤矿抽水，防止矿井透水发生坍塌事故。英国在工业革命之前，就已经是欧洲经济增长最快的国家之一了，英国的城市化程度很高，对煤炭的需求也很大，所以英国的煤炭工业在整个欧洲也是最发达的。在 1700 年左右的时间里，英国的煤炭产量占到了整个欧洲煤炭产量的 80%。庞大的煤炭产业，为蒸汽机技术创造了很好的应用市场，煤矿主既有经济能力支付蒸汽机的开支，也愿意投入资金和人员改良技术。

在瓦特对蒸汽机进行改良后，逐渐将蒸汽动力运用到制造第一次工业革命的经济奇迹——轮船、车辆、火车和机械生产中，这也是人类首次见识到科技对经济的巨大推动作用。

蒸汽机推动工业革命，那么，近代的农业革命又是由什么技术推动的呢？最主要的是化肥和育种技术。

农业技术的进步在人类文明进化的历史长河中一直是非常缓慢的。直到1903 年，德国化学家弗里茨·哈伯（Fritz Haber）发明了人工合成氨的方法，使人们能够以极低的成本制造氮肥，而且使用氮肥可以使农作物的产量大幅提高，才算在农业生产技术上迎来了质的突破。随后随着生物科学的发展，如遗传学等，科学家们也不断地在育种上有所建树。化肥和育种技术的进步，带来粮食产量的持续增长，继而引发了 20 世纪的人口大爆炸。从 1900 年到现在，全球人口从 16.5 亿增加到 78 亿多，短短 100 多年增长了 60 多亿。

农业技术进步带来人口增长和经济繁荣，表面上看顺理成章，但如果细想一下，你可能就会产生疑问，这些技术突破是在欧美等少数发达国家取得的，那它们是如何迅速推广到全世界的呢？难道就没有出现类似于贸易保护主义的技术保护政策吗？这个问题看似简单，但实际上，它的背后是一场精心设计的大国博弈。

20 世纪 20 至 40 年代，以沃伦·汤普森为代表的美国一批人口学家提出了所谓"人口-国家安全理论"，认为人口过多会造成资源枯竭和饥荒，进而引发政局动荡和反叛；而主张改革土地、均分财富的左派政党，在这种政治动乱中会获得支持，如若当政则会对美国利益构成显著威胁。因此，美国为了自身的利益，应当把问题消灭在萌芽状态，向发展中国家输出农业生产技术。

这套理论后来被美国的决策层接受，1941 年，美国开始对邻国墨西哥发起农业援助，派出育种学家前往墨西哥考察，并建立研究基地，传播小麦育种、灌溉工程修建和现代农业种植技术。从 1940 年到 1965 年，墨西哥的人口从 1976 万增长到 4534 万，预期寿命从 39 岁提高到 60 岁。

二战结束后，美国总统杜鲁门将墨西哥的成功经验归纳为"第四点计划"，宣布美国将对广大发展中国家实施技术援助，以对抗苏联阵营的崛起。此后，在长达半个世纪的时间里，美国在印度、菲律宾、巴西、伊朗乃至英国，都进行了持续的技术推广努力，后来被称为"绿色革命"。这场革命涉及的国家有几十个，涉及的人口达到 20 亿。

的确，化肥和养殖技术的普及对当地人口和经济增长起到了促进作用，但也使对全球政治经济格局产生极其深远影响的、更多依赖跨国公司技术供给的大量发展中国家的粮食生产受到了极大影响。至于如何看待这种影响的利弊，见仁见智，那是一个值得反复讨论的话题。

回到前面那位合成氨的化学家弗里茨·哈伯的故事，他为人类做出了巨大贡献，因此被授予诺贝尔化学奖。然而，在一战当中，他的职务是德国化学兵工厂厂长，专门负责研制和生产化学武器，一战期间的大规模的伤亡都是他制备的毒气造成的。后来在纳粹上台后，他为自己的所作所为付出了代价，身为犹太人，他的数名亲属最终死于纳粹的毒气室，杀死他们的毒气正是哈伯实验室的研究成果之一。他的大儿子因为对父亲的工作感到愧疚而自杀，他本人也流亡国外，成为他所热爱的祖国的清除对象。

哈伯的经历令人唏嘘，但也让我们看到了人类技术进步有时掌握在一两个关键科学家和技术人员手中的惊人事实，他们的选择也许会让人类受益，也许会让人类蒙受巨大的灾难，这就是科技对文明的致命性影响。

技术本质上是中性的，只有先进与落后之分，没有善恶的区别。有善恶之分的，是发明和使用技术的人类。前面提到的政治、军事和经济领域如此，我们要谈到的文化领域同样如此，以古登堡活字印刷术为例。15 世纪，德国商人约翰·内斯古登堡（Johnnes gurdenburg）发明了活字印刷术，这项技术使印刷的效率和质量得到了提高。古登堡创办的印刷厂，最早印制的是拉丁文版的《圣经》，即便以今天的标准来看，它的印刷效果也堪称精美，在当时，更是得到教皇的称赞。尽管如此，古登堡本人却没有因为这项技术赚到钱，因为当时绝大多数普通人是读不懂拉丁文的，能读拉丁文的只有教会中的神父和大学里的教师，所以印刷的数量很少。而且，一本《圣经》只要保存得当，可以用上几十年。再加上人工和纸张成本高昂，以及与投资人的纠纷，最后，古登堡破产了。

这再次印证了前面提到的市场铁律，没有足够的市场支持，即便是一项跨时代的技术，也不一定会有好的命运。但幸运的是，古登堡印刷术没有重复古罗马时期蒸汽机的命运，这项技术被他的同行们发扬光大了，而且，可以说，它彻底改变了人类文明的进程。

为什么古登堡没赚到钱，而他的同行们赚到钱了呢？因为他们碰巧遇到一个重大商机。在当时，活字印刷术要想赚钱，必须满足几个条件：耗费纸张少，印刷周期短，市场需求大，还有，印刷的主要内容是文字而不是图像，否则还是没办法跟传统的雕版印刷竞争。巧合的是，刚好就有这么一种印刷品同时满足这几项要求，那就是教会订制的"赎罪券"。

我们今天都知道，赎罪券是教会用来敛财的一种手段——信徒购买赎罪券，就可以被上帝赦免罪过，死后灵魂得到解脱，不必再加入"十字军"。用当时的话说："当你把银钱捐给某个炼狱里的灵魂，投入到捐助箱里，发出叮当的响声时，炼狱里就会有这个灵魂的回音。"

通过赎罪券聚敛而来的钱财，基本上都进了教堂的小金库，用以翻修神殿，修建图书馆，或者成为某些主教的私产。在 15 世纪欧洲的印刷品中，有三分之一是赎罪券，据推算，当时至少印制了 200 万张赎罪券。印刷厂的老板和工人们，也都成为教会敛财的帮凶。

这一状况直到马丁路德在 16 世纪所提倡的宗教改革之后才有所改观。而马丁·路德的宗教改革，也大大借助了活字印刷术的力量。他将一份以反对赎罪券为主题、用拉丁文撰写的"九十五条论纲"张贴在德意志维滕堡主教堂的大门上，随后将这份文件大量印刷，并送到宗教界和知识界人士手中。他的举动很快受到公众的支持，随后，他干脆用德语写了一本简易版的宣传册，把自己的主张传播给更多普通民众。

小册子上的观点言简意赅，却足以让当时的教廷和信众为之震撼，如：无法救赎的原罪；赎罪券对你的品德根本起不到什么改善作用；不是捐钱修庙，而是出力助人。你看，随便哪一条，对当时的信仰体系，都能够产生巨大冲击。

马丁·路德不仅是一位宗教改革家，还是一个营销天才，他甚至出版了很多儿童都能理解的入门读物，告诉人们如何培养自己的子女成为虔诚的教士。这些小册子跟赎罪券一样，短小精悍，印刷周期短，成本低，市场需求巨大，不断被重印，影响力很快就越过国境，引发了席卷全欧洲的宗教改革风潮。

到 1517 年，马丁路德在发明印刷机后成为古登堡销量第一的作者，而且他在 16 世纪末一直保持着这一纪录。但是，他自己并没有从中获得商业上的回报，不是不可以，只是出于利益考虑，他并不甘心被绑架。他还将圣经翻译成德文版，让德意志人的信徒不用再受教会和神父的控制，就可以直接阅读了，他主张人人都可以成为祭司，一般的信徒和在上帝面前没有什么区别，而不是直接被教会和神父所控制。"信众皆祭司徒"，立刻成了新教的基本信条。

欧洲的宗教改革是一件具有划时代意义的大事，印刷术的发明为其提供了技术上的支持，而技术与文化相互成就的经典案例——印刷术的发明又反过来拯救了宗教力量。历史上类似这样的例子还有不少。

科技对文明进步的推动是怎样的；也让我们见识了技术是怎样将成千上万的人送进绞肉机里，关进毒气室，进行灭顶之灾的。我们今天有能力养活几十亿人，但也有能力在一瞬间摧毁几十亿人的生活，也有能力掌握几十亿人的资料，对他们的生活和思想进行监测和控制。

生活在一个被科技彻底重塑的时代，科技或许在某种程度上是我们这代人的幸运，但我们却面临着前所未有的特殊危机，一边享受着科技带来的繁荣与便利。要时刻提防有人利用技术作恶，因为一旦作恶，可能会给人类带来难以弥补的伤害，这是现有科技的巨大作用力下造成的。

我们必须对那些科技专家进行规劝，对技术时代的社会契约进行重新探讨，对避免科技巨头滥用技术的方法进行思考，就像启蒙时代的思想家规劝国王一样。如果不这样做，就不能排除以进步之名迎来完全不可收拾的技术灭顶之灾的人类历史上最大、最坏的一次危机。

第二章　人类解放进程中的技术与困境

人猿揖别后，人类逐渐成为世界的中心，开始追求人之为人的本质、权力与尊严，开启了对奴役人的必然性、压制人的神权与王权的抗争，试图摆脱种种束缚，获得内心的平和与精神的快乐。古希腊哲人敲响人类自觉的警钟，在追寻美德的过程中摆脱声色权欲的束缚，中世纪基督教哲学凭借信仰与教义粉碎"原罪"的枷锁，文艺复兴与启蒙运动打破宗教牢笼，呼唤人性的张扬与复归，近代无产阶级对资本主义统治逻辑的反抗使人的本真得以出场。尽管在不同的历史时期，解放的主题不尽相同，可人类从未停止对异化了的现存境遇的否定与超越以及对合乎人道的社会生活的探寻。正因为西方哲学这条清晰的追求理性的走向，尽管技术与漫长的人类历史同寿，却一向被排除在解放这一哲学思考的核心之外。直到工业革命将人类带入技术时代，技术才逐渐进入哲学视野。技术因对生产力的促进作用获得支持的同时又因其造成的社会后果招致批评与反对。依靠机器大工业迅猛发展起来的资本主义成为时代哲学主要的批判对象。资本主义批判成为延续至今的解放主题。

一部西方哲学史也是一部人类解放思想史。在前资本主义时代，神、自然、宗教、王权都是人类解放道路上的巨大障碍，将人从神、自然、宗教、王权的束缚中解放出来，是不同时代的解放主题。当人类进入资本主义时代，资本主义在促进生产力发展的同时也造成一系列全方位的社会问题，成为人类解放道路上的最大障碍。马克思及其同时代的哲学家以及后来的学者站在各自的学术立场所进行的社会批判是对资本主义社会现实的批判，并未跳脱资本主义框架，解放的主题并没有发生变化。第二，技术在前资本主义时代与资本主义时代这两个不同的历史时期，地位与作用大相径庭。在前资本主义时代，技术处于隐形状态，而在资本主义时代，技术不断显现，是技术与资本共同构成了现代世界。为了突出技术在人类解放这一主题下的作用情况，强调技术与人类解放之间的关联，本书采用前技术时代与技术时代的划分。

第一节　人类解放主题在哲学视域中的嬗变

在前技术时代，技术的存在论位置并不高，技术的地位并不高，没有像现代社会一样成为无处不在的存在。因此，在主流哲学中，技术并未引起足够的重视，往往处于被遗忘的边缘。前技术时代的哲学家们沿着形而上学的道路，围绕人类解放这一母题进行了积极而艰难的探索：自然哲学的发展改变了古希腊人对神灵的理解，宗教改革使人们从严苛的教义中挣脱，文艺复兴与启蒙运动高扬理性大旗。人类寻求解放的道路未曾断绝，在这伟大的历史进程中，不同时代因其生产生活实践不同而被赋予不同的解放主题。

人类解放的历程最早可追溯至遥远的古希腊时期，尽管此时的解放主题还是模糊不明朗的，解放的进程可谓一波三折。希腊神话形象生动、引人入胜，可若从人—神关系加以审视便能从跌宕的情节中听闻尘世英雄们面对命运的沉重叹息，人被牢牢地束缚于诸神为自然界与人界划定的秩序之中。凭借水、火这样的自然之物来理解世界及其本质，依赖自然规律来规范人类社会，又令其不可避免地落入自然的束缚。人类摆脱自然的奴役，一跃成为世界中心是从普罗泰戈拉高喊出"人是万物的尺度"这一口号开始的。它与苏格拉底的"认识你自己"一道敲响人类自我觉醒的新钟，前所未有地提高了人的主体地位。柏拉图继承了苏格拉底的衣钵，继续研究善与美德何以可能。为此，他设计了完美的理想国，以城邦生活的正义消解个人的滥俗激情与低级欲望。柏拉图没有意识到的是，对城邦的过分崇拜同样会为他的人民戴上镣铐，陷入"个人以某种方式被国家所吞没，公民被城邦所吞没"[1]的生存境遇中。柏拉图亦未曾设想的是，他所寄予厚望的城邦会在其后频仍的战乱中逐渐解体，哲学家们也将关注重点转向对人生意义的探讨和个人的安身立命。

---

[1] [法]邦雅曼·贡斯当. 古代人的自由与现代人的自由[M]. 阎克文等译. 北京：商务印书馆，1999：28

若要追溯个性的自由文化之源，非希腊文化莫属，但是只要检阅古希腊的思想谱系便可知，这一自由并非真正实现了的自由而是在不断追求自由的过程中体现出来的自由。希腊哲学最初并没有明确的解放对象，可古希腊人却在惊异和闲暇中，在追求自由的过程中，渐次摆脱了神、自然与城邦的束缚，亦令解放的主线逐渐清晰：促进人的自我觉醒，使人的形象逐渐丰满与挺拔。

可惜好景不长，人性的光辉在进入中世纪后再度变得黯淡。基督教哲学凭借信仰与教义粉碎"原罪"的枷锁，却又导致了宗教的绝对控制。据基督教教义，人类始祖偷尝禁果令人类身负原罪，无法自渡，只得经受生老病死、忧惧恐怖，在绝望中堕向罪恶深渊，只有上帝的恩典才能令人摆脱必死的惩罚，获得灵魂的永生。宗教信仰与教义在一定程度上将人们从原罪这一无边苦海中解救出来，然而，伴随着西罗马帝国的崩溃，罗马天主教会便成功高踞于世俗王权之上的权力中心，基督教则一跃成为西欧封建社会占统治地位的唯一信仰，人们的思想与精神深深烙下宗教印记，哲学丧失独立自存的意义，沦为"神学的婢女"。上帝成为永恒的真理之光，渺小的人类只能在对上帝的虔诚信仰中接受其指定的结果，无法妄图借由理性向上帝追问理由。

此后人类的自主意识进入漫长的冬眠期，直到文艺复兴与宗教改革如同一把利剑刺破阴霾苍穹，惊醒在宗教牢笼中酣睡的人类的自我。但丁（Dante Alighieri）、彼得拉克（Francesco Petrarca）、薄伽丘（Giovanni Boccaccio）被誉为"文艺复兴三杰"，其作品中充满对人性尊严、人类智慧与创造的深情讴歌，满载对教会虚伪的道德体系及暴虐的专制统治的强烈的愤慨与谴责。尽管文艺复兴时期各类体裁的作品仍带有明显的宗教色彩，仍然以神学为主要题材，并未从根本上否定教皇及其存在的根基，却将人置于世界舞台中心，启迪人们对自身所处的位置进行新的认知与审视，为人们的思想解放打开了一个重要窗口。宗教改革对神权的否定更为深刻却仍不彻底。马丁·路德（Martin Luther）公开宣扬"因信称义"的学说，强调信徒凭借信仰可越过教皇这一中介直接与上帝对话，如此便消解了教皇的权威，颠覆了教皇及教会机构存在的合理性。加尔文在路德的基础上更进一步，将人们的世俗成就作为检验"因信称义"的标准，鼓励信徒以事业的成功作为"上帝选民"的证明，从而将个人主义价值与新兴资本主义精神所需要的新教伦理联系起来，对于近代资本主义的发展具有积极意义，但就结果而言，改革仍是不彻底的：打倒了教皇却没赶跑上帝。直到近代科学粉墨登场，日心说向地心说发起挑战，牛顿力学证明自然界的统一，人类才逐渐摆脱嵌套于自身的层层枷锁，真正从神权中解放出来。

一、技术的历史性不在场

解放的主题在前技术时代显得相对隐晦。古希腊哲学家们或以宇宙奥秘或以个人美德作为自身的兴趣点、哲学思辨的起讫点，文艺复兴与宗教改革则侧重于彰显人性光辉，将矛头直指教会。对这些哲学家们来说，解放是无心插柳的结果。同样地，技术也未能像日后那样受到重视，它总是依附于人的思想，依赖于人的劳动，未能进入主流的视界与主要的问题域而被加以讨论。人们的技术观是导致技术在历史舞台上长期处于隐性状态的主要原因。

神话传说和奴隶制传统限制了古希腊人对技术的理解，这使得技术未能从根本上得到他们的重视。"神话宗教是古希腊人思考'技术'的方式"[1]，古希腊早期的技术思想被广泛地融入到神话、宗教和文学作品中。爱比米修斯的过失通常被视为技术的起源：很久以前，世间只有众神而无动物。各种动物是由众神创造出来，之后众神委托普罗米修斯和爱比米修斯合理地为它们分配了特定的特性。由于爱比米修斯的疏忽与过失，忘记赋予人以性能。为了拯救人类，普罗米修斯从赫菲斯托斯和雅典娜那里偷走了技术创造的技能和火焰，为什么要盗取火焰呢，因为没有火就无法获得和利用技术，将这份厚礼赠送给人类，使人类得以繁衍生息。[2]在古希腊人那里，技术是神的馈赠，人们尚未理解技术的本质就为其贴上了神的恩赐这一标签，技术一词也就被

---

[1] 赵墨典，包国光. 古希腊技术思想与前苏格拉底时期自然哲学的关联探究[J]. 东北大学学报（社会科学版），2018（06）：557

[2] 柏拉图在《普罗塔戈拉斯篇》中讲述人类起源时引入了普罗米修斯与爱比米修斯之间的神话，斯蒂格勒亦引用爱比米修斯的神话以构造其技术哲学中"后种系生成"概念的基本前提。参考刘小枫. 柏拉图四书[M].上海：生活·读书·新知三联书店，2015：67-71；[法]贝尔纳·斯蒂格勒. 技术与时间：爱比米修斯的过失[M]. 裴程译. 南京：译林出版社，2012：37

神话体系所禁锢了。奴隶制的存在也使人们对技术的理解带有明显的等级色彩。柏拉图为了铸造一个整体的幸福国家，将公民划分为三个等级，哲学王能把握善的理念，具有统治城邦的技艺，地位最为上等，工匠是真正掌握技术的人，地位却最为末等。[1]由此可见，柏拉图等哲人更为推崇的是哲学思辨的能力而非手工工艺，这是技术在当时遭到贬抑的重要原因。

尽管科学技术在文艺复兴时期得到了巨大的发展，却仍未受到应有的重视。一方面，技术的光芒被文艺复兴强烈的政治色彩所掩盖。文艺复兴就其本质而言，这是一场新文化运动，由新兴资产阶级在复兴希腊罗马古典文化的名义下发起，它旨在推广资产阶级的思想和文化，并反对封建制度。对人性与人的创造力大加赞颂的背后蕴含着更深层的政治意义，即通过抬高人的地位压低教皇的地位。夺取世俗权力是文艺复兴的主要目标。另一方面，技术与艺术之间模糊的界限使得人们更关注容易给人带来精神愉悦的艺术而忽视了艺术背后所凝聚的技术支撑。在当时的意大利，画家往往也是建筑师、工程师、科学家。他们将人体解剖（医学技术）、光学（技术）等科学研究等运用至绘画中，增强了作品的写实性。人们往往被作品鲜明的艺术风格所吸引而忽略了背后的技术因素。

技术的历史性不在场还与西方哲学的思想偏好有着很大的关系。自苏格拉底以来，哲学被理解为一种追求理性的崇高事业，而技术被规定为缺乏内在性的东西。亚里士多德在此基础上进一步区分了自然物与技术物，并在目的和方法的范畴中对两者加以分析。[2]前者具备赋予自身活力的因果性，而后者没有任何自身的动力。譬如树木是依靠自身藉由种子逐渐长成的而被匠人制造的木床却不可能完全凭借自身的力量转变为种子进而生长出一张新的木床。换言之，技术物的动力来自外部。亚里士多德的这种区分与其伦理学思想密不可分。他指出："既然在每一种事物中都有一个我们为了自身而寻求的目的，并且我们也是为它而寻求其他的事物；既然我们并不是在所有的情况下都有一个更高的目的（因为这样的话，人们就会无止境地前进，欲望也

---

[1] 参考[古希腊]柏拉图. 理想国[M]. 郭斌和，张竹明译. 北京：商务印书馆，2014：134-178
[2] 参考[法]贝尔纳·斯蒂格勒. 裴程译. 技术与时间：爱比米修斯的过失[M]. 南京：译林出版社，2012：3

不会得到满足，变得毫无成效），那么，很明显，这一以自身为目的的事物就是最高善，即所有事物中的最好者。"[1]这里的善便是理性的化身，是人类经由理性所做出的道德选择。直到后来的康德、黑格尔、霍克海默与阿多诺，关于"理性"的讨论和研究仍不绝于耳。美国哲学家布兰夏德曾指出，对理性的信仰决定了西方哲学的传统。[2]由此亦可理解主流哲学何以错失技术。

二、技术的辩证性出场

当技术进入技术时代，技术就成了技术时代的技术，处于形而上学的完成形态。此时的技术是一种"挑起"（Heraufordern）的"去蔽"，它与古代技术不同，古代技术汇聚了天地神人，保护着物的物性本身。[3]于是，当人类历史步入技术时代，情况便发生了很大转变，技术开始进入哲学视野。马克思注意到技术在促进生产力发展方面的特殊地位，在经济与劳动的框架内审察机器的发展，率先对技术进行了社会——政治批判。值得一提的是，尽管"技术问题"已为哲学家们所关注，它却并未上升为人类解放视域中的真正的问题。

不论是马克思，还是与马克思同时代或马克思之后的学者，在技术已经延伸到几乎所有与人类相关的领域，包括生死、思想和情感、行为和遭遇、环境和物质、欲望和命运、现在和未来[4]之前，都无法真正地对技术产生忌惮并将其视为人类解放道路上不得不严肃对待的对象，在他们看来，资本主义制度才是导致眼前困厄的最重要的因素，也是人类解放首当其冲的批判对象。

技术在人类历史长河中古老而重要，可真正登上哲学舞台却是近两三百年才有的事。得益于几个世纪不断积累改进的技术成果，1780 年左右，英国首先掀起了轰轰烈烈的工业技术革命，并很快波及整个欧洲，绵延 20 年，就

---

[1] [古希腊]亚里士多德. 尼各马可伦理学[M]. 王旭凤，陈晓旭译. 北京：中国社会科学出版社，2007：4-5

[2] 引自鹿丽萍. 论黑格尔的理性概念[J]. 江汉论坛，1995（02）：55

[3] 吴国盛. 海德格尔的技术之思[J]. 求是学刊，2004（06）：37

[4] [德]汉斯·约纳斯. 技术、医学与伦理学：责任原理的实践[M]. 张荣译. 上海：上海译文出版社，2008：15

此改变了人们的生活方式，改变了社会结构和社会模式。[1]这场工业革命以瓦特发明的联动式蒸汽机为标志，因为蒸汽机在其中起到的作用非比寻常。蒸汽机首先应用于棉纺工业，极大提高了纺织机的转速，"一个15岁的孩子照料两架蒸汽织机，织出三匹半织物；而同样时间内，一个熟练工人用飞梭只能织出一匹"[2]。这一变革使得棉纺织品成为英国最大的工业产品，占据出口总额的半壁江山，直接为英国带来不计其数的高额利润。由于蒸汽机解放了动力源，原本依河而建的工厂纷纷由近水的郊外搬迁至交通物流更加方便的城市，一场前所未有的城市化运动因工厂与工人的聚集而迅速发展起来。蒸汽机还带动了采矿、造纸、印刷等工业的兴起与发展，生产行业的广泛进步对交通与交流提出了新的要求，"在距离曼彻斯特36千米的利物浦，从美国源源不断运来的棉花在这里被装上马车和运河船，为了更多更快地运送棉花，世界第一条铁路在此诞生"[3]。蒸汽火车被发明出来提高了交通运输的效率，迅速扩大了人类的活动范围。

除了社会影响，工业革命对当时的欧洲还产生了深远的政治影响——产生了全新的产业工人阶级以及与之对应的资产阶级。数百万农村劳动者被迫离开土地，进入中小城镇成为工厂里的工人。工人们没有生产资料，为了微薄的工资，不得不长时间超负荷工作，几乎没有休息。雇主们还经常雇佣妇女和童工作为廉价的工人，可怜的儿童们经常因工作早夭，受伤严重的导致生理上的畸形，进而触发心理层面的疾病。在工业城市迅速扩张的过程中，工人们被迫居住在狭小拥挤不卫生的环境中，缺乏清洁饮用水经常导致伤寒和霍乱的流行，工厂排出的浓烟污染了城市的天空，伦敦成为名副其实的"雾都"。

圣西门（Claude-Henri de Rouvroy）、傅立叶（ Joseph Fourier）、欧文（Robert Owen）、格雷（John Grey）等空想社会主义者眼见资本主义制度的严重缺陷和广大人民生活的贫穷与困厄，形成了一系列改善社会全体成员生活的设想。工人们为了保护自身，对抗资本家的剥削，自发组成了工会，与

---

[1] 参考陈乐民. 欧洲文明十五讲[M]. 北京：北京大学出版社，2004：165-169 ；[英]亚历克斯·沃尔夫. 世界简史[M]. 盛文悦等译. 北京：当代世界出版社，2010：291-297
[2] 参考杜君立. 现代的历程：一部关于机器与人的进化史笔记[M]. 上海：上海三联书店，2016：203
[3] 同上，207

工厂主和政府之间展开了频繁而持久的对峙，这在某种程度上改善了工人的生存条件和生活水平，却仍然杯水车薪。那些因机械化而失业的工人们将自己的不幸归咎于机器，因此，"在1811年至1812年间，工人捣毁机器的运动达到了相当的规模"[1]，直到几次工人运动之后，那些捣毁机器的工人才慢慢开始把自己的不幸归咎于不合理的社会制度而非机器。

马克思很早就注意到工人的不幸福与资本主义制度有关，问题的关键在于不合理制度。尽管马克思对技术是持乐观态度的，但这并不妨碍他注意到工业发展带来的反作用。他将视角探入工厂车间，在还原物质工业生产的过程中发现，机器作为资本主义的帮凶对广大劳动人民进行了残酷的剥削。

马克思对生产方式的变革进行了一番梳理，他认为，应当首要研究"劳动工具如何从工具转变为机器，或者说，机器和手工业工具有什么区别"[2]。他的分析围绕着机器的三个部分即发动机、传动机和工作机展开。当人们尚在使用手工工具时，人能使用的工具的数量受到人自身的器官的限制，人既是发动机、同时也是传动机。而当机器开始出现，传动机与工作机都由各种机械装置所代替，马克思早已意识到，人只是作为动力被应用于传动机和工作机中。从这一点上说，人类肌肉作为动力的存在变得无关紧要，人类可以被风力、水力、蒸汽等能源取代。[3]机器的构成与组合越来越庞大，当蒸汽机开始普及，成为当时工厂的一般动力源，发动机便取得了独立的、完全摆脱人力限制的形式，"许多同种的工作机，都是同时并同等地从共同的原动机的心脏跳动中得到推动"[4]，原本独立的技术步骤得到统一，机器体系便形成了。人从此被排除在机器体系之外。从前，手工工具是人类器官的延伸，而在机器体系出现后，工人却成为这个"庞大的机械怪物"的"有意识的肢体"，工人的工作可以被描述为，他们仅仅是看管机器的运转，并且机器在原材料方面发挥中介作用，以防止机器发生故障。[5]

[1] [英]约翰·格雷. 人类幸福论[M]. 张草纫译. 北京：商务印书馆，2014：2
[2] [德]马克思. 资本论（纪念版）（第一卷）[M]. 北京：人民出版社，2018：427
[3] [德]马克思. 资本论（纪念版）（第一卷）[M]. 北京：人民出版社，2018：460
[4] [德]马克思. 资本论（纪念版）（第一卷）[M]. 北京：人民出版社，2018：435-436
[5] [德]马克思，恩格斯. 马克思恩格斯全集（第三十一卷）[M]. 北京：人民出版社，1998：91

之所以说技术在马克思这里已进入哲学的视野，是因为在马克思的观察中，技术已经与人性、人的存在、人的有尊严的生活产生了联系，开始靠近人类解放的主题。不过，在资本家那里，工人相较于机器体系的地位的下降显然不是值得他们关心的问题。他们使用机器的目的，在马克思看来，是让商品更加廉价，缩短工人所需工作日的部分，以此来延长工人无偿地为资本家工作的时间。机器是实现产生剩余价值的手段。[1]当剩余价值一词出现，马克思研究机器发展过程的真实目的便浮出水面：为了有更充足的论据证明资本家对工人的剥削，这种剥削不仅体现在无偿占有了工人所创造的与工资相对应的那部分以外的价值，还体现在机器体系对工人自主性和技艺的贬斥。后来的芬伯格对马克思进行的这部分工作给予了中肯的评价：马克思率先揭示了所谓技术指令背后的利益，指出资本主义技术特别适应于一种由上层控制的异化社会。[2]

这里所指的"由上层控制的异化社会"即是当时的哲学家们大加批判的资本主义社会，是一个充满着压迫与剥削的不平等的社会。底层人民苦苦挣扎，与失业、贫困、政治上的迫害进行着夜以继日的斗争。如何将人们从这种被奴役、被蔑视的悲惨境遇中解放出来，成为当时的哲学主题。

三、人类解放的资本主义批判

资本主义社会的荒诞图景促使哲学家们从不同的角度寻找摆脱异化状态、返回本真自我的良方。叔本华（Arthur Schopenhauer）对资本主义的批判比较曲折，并不像马克思那样单刀直入，需要从对主体性的消解这一层次上加以理解。导致资本主义社会问题丛生的既有经济上的根本原因，也有伦理文化方面的因素，在韦伯那里，被称为"资本主义精神"[3]。自从人类的主体性得以确立和发展、主客二分的观念得到认同，作为客体的物质世界日益成

---

[1] [德]马克思. 资本论（纪念版）（第一卷）[M]. 北京：人民出版社，2018：427

[2] Feenberg, A. Transforming Technology: A Critical Theory Revisited[M]. New York: Oxford University Press，2002:37

[3] Weber, M. The Protestant Ethics and the Spirit of Capitalism[M]. New York: Routledge，2001:13-38

为人们乐于控制的对象，物化问题、生态问题等，从主客关系的角度来看，皆因人们将周围的一切视作可以加以利用和计算的对象。叔本华将意志作为世界的本体，将世界理解为人的意志的外化，这就摧毁了传统主客二分的本体论预设，消解了人类藉以妄自尊大的自主性。叔本华对于人与万物皆为意志客体化产物的认定令人产生对世间万物的同情与悲悯。伯格森与叔本华同属非理性主义的代表人物，与叔本华不同，他更关注人类创造性的进化过程，他认为广为提倡的科学理性是一种僵硬的框架，把生命的全部活动缩小成了人类活动的一种形式，人的生命除了追求效率和名利外还有很多的可能性，眼前的资本主义的生产生活方式只能局部地表现生命，最后呈现的只是生命过程的一个结果或是残渣。[1]非理性主义将关注重心立于人类自身，救赎人的精神世界，带有浓郁的解放色彩。

可是，这种解放是不彻底、不现实的，最根本的原因在于他们对人的本质的理解过于抽象。如果将非理性的情感意志视作人的本质，那么非理性主义者所寻找的本真自我便注定会与世界的客观实在相脱离而只在主观世界显现，他们对异化的理解也不可避免地会缺乏现实的根基。一旦他们将异化的根源诉诸文化与道德而非不合理的生产方式，就只能在抽象世界中寻求治标不治本的解决方案了。

当然，马克思身后的学者并没有停止对资本主义的诊断与批判，在人类解放这一崇高理想的观照下继续探索通往自由王国的可能的道路。列斐伏尔（Henri Lefebvre）是法国著名的马克思主义理论家，他某种程度上继承地发展了马克思关于异化的观点，指出"异化不仅仅局限于劳动领域，而且存在于消费与人的各种需要领域，即日常生活领域"[2]。由此，他自觉转换理论视角，在系统地批判了资本主义制度下日常生活的异化及其病态性的基础上，提出经济、政治、文化三位一体的总体性文化革命纲领，期望通过总体革命将"单向度的人"重新改造为消除了异化的、全面自由的"总体人"。然而，列斐伏尔习惯于将日常生活与消费社会联系起来，"导致日常生活的存在论

---

[1] 参考[法]亨利·伯格森. 创造进化论[M]. 汤硕伟译. 福州：海峡文艺出版社，2017：6
[2] Lefebvre，H. Critique of Everyday Life: Introduction[M]. trans. John Moore. London: The Penguin Press，1991:97

意义被单一化"[1]，这也使得他未能深刻理解资本主义社会存在的根本性问题，转而将人类解放的理想寄托于瞬间欢愉、节日回归等浪漫主义美学，虽然在理论上丰富了解放的内涵却因缺乏实践性而止于空想、止于批判。

生态马克思主义的代表人物高兹（Andre Gorz）在关注人类社会生存境遇的同时，还敏锐捕捉到资本趋利性的生产方式所造成的人与自然的空前对立。他引入生态理性的概念，对资本主义进行生态学批判，他的尝试旨在建立一个生态社会主义社会，其中人与自然和谐共生，人能够自由、全面地发展。高兹认为，经济理性在资本主义社会中占据主导地位，追求效率与利益的最大化，导致了自然的破坏、劳动的异化、社会的匮乏与不平等，人的自由解放成为遥不可及的神话。为改变这一状况，应该超越经济理性，建立一种新的理性即生态理性，在生产方式上"够了就好"，生活方式上"消费较少，生活更好"，尊重自然、保护自然，将社会发展融入生态系统之中。高兹的设想同样为人类解放方案作了有益的补充，但他用资本主义经济理性与自然环境之间的矛盾代替社会化大生产与生产资料私有制之间的矛盾，未能从根本上解决问题，他所提倡的经济理性脱离了现实生产力的发展水平，由于缺乏实践支撑，这种构想也带有乌托邦的色彩。

福柯（Michel Foucault）是非马克思主义的典型代表人物，他与马克思"一个揭示出资本逻辑造就的恶果，另一个揭示出权力运行建构的迷局"[2]。与列斐伏尔的视角相似，福柯崇尚对权力的微观分析，关注权力在日常生活、人际关系和个人内心世界中的表现。福柯发现，在资本主义民主政治的隐形权力线之下，知识、真理、科学、话语等形成了完整的谱系和牢固的"装置"，完成了人类文明中第一个将现代灵魂纳入全方位规训的牢狱的建设。人类并没有从奴役与压迫中逃离反而越陷越深。在福柯看来，任何外在的规范究其实质不过是权力的技术，"以一种权威主义模式体现了社会幸福的神话"[3]，因此他反对任何外在的规范与权威，希望通过"自我的技术"来抵制权力的渗透，即以关心自己这一基本命令为中心开展自由实践。福柯之所以采取求

---

[1] 刘同舫. 人类解放思想史[M]. 北京：人民出版社，2019：204
[2] 陈培永. 福柯的生命政治学图绘[M]. 北京：中国社会科学出版社，2017：193
[3] [法]米歇尔·福柯. 疯癫与文明[M]. 刘北成等译. 北京：生活·读书·新知三联书店，2012：62

诸己的方式，很大程度上是因为在他的微观分析中，权力无所不在，弥散于社会的各个领域，存在于生活的各个空间，因而缺乏反抗的权力实体，"向内求"在某种程度上可视作福柯对现实的一种屈服。

与马克思同时代的学者如叔本华、伯格森（Henri Bergson），马克思身后时代的列斐伏尔、高兹等新马克思主义者与福柯等非马克思主义者，均对资本主义社会中人类悲惨的生存境遇表达了不满与同情，并结合各自的理论视角提出了不同的解放方案。然而，他们的方案或停留在主观领域内缺乏现实可行性，或过于片面和单薄无法承担人类解放这一重大使命。如果将他们的思路与马克思的设想加以比较，那么，马克思人类解放思想的优越之处便能得到凸显：更加彻底，更加多维。

第二节 人类解放进程中的技术困境

如果有人问你，在历史上，蒸汽机、发电机、计算机这些重大的技术变革，给人们带来的影响是什么，你会怎么回答呢？很多人可能首先会想到"提高生产率""促进经济增长"或者"推动人类文明进步"，等等。这些当然没有错。不过请注意，这些都是我们站在当下，回望那些久远的历史，从自己的角度给出的回答。那么，你有没有想过，如果穿越到那些技术变革正在发生的时候，亲历当时的人们所经历的一切，你的答案会不会发生改变？很有可能。

实际上，任何技术的发明、改进都存在某个目的导向，在整个人类发展进程中，它是为了将人从劳动、官能缺陷中解放出来；对资本家、大工厂主而言，它是为了获得更多的剩余价值。在机器技术方面，一切改进措施的目的和趋势都始终如一，即尽可能减少人的劳动，或者依靠女工、童工来代替成年男工的劳动，或者用未经训练的工人来代替熟练手艺工人的劳动，以此来降低劳动成本。"这种只用眼灵手快的儿童而不用经验丰富的熟练工人的趋向，证明按照工人的不同熟练程度来分工的死板教条，终于为我们开通的厂主们抛弃了。"[1]

甚至可以质疑一个民族的整体能力是否与技术进步成正比例。在若干机械技艺中，完全可以不需要智慧和情感的参与就能达到目的；正如无知是迷信之母，这种机械化的思维也是工业之母。相较于需要思考和想象的工作，手或脚的惯性运动并不需要动脑筋，因此，在生产车间中，工坊可以视为一个由人构成的机器，这也是手工业的最大优势所在。"一位将军可能是十分精通战争艺术的人，而士兵的全部价值却只是完成一些手脚的动作。前者之所得可能就是后者之所失……在这一切都互相分离的时期，思维的技艺本身可以自成一个独立的行业。"[2]

虽然，从长远来看，技术革命会造福每一个人，但是短期内却隐藏着陷阱，包括可能出现的大规模失业，还有社会阶层的剧烈变动。牛津大学研究员卡尔·弗雷（Carl Benedikt Frey）博士称之为技术陷阱，这也是人类在解放进程中遭遇的"技术困境"的主要方面之一。

一、机械化革命中的技术困境

历史上的机械化革命——工业革命和第二次工业革命，时间段主要从 18 世纪 60 年代一直到 20 世纪初，怎样改变了当时普通人的命运。在这段时间里，蒸汽、电力这两种新动力的出现，使得机器在生产中逐渐普及，所以把这段时间叫做"机械化革命时期"。

20 世纪下半叶的计算机革命，以及我们当下正在经历的人工智能革命，这类自动化革命在过去怎样改变了普通人的命运，在未来又会对我们产生怎样的影响。不管是机械化革命，还是自动化革命，从短期来看，都会给人们带来相似的"困境"。不过，从历史中，我们也能看到，面对这样的困境，人类并不是只能被动接受，而是始终在努力应对。这也意味着，我们在当下对于人工智能革命的很多担心，可以从历史上那些曾经发生过的技术变革中寻求启发。

---

[1] [德]马克思，恩格斯.马克思恩格斯文集（第一卷）[M]. 北京：人民出版社，2009：629
[2] [德]马克思，恩格斯.马克思恩格斯文集（第一卷）[M]. 北京：人民出版社，2009：651-652

　　那么，面对机械化革命和自动化革命所造就的技术困境，人民是如何应对的？在过去，机械化革命怎样改变了普通人的命运。机械化技术革命的起点是工业革命。我们以往在考虑工业革命的产生条件的时候，必然会说到技术进步因素，主要就是指各种重大发明创造的出现。

　　有一个经常被忽略的事实是，工业革命是 18 世纪 60 年代开始的，但是早在 18 世纪之前，很多发明创造就已经出现了。比如，机械钟、望远镜、气压计和潜水艇，还有威廉·李（Welliam Lee）发明的、用于纺织的织袜机和起毛机，等等。其中一些发明甚至比工业革命期间被推广的工具更精细、更复杂。但是这些机器在当时并没有得到推广。

　　我们都知道，瓦特（James Watt）并不是蒸汽机的发明者，只是改良者；他在原有的蒸汽机上加了一个冷凝器，然后在 1769 年给这个冷凝器申请了专利。而在此之前，蒸汽机其实就已经升级过很多代了。1675 年，法国的物理学家帕潘（Denis Papin）成功研制出了第一台蒸汽机的工作模型；而到了 1698 年，英国人萨弗里（Thomas Savery）制造出了全球第一台实用的蒸汽提水机。不过，它工作的深度极限只有九米多，就连为矿井排水也做不到；后来，英国工程师托马斯·纽科门（Thomas Newcomen）又造出了可以在更深的矿井里抽水的工业蒸汽机。这些发明都远远早于瓦特版的蒸汽机，但是，它们都没能吹响技术革命的号角。这是为什么呢？

　　有人会强调技术因素，说那些机器在技术水平上都比不过瓦特改良后的蒸汽机，所以没能推广起来；也有人说，光有发明还不够，需要企业家来把这些发明推向市场，就像瓦特的合伙人那样，曾经就让科技发明实现商业化。也有人认为，如卡尔·弗雷就指出，这些都不是主要原因。他认为，这些发明之所以在 18 世纪中叶之前没能得到大范围推广，主要是因为人为的阻碍。由于这些发明基本是技能取代型的，也就是说，它们会取代当时的很多劳动力，导致这些人丢掉工作；所以，当时处于统治地位的地主阶级担心，这些发明会造成人们生活困难、社会不稳，甚至发生政治动乱。

　　这种担心也不是没有道理的。当时很多手工行业的行会，也就是工人们的联合组织，就经常激烈反对机械进入本行业。比如，在英国，剪切工行会曾是羊毛行业里最强大的行会之一，他们通过请愿和暴力活动，在长达数十年的时间里，成功阻止了起毛机——也就是一种能把粗毛纺织品表面拉出绒毛的机器——被引进到英国西部。在很多其他行业，也是类似的情况，当从业者们的工作受到新技术的威胁时，他们经常会诉诸暴力进行反抗，包括街头暴乱、游行示威和蓄意破坏公共产品，等等。所以，在英国发生工业革命之前的很多年里，处于统治地位的地主阶级为了维护社会稳定，经常会抵制甚至禁止这些可能造成工人失业的技术。比如在 17 世纪，查理一世就曾经发布公告，禁止推广起毛机。这种情况，直到 1688 年英国光荣革命之后，才开始逐渐有了变化。

我们知道，在光荣革命之后，为了限制英国王权，英国议会通过了《权利法案》。这在削弱王权的同时，也极大地增强了资产阶级在政治事务中的影响力。资产阶级是比较欢迎机械化的到来的，因为在当时的很多手工业里，机械化生产的单位成本已经低于雇佣工人来生产了；而且，很多资产阶级的财富增长是依赖海外贸易的，如果能通过机械化生产实现更低成本、更大产量，那么就会有助于增强商品的国际竞争力。所以，光荣革命之后，随着以工厂主和商人为主体的资产阶级的政治影响力扩大，行会对新技术的阻挠就没有以前那么管用了。英国的政治机构和司法部门开始跟发明家站到了一边。比如，议会废除了之前禁止使用起毛机的法律，多次驳回了纺纱工、精梳工和剪切工们提出的禁止使用棉纺机、精梳机和起毛机的请愿；后来，在 1769年，又立法规定，毁坏机器会被判处死刑。在拥有了政治权力的工业资产阶级的支持下，工业革命才真正拉开序幕。

今天的人们在讨论工业革命的影响的时候，往往会从长远视角出发，强调它造福后世的重大作用。但实际上，在工业革命进行期间，也就是从 18 世纪 60 年代到 19 世纪 40 年代，虽然工人们的产量大幅提升，但是，他们的生活状况却并没有得到改善，甚至变得更差了。

比如，根据卡尔·弗雷在他的专著《技术陷阱》里给出的数据，1780—1840年间，英国工人每周工资的涨幅是 12%，但是与此同时，他们的工作时间增加了 20%，所以，如果是按单位工作时间收到的工资来算的话，有相当一部分人的工资其实是下降了。但不可否认的是，在这一时期，生产有了前所未有的增长——产量的增长速度几乎是工资增长速度的 4 倍。这就意味着，增长带来的收益并没有流向劳动者，而是更多流入了资本所有者的口袋。据学者统计，在第一次工业革命期间，英国最富有的 5%的人群收入占总收入的份额大幅上升，从 21%上升到了 37%。整个社会的贫富差距被明显拉大了。

　　经济史学家们把从 18 世纪 60 年代到 19 世纪 40 年代这一阶段称为"大分流"时期。因为一方面，由于工业革命的推进，西方国家变得比世界上任何其他地方都更加富有，出现了国家间经济实力的"大分流"；另一方面，在工业革命的主力国家——英国——的内部，同样也出现了"大分流"，也就是我们前面说的，生产利润突飞猛涨，工人工资却停滞不前，社会中的收入差距急剧扩大，出现了财富和阶层的分流。然而，到了 19 世纪 40 年代，也就是第一次工业革命进行了七十多年之后，情况发生了改变。当时，英国的首席统计学家罗伯特·吉芬（RobertGiffen），统计了国内的个人收入数据，发现，从 1843 年到 1887 年，英国富人的数量翻了一番，他们的总收入也翻了一番；劳动者们的总收入也翻了一番，但劳动者的数量并没有大幅增加。这个数据，直白一点翻译就是，富人没有变得更富，但是数量增加了；与此同时，劳动者的收入大大提高了。这跟作者收集到的数据也是相符的。从书里可以看到，在 1840 年到 1900 年间，工人的实际工资增加了 123%。也就是说，在这 60 年里，工人的处境有了明显改善，跟他们的上一代人的境遇完全不同。

　　那么，为什么会发生这样的转变呢？大概率跟以下原因有关：工业革命进行期间，英国还处于机械化的初期阶段，这个时候的机器都比较简单，不需要工人有什么教育背景或者过往经验，就可以操作。所以在当时，那些由手工劳动转为操作机器的工人，工资并不会上涨。更不用说，大部分机器简单到儿童都可以操作，很多中等收入的成年工人就被工资更低的童工取代了。这也拉低了工人的整体收入。不过，在机械化的后期，也就是从 1840 年开始，再往后的这六十年，工厂出现了更复杂的机器。这就对工人提出了更高的要求——他们需要懂更多的技术，有更丰富的经验，或者受过更好的教育。于是，工厂里出现了越来越多的专业技术工人，以及有一定教育背景的工程师。并且，随着工厂越来越大，也需要更多负责财务、管理、运营的专业人士。

　　就这样，随着劳动者的技术水平、教育背景变得更有价值，他们在工资上的议价能力也提高了。这就使得劳动者的整体收入水平有了非常明显的提升。从前劳动者们对于机械化生产的激烈抵制，也成了历史的记忆。"白领"这个词开始被公众普遍使用。在19世纪中期，一份白领工作能够支撑起一个家庭相对宽裕的生活，社会里的"中产阶级"开始壮大。

在机械化的初期，也就是从1769年到1840年，这一时期出现的新技术是技能取代型的，也就是，会取代原来从事同样工作的劳动力，或者使得成年工人被童工所取代；所以，在这70年左右的时间里，劳动者的工资停滞不前，甚至有所下降，社会贫富差距也迅速扩大。而进入机械化的后期，也就是从1840年到1900年，这一时期出现的新技术是技能增强型的，也就是，对于劳动力的技能水平提出了更高的要求，也让有技术或有知识的劳动力变得更有价值了，这提升了劳动者的整体收入水平，壮大了社会中的富人阶层，还出现了一种新的社会阶层——中产阶级。从机械化的初期到后期，人们对待技术变革的态度也从抵制走向了接纳甚至欢迎。

那美国的情况又如何呢？学界一般认为，美国的机械化进程开始于19世纪初期，一直持续到20世纪。作者发现，在美国这一整段机械化技术变革的历程中，并没有出现英国一样的大规模激烈反抗。这是为什么呢？从英国机械化的经历中，我们看到，人们对待技术变革的态度取决于他们是否能从中获利。这个道理放在美国也成立。由于美国的机械化进程开始于19世纪初期，比英国要晚得多，所以在机械化开始之后没多少年，技术进步的方向就已经是以技能增强型为主了，劳动者的收入也有明显改善，这是美国机械化没有遭到大规模的暴力抵制的最主要原因。

除此之外，还有一些其他因素也起到了很大的作用。比如，19世纪20年代，美国的白人男性获得了选举权，他们可以更多地通过民主渠道表达自己的意见，不再需要诉诸暴力；教育范围的扩大、在校年限的增加，让年轻人能够更好地适应不断变化的劳动力市场；社会福利水平的上升，让失业人群的生活不再那样难熬。还有更重要的一点是，工人们开始组织工会，争取更好的薪酬和工作条件。这里说的工会，跟前面提到的手工业行会不同，工会虽然成了一股日益强大的政治力量，但基本不会反抗机器等新技术。这背后的根本原因还是在于，这一时期，技术进步带给他们的主要是益处，所以基本没有抗拒的理由。

那么，历史上机械化革命给革命的主力国家——英国和美国——带来的影响提醒我们：虽然，从长远来看，技术革命会造福每一个人，但是在短期却隐藏着陷阱，带来无限困境，比如大规模的失业或阶层的剧烈变动等等。

二、自动化革命中的技术困境

技术进步的本质是创造性的毁灭。创造是永恒的，能带给人类以福祉；而毁灭也许是暂时的，但也会给社会带来撕裂性伤痛。

这样的技术困境，并不只存在于过去。当下，我们正在经历着一场新的技术革命，革命的主题是自动化，主要包括发生在 20 世纪下半叶的计算机革命，还有我们当下正在经历的人工智能革命；而在这场自动化的革命中，人类同样面临着跟过去相似的"技术困境"。

那人工智能革命会给我们带来什么"技术陷阱""技术困境"？实际上，当下正在发生的事情，我们在过去早就已经经历过了，而且还不止一次。上文提及的机械化革命就是其中一个例子。

我们来看看计算机革命。计算机技术的出现，不是对机械化革命的延续，而是对它的颠覆。有了计算机之后，人们不必再自己操作每一种机器了，很多机器都可以通过计算机指令来进行自动控制。计算机的这种功能，恰恰淘汰了在机械化后期出现的很多主要负责操作机器的岗位。很多技术工人，还有一些负责检查记录、文件存档、统计计算等书面工作的文职人员，在 20 世纪 80 年代开始大批失业。所以，在机械化后期崛起的"中产阶级"，在这一阶段可以说是受到了重创，很多人都从中产滑向了低收入群体。到了 20 世纪 80 年代，甚至出现了"中产阶级中空化"的迹象。

所以，我们能看到，在计算机革命的初期，由于技术进步的方向是技能取代型的，这导致了"技术困境"的再次浮现。

眼下，身处人工智能革命初期的我们，面临的情况跟当时是类似的。人工智能是计算机技术的一种拓展。以前，我们是给计算机编写一组程序，让它自动化地去处理某项任务；在这个过程中，计算机进行的每一项处理，都必须由程序员给出明确的指令。但是，在人工智能时代，我们给计算机编写程序，是为了让它从数据样本中自己学习，摸索出事物运行的规律，然后应用到实践中。这意味着，人工智能可以在计算机技术的基础上，进一步让更多的任务实现自动化；那么不可避免地，在这个过程中，会有更多的岗位被取代。如果是这样，那么在有生之年，我们可能会见证另一场技术困境的到来。

不过，好消息是，从计算机革命的经验来看，在技术困境出现之前，一些经济学家就通过观察计算机做的事情，预测出了哪些工作会被取代。比如，1960年，美国劳动统计局开展的一项研究发现，在受（自动化）变革影响的员工中，从事记录检查、文件存档、计算、制作表格以及其他机器操作相关工作的比例高于80%，剩余的主要是行政、监督和会计工作。在同一年，诺贝尔经济学奖获得者赫伯特·西蒙（Herbert Alexander Simon）教授发表了一篇文章，叫《公司：它会由机器管理吗》。在这篇文章里，他根据自己对于技术趋势的观察，已经预测到了"中产阶级中空化"的现象。

从1960年这些研究发布，到80年代失业潮的出现，这中间过去了二十多年。所以，这就意味着，如果人们在面临技术变革的时候，能够掌握到更多关于未来岗位变化的信息，还是有相当一段时间可以进行规划和调整的。

那么，身处人工智能革命初期的我们，也可以顺着这个思路，来思考职业的未来。卡尔·弗雷主张"有一分数据说一分话"，背后有比较扎实的科研支撑。在研究过程中，作者和他的研究伙伴所采用的样本，涵盖了702份工作，覆盖了美国97%的劳动力；他们把这702份工作分解为两万份不同的工作任务，交给跟他们合作的人工智能专家；人工智能专家根据作者提供的数据，开发出一种专用的算法，来分析这些工作是否能实现自动化，也就是，是否能被人工智能所取代。根据算法的预测结果，在未来的美国，47%的工作岗位都容易受自动化的影响——也就是将近一半。

那么，这里面主要包括哪些岗位呢？

第一类是从事农林牧渔业的人群，第二类是行政、物流、客服、零售这些比较重流程的服务岗位。当然，这并不意味着，其中所有的服务工作都会被取代。很多时候，消费者可能会更喜欢人工服务的体验。作者的研究只是提醒我们，由于，人工智能算法善于从数据中学习事物规律，然后应用到实践中；所以，从技术可行性的角度，这些偏向模式化的工作，会最先被取代。

卡尔·弗雷研究还表明，在未来，有两类岗位是最难被人工智能取代的。

第一类，是涉及比较复杂的人际交流的岗位。比如需要跟病人频繁交流、进行"望闻问切"的医生或药剂师，以及需要第一时间捕捉新闻、跟采访对象深入交谈的记者，需要跟多方沟通、随时调整策略的律师，等等。

第二类，是需要发挥创造力的岗位。比如，科学家、艺术指导、管理人员、游戏设计师、喜剧演员、机器人工程师，等等。

这两类岗位为什么不容易被人工智能所取代呢？人工智能算法善于从数据中学习事物规律，然后应用到实践中。而这句话的反面就是，人工智能如果是处在一个不可控的环境中，或者面对一些无规律的互动对象，就没有那么"智能"了。

比如，虽然人工智能可以在基础文本方面模仿人类的社交互动——就像Siri 那样，但是，如果让人工智能来当程序员，从产品经理、客户那里听取需求，跟他们讨论方案、反复沟通；或者去募集资金，发掘潜在的捐赠者，主动跟他们建立联系；或者去做心理医生，给用户提供一对一的咨询……人工智能估计都不会有很好的表现。因为这些工作都涉及复杂的人际交流，或者需要进行人际关系维护，有很强的不确定性、无规律性，这是人工智能不擅长的领域。

还有，虽然目前，在数据足够的前提下，人工智能已经能够通过学习，创造出一首曲子，讲出一个笑话，甚至写出一本小说了。但是作者认为，真正的挑战不在于产生创意，而在于产生有意义的创意。换句话说，人工智能虽然能进行创作，但是它并不具备鉴赏能力，它不知道自己的作品有没有意义、水平怎么样。

刘慈欣创作的一个硬科幻小说《诗云》，里面有一个来自外星的神级文明，他们领略了中国古诗的美妙，认为自己能创作出更好的诗，结果经过多次尝试，没能成功，于是他们创建了一个由储存器组成的星云，把汉字的所有组合都存了进去，里面当然也就包含了汉语能够创作出的所有诗歌，这个云系统就叫"诗云"。但问题是，只有诗云并不够，因为你没办法利用智能算法，把那些超越古人的好诗从诗云里挑出来。这样的审美能力，是我们这些智慧生命体所独有的。而如果我们让现在的人工智能去创作诗歌，它其实也就是通过对现存诗歌的学习，生成一种类似诗歌的文字组合。但是，这首诗有什么意义？是什么水平？人工智能并不知道。当下正炙手可热的 ChatGPT 也是同样的情况。那些真正好的创作或发明，是需要包含它独有的审美意义或现实价值的。这就是为什么，人工智能或许能够模仿人类进行一些需要创造力的工作，但它并不能成为一名合格的"创造者"，比如科学家、艺术家或设计师，等等。

根据卡尔·弗雷团队的研究，当人工智能走向成熟之后，在美国可能有47%的工作岗位会实现自动化，剩下的53%主要是那些需要创造力、感知力和复杂人际互动的岗位。

虽然自动化革命涉及的范围很广，但它的发展速度却是另一回事了。就目前的情况而言，并不会马上就出现大规模失业。因为，已经萌芽的新技术不会全部同时出场，更不会在一夜之间为人们所采用，像监管、消费者偏好、劳动者抵制还有很多其他因素都会影响技术被采用的速度；并且，即使被采用，如果没有足够的数据科学家、算法工程师等跟它匹配的从业者，技术也不会很快被推广开来。

从历史经验来看，技术变革的初期，往往对于劳动者来说是一个比较艰难的时期，那些没能跟随技术进步调整个人能力结构的劳动者，可能会承受被新技术取代的风险。但是，长期来看，我们还是应该对技术变革带来的变化持有更加乐观的态度。

因为，不管是蒸汽机、发电机还是计算机，它们都在经历了一段与社会的磨合之后，带来了经济的爆发式增长，创造了很多收入更高的新岗位。卡尔·弗雷认为，人工智能目前还处于萌芽阶段，它给人们带来的最大收益还在后头。这里说的"收益"，一部分来自它对经济增长的促进——这会造福每一个人；还有一部分是，它的发展方向也会逐渐从技能取代转向技能增强，随着更多新技能要求、新就业机会的出现，我们的社会也可能像机械化革命中发生的一样，迎来人力资本的又一轮升值。

当然，在技术变革的初期，由于一些劳动力被新技术取代所产生的社会阵痛，也不应该被忽视。根据上个世纪美国机械化革命的经验，通过加强教育培训和福利保障，我们是能够减轻技术陷阱对人们造成的影响的。作者在书中也提到了一些具体的措施，比如，加强对于基础教育的投资，为失业人员提供再培训，针对低收入者实行劳动所得税抵减，设置工资保险——好让那些被技术替代、被迫从事更低工资的工作的人们获得补偿，等等。

历史上的机械化革命，还有发生在 20 世纪的计算机革命，给当时的劳动者带来的影响，虽然，从长远来看，技术革命会造福每一个人，但是在短期却隐藏着陷阱，让人陷于困境。这样的技术困境，不只存在于过去。我们当下正在经历的人工智能革命，也可能会带来类似的短期影响，很多工作内容偏向模式化的工作岗位可能会被取代，但是那些需要创造力、感知力和复杂人际互动的岗位则是人工智能无法胜任的。从长远来看，随着人工智能的发展，各种新的岗位会涌现出来，促进人们掌握新的技能，我们的社会也可能像机械化革命中发生的一样，迎来人力资本的又一轮升值。

虽然，"技术陷阱"这个题目，可能会让人有点恐惧；但是我想说的是，即使面临这样一个命运一般的"陷阱"，我们也并不是无计可施。一方面，国家可以通过教育培训、福利保障等渠道，控制失业或阶层变动带来的负面影响；另一方面，在技术创新不断加快的关键时期，找到自己的方向、不被技术进步的大潮甩在后头，对个人命运也会产生巨大的影响。

不过，这一切的前提是，你要敢于正视技术陷阱，敢于正视它给这个世界带来的风险和机遇。因为，即使你不去凝视它，它也在时刻凝视着你，一分一秒不曾停下。

第三节　马克思的人类解放思想与技术观

对资本主义的黑暗现实进行批判并非马克思的首创，与其同时代或在其之后的学者都基于不同的角度与观点展开了对资本主义阴暗面的鞭挞，描绘了各自的解放图景。然而，他们却未能找到问题的真正源头，也缺乏一种系统的视角。可以说，他们只是在资产阶级思想的边缘上漫游了一番，但并没有真正探究问题的本质。[1] 相比较而言，马克思的这种重视现实的做法，就显得比较高明了。首先，通过揭示异化现象的经济根源，马克思对资本主义进行了原则性地高度批判。[2] 其次，他的人类解放思想涉及政治、经济、社会等多个领域，且富有层次，提出了较为全面的、系统的解放道路。值得一提的是，尽管马克思已经关注到机器异化的问题，但囿于时代局限并未将技术解放正式列入其人类解放的系统之中，这使得马克思的技术思想逐渐成为"一个被忘却的角落"，有待后人在新的历史条件下对其进行新的注解。

一、解放思想的科学逻辑与理论品格

马克思的人类解放思想是一个科学体系，[3] 在马克思对人类解放认识的层层深入与对现实的持续叩问中得以不断丰富和发展。借助重要文本，对马克思人类解放思想的形成与发展过程进行历时性梳理与主题式解读，有助于展现马克思人类解放思想的丰富内容、内在逻辑与理论特色。

---

[1] [埃]萨米尔·阿明. 全球化时代的资本主义：对当代社会的管理[M]. 丁开杰译. 北京：中国人民大学出版社，2016：8

[2] 马克思主义的当代意义就在于对现代性进行了有原则高度的批判。第一，它并不是浪漫主义的批判，开历史倒车；第二，它真正致力于对社会的改造。参考：吴晓明. 论马克思对现代性的双重批判[J]. 学术月刊，2006（02）：46

[3] 王晓梅，何丽. 芬伯格的技术解放设想为何落空?[J]. 浙江社会科学，2021.

（一）逻辑：历时性梳理与主题式阅读

马克思自青年时便对人类解放有一种模糊的想象。早在他 17 岁的时候，他就在《青年在选择职业时的考虑》中动情地表达了要献身人类事业。马克思在当时已经初步形成了解放人类的意识，只是这种想法还缺乏明确的指向与具体的社会内容。充满理想的马克思，在莱茵报时期，遭遇了一场现实性的悖论。马克思在相关文章中明确表达了他对各种反动的、保守的社会力量的不满，横眉冷对当局对写作自由的扼制和出版自由的扼制。他认为写作和出版自由关系到人的普遍自由，主张行动起来对抗以获得出版自由。后来，他多次呼吁立法者取消林木盗窃法相关法规，这场争辩将他的目光集中到了为广大贫苦农民的而斗争上来。拾枯枝败叶，在马克思看来，是大自然习惯赋予贫穷者的权利，也是大自然对贫穷者的同情和怜悯。可是，立法者却通过法律将穷人视为盗贼，将行使习惯权利的贫苦民众定罪为罪犯，这无异于剥夺丧失了土地的底层民众的生存权。在当时的普鲁士，这样的穷人还有很多。马克思后来又用笔杆子架起大炮，对摩泽尔及其沿岸农民的贫苦和非人的生存境况，作了深刻的描绘和描写，炮口直指普鲁士当局。

在马克思看来，农民生活的困顿与窘迫与普鲁士政府的无所作为有直接的联系，可政府却撇得一干二净，将这一地区农民的贫困归结为自然原因和农民自己的不善经营，这令马克思义愤填膺。[1]底层劳苦大众的悲惨生活境遇令马克思确立了为他们谋求解放的初心，如何改变穷人的命运，使他们获得尊严、权力与自由成为马克思日思夜想的难题。马克思之后又对人类解放的主张进行了初步论证，《论犹太人问题》或者《〈黑格尔法哲学批判〉导言》等文章中可以发现他关于这一主张的阐述。但实际上，当时马克思并没有直接找到解决这一难题的答案，而是在一次次的思想交锋中，在一次次的努力探索中，不断接近答案。

对于德国的"犹太人问题"，布鲁诺·鲍威尔（Bruno Bauer）给出的解决方案是"废除宗教"，实现"公民的解放，政治解放"[2]。其含义有二：一

---

[1] [德]马克思，恩格斯. 马克思恩格斯全集（第一卷）[M]. 北京：人民出版社，1995: 357-395
[2] [德]马克思，恩格斯. 马克思恩格斯全集（第三卷）[M]. 北京：人民出版社，2002: 163

是将宗教废除于国家层面，使国家成为单纯的国家，而不是宗教的附庸；二是在信仰层面上废除宗教，无论是犹太人还是基督徒，都要放弃各自的宗教信仰，把人的精神发展的不同阶段看成是不同阶段的蛇蜕皮，把不同的蛇皮从历史中蜕去，把人本身仅仅看作是脱了皮的蛇。[1]马克思则认为，取消宗教，对"人的解放"来说，并不是完全必要的。首先，政治上的解放并不一定要废除宗教，"宗教的设定与国家的完成并无冲突"。因为宗教的废除并不必然导致人的解放。另一个呼之欲出的问题是：抽象的公民如何被现实的个体还原到自己的身上？"解放的实际可能性究竟在哪里？"[2]马克思在《〈黑格尔法哲学批判〉导言》一书中做了回应："就在于形成一个被戴上彻底的锁链的阶级，一个并非市民社会阶级的市民社会阶级。"[3]

可是，凭借无产阶级实现解放并不等于已经回答了如何解放，反而导致了新的问题：无产阶级是名义上的公民却经受着尘世生活的不平等，是实际上的市民却被剥夺了作为市民社会成员的权利。这种表里不一的不平等，其根源何在？

从《1844年经济学哲学文稿》可以看出，马克思是从现实是社会活动出发，从国民经济的事实出发，"思考了政治经济学的矛盾并通过这一矛盾思考了整个政治经济学以及政治经济学的全部范畴，从而解决了政治经济学的矛盾"[4]。在这里，马克思人类解放设想的另一个重要方面——劳动解放得以提出。在马克思看来，劳动是借助劳动的对象化产物——劳动产品来体现自己的意志，彰显自己的本质力量，通过劳动调节与外界（自然）的物质转化，人因劳动而与动物区分开来的一种人的本质活动，劳动是人的本质活动。可谓"劳动创造了人本身"[5]。按照马克思和恩格斯的设想，劳动应当是以客体的丧失和被客体的奴役表现为劳动的对象化，以客体的异己为对象，使劳动者的劳动成为维持劳动者肉体生存的手段，在公民社会的实际情况下，能够体现"生活乐趣"的"自由的生活表现"。这种异化劳动不仅造成了劳动产

---

[1] [德]马克思，恩格斯. 马克思恩格斯全集（第三卷）[M]. 北京：人民出版社，2002：165
[2] [德]马克思，恩格斯. 马克思恩格斯全集（第三卷）[M]. 北京：人民出版社，2002：213
[3] [德]马克思，恩格斯. 马克思恩格斯全集（第三卷）[M]. 北京：人民出版社，2002：213
[4] [法]阿尔都塞. 保卫马克思[M]. 顾良译. 北京：商务印书馆，2016：130
[5] [德]恩格斯. 自然辩证法（纪念版）[M]. 北京：人民出版社，2018：303

品的异化和劳动本身的异化，而且进一步导致了类人本质的异化（工人在劳动中否定了自己，却给资本家带来了享受和欢乐），这就是人（劳动是人的能动的类生活）与人（工人在劳动中否定了自己）之间的异化。劳动异化这种根本性的异化就是造成种种不平等、种种异化现象的重要原因。

那么怎么会产生劳动异化呢？马克思着眼于私有财产制度，把私有财产的本原问题转化为外化的劳动关系问题，这一点在人类发展过程中得到了很多东西，从而解决了这一任务。[1]。从前，劳动者至少还享有劳动力所有权，有一定的劳动自主空间，封建时代的劳动者还能做到自给自足。在生产资料完全由资本家拥有、工人被强迫进入工厂的资本主义社会，"把这种商品卖到被称为'自由'的劳动力市场"，工人除了自己的劳动力以外，就成了一个什么财产也没有的人。工人被迫与资本家的生产资料相结合，不以直接享受或创造使用价值为最终目的，而以创造价值、自我增殖价值为最终目的。[2]。目的与手段已然颠倒，私有财产作为劳动产品与劳动占有关系的异化了的前提同时也是产物，既导致又体现着资本对劳动的占有和奴役。从这个意义上说，"劳动异化即人之异化，劳动之解放即人之解放"[3]。只有把私有制和雇佣劳动制度消灭掉，才能让劳动资料回归至劳力手中，人性亦才得以复归。马克思科学发现了劳动的本体论意义，超越了前人对先验理性主义的盲目崇拜，扬弃了他们对解放的抽象的理解，从而使劳动解放奠定在历史与现实的基础之上。[4]但马克思的劳动思想解放还是有问题的：他着重于理想劳动与异化劳动之间的矛盾，将人类历史视为人的类本质的异化及对异化扬弃过程。这里体现出的马克思劳动解放思想中抽象人本主义的倾向在《资本论》和《法兰西内战》中得到纠正。

马克思在《资本论》中指出，完成资本原始积累的途径绝不是"田园诗式的东西"，靠的是欺骗，征服，奴役，掠夺，杀戮等暴力手段。新兴的资产阶级组织把分散的生产资料转化为集中的生产资料，把大多数人的小生产转化为少数人的大生产，使小生产受到破坏，农民群众受到剥夺。马克思不

[1] [德]马克思, 恩格斯. 马克思恩格斯全集（第三卷）[M]. 北京：人民出版社, 2002：279
[2] [德]马克思, 恩格斯. 马克思恩格斯全集（第三十卷）[M]. 北京：人民出版社, 1995：456
[3] 萧前等. 历史唯物主义原理（第三版）[M]. 北京：北京师范大学出版社, 2012：39
[4] 张国钧. 劳动解放：马克思人类解放思想的真蕴[J]. 长白学刊, 2010（03）：17-20

禁控诉他们用这种卑鄙的方式完成了"劳动者与劳动实现条件的所有权分离"[1]，"资本……每个毛孔都滴着血和肮脏的东西。"[2]大批农民在圈地运动中被迫离开自己的土地，丧失生产资料，成为流浪者，成为工厂中的廉价劳动力。贪婪的资本家像吸血鬼一样榨吸他们创造的剩余价值。这不仅仅是因为私有制的存在，也在于资本主义不合理的生产方式，在于以资本主义拜物教为集中体现的更深层的结构性问题。

资本的强权属性和欺骗性使得人们心甘情愿地屈服，"没有人能够幸免，无论是穷人还是富人，无论是无产者还是资产者，都被他们所支配，被他们所奴役，甚至被他们所控制，并因此成为不自由的人和被'物化'的人"。[3]资本唯一的度量是把所有的东西都转化为积累剩余价值的媒介，而所有的东西都变成了失去自主性的工具，必须通过商品和货币建立真实的关系并进行实际的生产，无论是在资本家和工人之间，还是在资本家和资本家之间，或者在资本家和其他社会成员之间。

要想让人们从资本主义的支配下得到解放，就必须打破整个资本主义社会的运作方式，摧毁资本的信仰，以此颠覆资本的宗教性。这就是经济解放的内核所在：探究生产力和生产关系的矛盾，寻找社会力量异化的根源及其解决方法，不仅需要促进生产力的发展，也需要改变不合理的生产关系。时代经济关系催生了资产阶级和无产阶级的存在。生产体系中的地位不同，导致了对生产资料的占有关系和经济利益不可调和，这就催生了阶级斗争的出现。为改变资产阶级的非人统治，世界无产者应当联合起来，推翻资产阶级的暴力压迫和剥削，把一切生产工具集中到无产阶级手中，即组织起来成为统治阶级，并尽可能快地提高生产力总量。[4]以此来改变资产阶级的非人统治。

那么，如何在旧的国家机器被捣毁之后，由无产阶级自己行使政权呢？通过总结巴黎公社运动的实践经验。马克思主张公社是"有组织的行动手段"，是"劳动的解放"，它既进行政治变革，又进行经济改革，还增强武

---

[1] [德]马克思. 资本论（纪念版）（第一卷）[M]. 北京：人民出版社，2018：821

[2] [德]马克思. 资本论（纪念版）（第一卷）[M]. 北京：人民出版社，2018：871

[3] 代俊兰. 马克思人类解放理论的历史轨迹及其当代价值[M]. 北京：中国社会科学出版社，2013：115

[4] [德]马克思，恩格斯. 共产党宣言[M]. 北京：人民出版社，2018：49

装力量，为了从根源上制止国家这个寄生虫的非生产性活动和胡作非为，减少巨量国民产品的浪费用于供养这个魔怪，一方面需要取缔这些行为；另一方面，公社的工作人员执行实际的行政管理职务，无论是在地方还是全国范围内，只领取工人的工资。[1]。通过剥夺那些剥削者的私有财产，改变所有制的形式，生产劳动就会自动去除阶级属性，不再带有雇佣关系的特征。这样，劳动就可以转化为人类自由自主的活动，为每一个人提供展示其体力和智力潜能的机会，促进其全面发展。

这里所说的公社社会改造，实质上与作为社会解放的国家形式，也为劳动解放提供政治保障的马克思所谓社会解放的内涵是相同的。有学者将政治解放、经济解放、劳动解放统称为社会解放，这是从解放的一般意义出发得出的结论。解放是一个综合的过程，既包括把人从自然的束缚中解放出来，把人从社会关系中解放出来，也包括把人从固有的观念中解放出来，把人从自我的束缚中解放出来。据此，人类解放就有了三重意蕴：自然解放、社会解放、自我解放。[2]异化劳动、经济剥削、政治压迫等均属于来自社会的不正当的、异化了的束缚，将其纳入社会解放的范畴也是合理的。马克思不仅把政治解放、社会解放等作为社会历史的客体向度，他的人类思想解放也包括主体向度，充分体现人文关怀的人的全面自由发展是他的价值旨归。

（二）品格：彻底性与多维性的统一

马克思的人类解放思想逻辑清晰，围绕着如何为劳苦大众谋求解放这一问题　渐次展开、层层深入。他从异化劳动开始进入资本主义的现实关系，然后追溯到资产阶级意识形态的根源和实质，使资本主义意识形态受到更彻底的批判。在展开过程中，马克思的解放逻辑涉及许多方面，如政治上的解放，经济上的解放，劳动上的解放，社会上的解放，都充分显示出其思想的多维性。马克思人类解放思想的彻底性与多维性体现于解放思想的丰富内容，构成其解放思想的鲜明理论特色。

---

[1] [德]马克思. 法兰西内战[M]. 北京：人民出版社，2018：105-106
[2] 魏长领，冯展畅.马克思主义人类解放思想的三层意蕴[J]. 河南社会科学，2019（10）：1-7

第一，马克思的人类解放思想既是意识形态批判与资本批判的统一，也是理论批判与现实改造的统一。马克思对资本主义的批判，"不是像人本主义那样从事物外部进行的抽象批判，而是深入到事物内部的具体批判"[1]。他以劳动的视角切入资本主义生产体系内部，对资本主义生产方式进行了全环节、全过程的考察，对资本主义框架下工人劳动异化的状况进行了总结，对资本家剥削工人的实质进行了深入的研究，对造成劳动异化的原因作了进一步的揭示。在马克思看来，被资本主义笼罩着的世界是一个"着了魔的、颠倒的、倒立着的世界"[2]。在正常的社会生产过程中，生产关系应当随着生产力的不断发展而相应地适应，但在资本主义社会中，却出现了以资本为主导、支配整个生产过程的局面。"生产资料被假设是在资本的形式上，劳动被假设是在工资雇佣劳动的形式上，商品生产的过程变现为资本的自运动"[3]。商品交换中同样存在"颠倒"，生产成为盈利的手段，交换成为目的本身，个体与个体之间的关系通过抽象的货币以量化的形式表现出来，不是人支配物，而是物支配人。如果我们仅仅停留在抽象的理论态度上，只是满足于与现实的表象相对应，而不是真正与现实本身作斗争，那么我们将永远无法取得实质性的进展。马克思直截了当地指出"物质的力量只能用物质力量来摧毁"[4]。在马克思和恩格斯那里，解放不是纯粹的思想活动，而是一种"历史活动"，它是由农业状况、工业状况、商业状况等共同促成的历史关系，以及时代的交往状况。[5]因此，他们结合人们生产生活的实际，以深厚的唯物史观为基础，指出了具有鲜明实践品格的具体的解放路径。

要从资产阶级手中夺得政权，必须以革命的形式捣毁资产阶级国家机器，才能实行无产阶级专政。马克思在肯定资产阶级民主历史性进步的同时，也对其局限性和虚伪性进行了激烈的批判：资产阶级口头上标榜的是民主阶级，

---

[1] 杨耕. 重建中的反思：重新理解历史唯物主义[M]. 北京：北京师范大学出版社，2017：224

[2] [德]马克思. 资本论（纪念版）（第三卷）[M]. 北京：人民出版社，2018：940

[3] 胡俊. "颠倒"：作为马克思意识形态理论中的核心[J]. 黑龙江社会科学，2012（01）：22

[4] [德]马克思，恩格斯. 马克思恩格斯全集（第三卷）[M]. 北京：人民出版社，2002：207

[5] [德]马克思，恩格斯. 马克思恩格斯选集（第一卷）[M]. 北京：人民出版社，1995：74-75

实际上不是这样，它承认原则的正确性，但在实践中从来没有实现过。[1]马克思更多的是在欧洲革命风暴中不断总结经验教训，指出无产阶级的力量还很弱小，尽管在历次革命中都发挥了作用，但革命的果实还是落在了资产阶级手中，革命的结果无非是"把一部分人手中的官僚军事机器转移到另一部分人手中""使机器变得更加完整，而不是摧毁它"，因此，马克思更多的是把无产阶级的权力从他认为，无产者的力量仍然十分弱小。无产阶级要实现自身利益，必须联合起来，成为能与资产阶级抗衡的强大力量，反对资产阶级庞大的官僚机构和军事机构的镇压，"集中自己的一切破坏力量"来捣毁资产阶级"复杂而巧妙的国家机器"[2]，将其彻底摧毁继而成为统治阶级。

第二，解放生产力，发展生产力，同时革新生产关系。一方面必须大力发展生产力。生产力代表着人类在征服自然和改造自然方面的实际能力，属于哲学范畴。是在人的需要转化为劳动的过程中形成的。生产力的高度发展以及物质的极大丰富是不断实现人的自由全面发展的物质基础。与单纯以自由、平等的浪漫主义标准来衡量社会进步与否的空想社会主义不同，马克思多次强调，马克思多次强调，没有生产力的发展，变化导致贫困以及极端贫困的广泛和普遍化，唯有通过增长和提高生产力，才能实现共产主义，于是，提出了具体的"生产力标准"[3]。

另一方面，必须改变不合理的生产关系。生产关系的重要作用在社会生产中也是不可忽视的。这不仅是因为生产关系是生产力产生和实现的基本条件，人们"只有在这些社会联系和社会关系的范围内，才会有他们对自然界的影响，才会有生产"，[4]还因为直接决定社会性质的不是生产力而是生产关系，"社会不是由个人构成，而是表示这些个人彼此发生的那些联系和关系的总和"[5]。以也可以说，决定社会性质的是生产资料所有制，是以所有制为核心的生产关系。在资本主义社会当中，贪婪的资本家拥有了所有的生产资料，其生产关系的主要特征表现为"剥削雇佣劳动"。雇佣工资掩盖了劳动

[1] [德]马克思，恩格斯. 马克思恩格斯全集（第十卷）[M]. 北京：人民出版社，1998：692
[2] [德]马克思. 路易·波拿巴的雾月十八日[M]. 北京：人民出版社，2018：107
[3] [德]马克思，恩格斯. 马克思恩格斯选集（第一卷）[M]. 北京：人民出版社，2012：166
[4] [德]马克思，恩格斯. 马克思恩格斯选集（第一卷）[M]. 北京：人民出版社，2012：340
[5] [德]马克思，恩格斯. 马克思恩格斯全集（第三十卷）[M]. 北京：人民出版社，1995：221

力价格与劳动者创造的价值之间不对等的隐秘关系，掩盖了资本家依靠盗窃他人劳动而积累财富与资本的现实。以资本所有权为基础的生产关系借助生产资料的物质形式而表现为对劳动者的物质支配力量[1]，这不仅给劳动者带来深重的苦难，还使整个社会关系物化、异化了。这些社会关系集中体现了生产资料占有者的物质利益，侵吞和损害了劳动者的利益。因此，消灭生产资料的资本主义私有制成了解决资本主义社会中资本家与工人的利益矛盾、生产力与生产关系之间的矛盾的必要途径。

马克思始终以现实生活过程为依据，牢牢掌握资本主义生产方式这一实际。他以商品为起点、以资本为核心、以物化为线索，揭示了资本主义社会当中，人与人之间以物化方式而存在的秘密，透视出劳动异化、人的自我异化的逻辑，对无产阶级和人的解放作了本体论意义上的证明，对资本主义社会进行了深刻的揭露和猛烈地抨击。

第二，马克思的人类解放思想具有多维性。现实中的人类解放并非唾手可得、一蹴而就的，它将经历无比艰难而漫长的历程。[2]这不仅仅是因为根深蒂固的资本统治逻辑或是资本主义生产方式内部矛盾的复杂性，还因为人类解放涉及社会的政治、经济等多个方面，处于不同的层次与结构中。

从解放的定义出发，既然解放是指解除既有的束缚与禁锢，那么有必要对既有的束缚即资本主义的黑暗现实作一番考察并据此思考解放的内容。解放是全方位的。把人们从资本主义社会的不合理的生产方式中解救出来，这就是经济解放。它以发展生产力为基础，以消灭资本主义私有制为核心，以消除生产过程中的种种异化现象为目标，使生产力成为劳动者本质力量的确证，成为他们能够自觉掌控的力量而不是外在的、异己的力量，使生产关系"回归于人自身"[3]而不再表现为物与物之间的关系。政治解放要求国家不信奉任何宗教，实现政教分离。政治解放实际呈现为"宗教来到市民社会"和"政治上升为国家"的双向运动[4]。文化解放即摆脱资本主义文化的枷锁，将

[1] 鲁品越. 《资本论》的生产力与生产关系概念的再发现[J]. 上海财经大学学报, 2018 (04): 10
[2] [德]马克思. 1844年经济学哲学手稿[M]. 北京: 人民出版社, 2014: 126
[3] [德]马克思, 恩格斯. 马克思恩格斯全集（第三卷）[M]. 北京: 人民出版社, 2002: 189
[4] 韩立新. 从国家到市民社会——《论犹太人问题》和《<黑格尔法哲学批判>导言》研究[J].

那种单纯地追求资本增殖、追求享乐，一味地追求物质利益和生产效率的想法驱逐出人的精神世界。它与政治解放、经济解放相辅相成，最终指向人类精神与本质的回归。"资本主义社会不仅是一个经济的结构体，同时也是文化的结构体，资本主义文化问题便由两者之关系而发生。"[1]一切东西凡到了资本主义社会，都可以当成商品用以交换，都可以转化成货币和资本。财富成为衡量一个人成就与价值的最权威的标准。富人过着体面的、有尊严的生活而穷人衣不蔽体、食不果腹，人们将造成这种差别的原因归结为拥有财富的多寡，全民陷入了一种对财富的迷信之中。要摆脱这种对物的普遍依赖和金钱至上的利己主义，必须在进行政治解放、经济解放的同时抗衡市民社会中权力和资本逻辑对人类精神文化的支配，使文化精神回归人们自身。[2]

从人的本质出发，既然人有类、群体和个体三种存在状态，那么人的解放也应该有三个层次与之相对应，即摆脱自然奴役的类、摆脱社会非人统治的群、获得个性的发展与成熟的类、群和个体。[3]类的解放是指整个人类的解放，人与作为自然界特殊"类"的其他动物是有区别的，也是作为"类"从自然界中独立出来的，能够改造自然并与之展开对话的，所以人作为类的解放要从人与自然的关系中去认识。

人作为个体的解放，也可以理解为人的自我解放，是以人的自由全面发展的状态为前提的，要求从陈腐的观念教条中解放人，从狭隘的自我中解放人，从而达到知、情、信、意、行协调统一的发展，使人的内心世界与外部世界达到和谐共处的境界，这就是人的自由全面发展。马克思的人类解放思想具有多维性，涵盖类的解放、群体解放、个人解放三个不同的层次，[4]又涉及政治解放、劳动解放、经济解放等多个方面。尽管分类不同，但内容却是一致的，而且彼此联系，具有内在统一性。

有学者基于自身对马克思人类解放思想的理解，认为马克思还表达过生

河北学刊，2016（05）：17

[1] 黄力之. 资本主义文化矛盾理论与马克思的文化思想及其延伸[J]. 中国社会科学，2012（04）：26

[2] 刘同舫. 马克思人类解放思想史[M]. 北京：人民出版社，2019：127

[3] 乔翔. 马克思人的解放思想研究[M]. 北京：中国社会科学出版社，2012：108

[4] 王晓梅，何丽. 芬伯格的技术解放设想为何落空?[J]. 浙江社会科学，2021.

态解放[1]、妇女解放[2]、精神解放[3]、主体解放[4]、人性解放[5]、感性解放[6]等观点。对马克思的人类解放思想进行延伸解读本无可厚非，然而，这种多维性并不意味着包容一切，不是所有关于解放的研究都能纳入其中。可以作为马克思人类解放思想有益补充的维度，必须在马克思的著作中寻找到文本依据，必须与马克思主体的解放逻辑相结合，必须在精神气质上与马克思的批判理论具有一致性，必须能够在现实的经济关系中找到一席之地并以之为主要理据。同时，它应该具有一定的独立性，能够从经济、政治等方面的解放中跳脱出来，成为一个特殊的问题域。换言之，它是如此地重要因而不能被简单地包含在已有的维度之中而必须全面地加以研究。

二、马克思的技术思想

马克思并未在其经典著述中将技术解放作为特有的或明确提出的概念展开论述，但不能因此忽视甚至否认他对"技术问题"的思考。对科技的关注和热爱，尤其是对科技的热爱，贯穿着马克思一生的学术活动中。[7]马克思在不少经典文本中关注技术与社会的互动关系，包括技术（工业）与人本质的关系、技术（机器）与异化劳动的关系、与分工的关系；在《机器、自然力与科学的应用》一书中，对机器和机器系统取代活劳动的问题，经过技术史的梳理，展示了技术世界的图景；《资本论》对技术的工业文明价值和它对社会生产部门的消极作用进行了辨析。

可以说，马克思对技术进行了哲学层面的反思，看到了技术的解放潜力，也看到技术造成的不合理后果。然而，他并没有将技术解放作为一个重要的

---

[1] 王代月. 劳动解放与自然的复魅[J]. 教学与研究，2017（04）：57-64

[2] [美]莎朗·史密斯. 马克思主义、女性主义和妇女解放[J]. 金寿铁译. 国外理论动态，2019（07）：79-86

[3] 牟成文. 马克思精神解放理论简论[J]. 哲学研究，2015（01）：25-28

[4] 朱春艳，齐承水. 论马克思主体解放思想的逻辑演进[J]. 东北大学学报（社会科学版），2018（06）：628-633

[5] 刘同舫. 人性问题与马克思的人性解放意蕴[J]. 学术研究，2013（02）：1-6

[6] 刘兴章. 感性存在与感性解放——对马克思存在论哲学思想的探析[D]. 博士学位论文，复旦大学，2008：163-189

[7] 乔瑞金. 马克思技术哲学纲要[M]. 北京：人民出版社，2002：23

维度纳入自身的解放体系中，这与技术问题的暴露程度以及马克思的解放逻辑有关。

（一）技术价值论和价值论

一方面，在马克思那里存在一套技术价值论。在马克思的经典著作中，技术一词出现的频次并不高，并且与今天技术哲学领域的技术概念在内涵与外延上有明显的区别，可这也说明不了马克思不重视技术。他非常频繁地使用与技术有关的词语，如劳动、实践、机器、发明、工业、劳动资料、分工、制作工具、应用自然科学等。对马克思而言，他更关心的是对那些特定的技术活动、技术器物、工艺等内容的讨论。[1]其实，不少学者[2]围绕马克思是否属于技术决定论者这个争议展开激烈讨论时，已经能反映出他们对马克思技术观的一般认识。在马克思技术观里面，技术与生产力、生产工具是同一的。

在马克思看来，生产力是推动历史进步和人类解放的最终决定力量，对于人类社会的发展至关重要，而技术就是现实生产力。也正因如此，恩格斯才会有这样的评论："在马克思看来，科学是一种在历史上起推动作用的、革命的力量。"[3]任何科学中的每一项新发现，它的实际运用效果可能根本无法预见的，这已经让马克思由衷地感到欣喜了，而当他看到那种新发现立即对工业产生革命性的影响，马克思更是喜出望外了。

首先，推动生产力发展的是技术。一方面，技术直接体现在生产力方面。因为它只要一进入生产领域并且参与生产过程，就能转化为现实生产力，而科学技术仅仅是一种知识形式上的潜在生产力而已。这些发生在各个生产部门和技术领域的深刻变革，使生产力在质和量上有了显著提高，"自然力的征服，机器的采用，化学在工业和农业中的应用，轮船的行驶，铁路的通行，电报的使用，整个大陆的开垦，河川的通航，仿佛用法术从地下呼唤出来的

---

[1] 牟焕森. 马克思技术哲学思想的国际反响[M]. 沈阳：东北大学出版社，2003：50
[2] "手推磨产生的是封建主的社会，蒸汽磨产生的是工业资本家的社会。"在技术决定论者那里，这就是马克思关于技术决定论的格言式的论断。参考[德]马克思，恩格斯. 马克思恩格斯选集（第一卷）[M]. 北京：人民出版社，2012：222
[3] [德]马克思，恩格斯. 马克思恩格斯选集（第三卷）[M]. 北京：人民出版，2012：1003

大量人口"[1]，社会的生产效率得到极大提高，人们的生活质量得到极大改善。另一方面，技术通过作用于生产力三要素间接推动生产力的发展。具有科学精神的劳动者，不迷信偶像，不承认教条，不听命于任何权力意志，客观地、客观地推动科学技术不断向前发展，就会有勇于探索、勇于创新的科学精神；科技的发展将人从辛苦危险的劳作中解放出来，使人的肢体得到延长，感觉得到强化，征服自然的能力得到提高；人类依靠科技也发现了很多有用的东西，都是从自然中来的，创造了很多自然中没有的东西，使劳动对象的范围扩大了。劳动生产力也随着科技的不断进步而不断发展壮大。

其次，技术引发社会关系的变革。"人们所达到的生产力的总和决定着社会状况"[2]，人们在生产过程中相互联系，形成一定的关系，技术通过生产力的变化引发社会关系变革。技术一方面改变了劳动方式和社会分工，将生产力的演变和进步延伸到生产关系领域，进一步影响人们的生活和交往方式，劳动的构成和分工视其所拥有的工具而有所区别，"手推磨所决定的分工不同于蒸汽磨所决定的分工"[3]。另一方面，通过生产关系的改变来实现技术引发社会关系的变化。资产阶级正是依靠科学技术的进步，大力发展生产，冲破宗教的束缚，实现了资本主义制度代替封建主义制度的转变，奠定了资本主义生产关系的基础，"蒸汽和新的工具机把工场手工业变成了现代的大工业，从而使资产阶级社会的整个基础发生了革命"[4]。

再次，技术是解放思想的有力精神武器。马克思还将科技知识视为智力的物化形式和精神生产领域的产物，认为生产部门的各种进步不仅在于生产力的直接进步，"部分地可以和精神生产领域内的进步，特别是和自然科学及其应用方面的进步联系在一起"[5]。恩格斯则将科学技术视作战胜神学迷信的精神武器，"在科学的推进下，一支又一支部队放下武器，一座又一座城堡投降，直到最后，自然界无穷无尽的领域全都被科学征服，不再给造物主

---

[1] [德]马克思，恩格斯. 共产党宣言[M]. 北京：人民出版社，2018：32
[2] [德]马克思，恩格斯. 马克思恩格斯选集（第一卷）[M]. 北京：人民出版社，2012：160
[3] [德]马克思，恩格斯. 马克思恩格斯选集（第一卷）[M]. 北京：人民出版社，2012：241
[4] [德]恩格斯. 反杜林论[M]. 北京：人民出版社，2018：282
[5] [德]马克思. 资本论（纪念版）（第一卷）[M]. 北京：人民出版社，2018：96

留下一点立足之地"[1]。

　　另一方面，就是马克思的技术异化论。马克思肯定技术对社会具有重要作用的同时也敏锐地觉察到机器大工业生产所造成的负面影响，这主要体现在工人阶级糟糕的生存境况中。机器的广泛应用，分工的不断细化，使得劳动越来越单一化，技能等级逐渐被消灭，工人的职业也随之灰飞烟灭，工人特有的技能丧失了任何价值，"变成了一种简单的、单调的生产力"[2]。在过去，工作间的竞争只发生在成年男性之间。可伴随着劳动的简单化与生活的艰难化出现的，是劳动者范围的扩大、资本剥削范围的扩大。"资本主义使用机器的第一个口号就是妇女劳动和儿童劳动！"[3]这样，这种代替劳力和劳动者的强大手段，立刻就转化为不分男女老幼、全部由资本直接支配的劳动者家庭成员的这样一种手段，从而使雇佣工人的数量不断增加。在这种情况下，儿童游戏的时间、妇女在家庭中自由劳动的时间被剥夺了，他们成为资本家们榨取剩余价值的工具。更糟糕的是，他们的健康被严重损坏。童工羸弱，身躯萎缩，神态呆痴。妇女的情况也堪忧，尽管能与男性一同劳动在一定程度上提高了妇女的社会地位，可她们也为此付出了惨痛的代价，总是年纪轻轻就患上了难治的疾病。持续工作着的机器不断工作的机器将劳动者变成自己的附庸，剥夺了劳动者在肉体上和精神上的任何活动空间，使他们在操作机器以外的事情上不能有任何非分之想。为了提高生产效率，工厂建立起一套严密的控制体系，所有这一切使工人的劳动成为一种异己的活动。

　　恩格斯从居住环境恶劣、道德失范等方面对工人悲惨的生存境遇进行了补充说明。在《英国工人阶级状况》中，由于资本家无良剥削，他在《英国工人阶级状况》中对底层人民的道德败坏愤愤不平。本应体现人的本质力量的科学技术却资本家压榨工人、聚敛财富的"帮凶"。机器的大规模应用，在承受极低的薪资水平和维持基本生活的同时，还面临着激烈的工作竞争，这使得工人能够很容易地被替代。格斯特别强调，"如何满足住屋的需要，

[1] [德]恩格斯. 自然辩证法[M]. 北京：人民出版社，2018：73
[2] [德]马克思. 雇佣劳动与资本[M]. 北京：人民出版社，2018：42
[3] [德]马克思. 资本论（纪念版）（第一卷）[M]. 北京：人民出版社，2018：453-454

是可以当作一个尺度来衡量工人其余的一切需要是如何满足的”[1]。可是，工人们的居住环境大多十分糟糕，腐朽的门窗、潮湿的地面、酸腐的空气、漫天的粉尘……到处散发着贫穷与死亡的气息。日复一日地失去抵抗贫困、肮脏、恶劣环境所赋予他们足以败坏德行的力量，[2]吸毒、酗酒、尔虞我诈，成为一种生存意志扭曲地表露。

马克思与恩格斯在肯定早期的科学技术为社会带来的有益变革的同时也认识到它的剥削实质。马克思关注到了伴随着机器大工业的兴起而产生的社会问题，并将其归因于资本主义不合理的生产方式下机器的资本主义应用。他还提醒工人们，使他们窘迫的真正原因是社会制度，不少他们痛恨至极的机器，“要学会把机器和机器的资本主义应用区别开来，从而学会把自己的攻击从物质资料本身转向物质生产资料的社会使用形式”[3]。进一步的问题是，既然马克思意识到了这些“技术问题”，为什么不在其论著中将技术解放纳入其人类解放的思想体系之中？

（二）马克思“观”技术的双重维度

19世纪是科技开始展现强大力量的时期，而马克思恰好生活在这个时代。在此期间，以蒸汽革命为标志，推动了第一次技术革命向纵深发展。以电力和化工革命为标志的第二次技术革命正在轰轰烈烈地展开。在这个时期，资本主义经济也以惊人的速度崛起。同时，以经典物理学为代表的自然科学多个领域也步入了一个整体的高速发展阶段。在这样的背景下，马克思对自然科学和工程领域的新发现、技术进步和新发明都给予了高度的重视，并对这些新应用在生产中给予了高度的评价。马克思关于技术的讨论大致从两个维度展开。

1.人与自然关系维度：技术作为劳动资料的维度

马克思在《资本论》第一卷“机器与大工业”章节的一个注脚中提示了

---

[1] [德]恩格斯. 英国工人阶级状况[M]. 北京：人民出版社，1956：106
[2] [德]恩格斯. 英国工人阶级状况[M]. 北京：人民出版社，1956：63
[3] [德]马克思. 资本论（纪念版）（第一卷）[M]. 北京：人民出版社，2018：493

他看待技术问题运用的基本方法，其中，由于对技术发展史的研究能够揭示出人与自然的能动关系的发展史，马克思对没有一部史书关于"社会人的生产器官"——"工艺"（技术）感到遗憾。即人的直接现实的生产活动发展史，从而揭示出马克思在看待技术问题时也贯彻了辩证唯物主义的方法——历史与逻辑的统一，由此产生的社会关系的发展史和人们头脑中的观念的发展史——这是辩证唯物主义的观点的统一，也是辩证唯物主义的观点和观点的统一的观点的统一。"劳动是从制造工具开始的"[1]。关于人类的起源，恩格斯指出"劳动创造了人本身"[2]，人类劳动和动物劳动的区别在于，动物在自然界中单纯地通过自身的存在而利用外部的自然而引起变化，而人则通过他所做的改变而使自然服务于自己的目的而支配自然，即：不同于动物的本能劳动（Institution）。人的劳动是有目的、有意识、有计划地劳动，以工具的制造为标志。马克思在对劳动过程的分析中指出，一般而言，劳动的核心是人类与自然之间的互动过程，涵盖了人的活动对于自然物质进行影响、调整和控制，以及人与自然之间的物质交换过程。[3]同时，有目的的活动或劳动本身、劳动对象、劳动资料等都是构成劳动过程的基本要素。[4]换句话说，劳动实际上是劳动者通过劳动资料引起的、调节的、控制者与自然界之间的物质转换过程，包括劳动工具及其技能和方法。人类在刚开始脱离动物的时候，是以自然物为劳动材料的，但只要劳动过程稍有发展，就需要经过加工的劳动资料。技术就是从这个时候开始产生和发展的，从粗制的石器到精美的铜器、铁器，从简单的机器到发达的机器系统等等，技术的产生和发展就是从粗制的石器到精美的铜器、铁器的发展过程。因此，技术首先作为劳动资料存在于人对自然的能动作用之中。

按照马克思的说法，技术作为人体器官的延展的工具而存在。"劳动资料是劳动者置于自己和劳动对象之间、用来把自己的活动传导到劳动对象上去的物或物的综合体。"[5]工人利用物的物理和化学的属性，从而根据自己的

---

[1] [德]马克思，恩格斯.马克思恩格斯文集（第九卷）[M]北京：人民出版社，2009：555
[2] [德]马克思，恩格斯.马克思恩格斯文集（第九卷）[M]北京：人民出版社，2009：559
[3] [德]马克思，恩格斯.马克思恩格斯选集（第二卷）[M]北京：人民出版社，2012：169
[4] [德]马克思，恩格斯.马克思恩格斯选集（第二卷）[M]北京：人民出版社，2012：170 页
[5] [德]马克思，恩格斯.马克思恩格斯全集（第四十二卷）[M]北京：人民出版社，2016：169

目的，把这些东西作为发挥力量、作用于其它东西的手段。"劳动者直接掌握的东西，不是劳动对象，而是劳动资料（这里不谈采集果实之类的现成的生活资料，在这种场合，劳动者身上的器官是唯一的劳动资料）。"[1]如此，自然之物本身就成了他的活动器官，他不顾圣经的训诫，在身体的器官上加注了这个器官，使他的自然之肢得以舒展，成为人的无机身体。

技术的本质不外乎人的本质力量的对象化，人创造了技术，人也创造了技术的本质力量。异化世界的本质在马克思的观念中是人的本质，即人的本质力量的对象化，也是劳动对象化的过程。[2]技术是人类自己创造的劳动工具，通过利用某些物品的物理或化学特性，将它们作为自身器官的延伸和扩展，以达到更快更有效的目标。

人类从诞生起，便开始试图超越自身身体的局限性，他们希望加长身体以够得着树上的果实、深水里的鱼虾，希望增强听力以听得远处的动静，希望增强视力以捕捉远距离的影像……可以说，人类历史上的所有重大发明和创新，几乎都蕴含着拓展或增强人类器官功能的特点。例如，各种交通工具如车辆、轮船、飞机等的发明，延伸了人的步行功能；钟表、烽火台、扩音器、电报、电话、无线电技术等则是人的喉咙功能的延伸；听诊器、声呐等则扩大了人的耳朵功能；火把、灯、蜡烛、放大镜、望远镜、显微镜等的发明，则是对人类视力功能的拓展

举例来说，正是由于手部能力的增长和延伸，使得人类成为世界上无可争议的主宰，并将手视为最重要的自然工具，其能力甚至比百万倍的增长还要强大。人手有很多基本的功能，抓握、上举、拖拉和打击等等。最初的时候，在与其他动物搏斗以求生存的过程中，我们的祖先最常使用的武器应该是拳头。然而，拳头只能发挥很短的作用距离，易于受到对方的伤害。因此，人们首先想到的是投掷石头。石头可以被视为是一种改进后的拳头，它可以在更远的距离上对目标发挥作用。随着人类不断扩大占地空间，人们发现用手臂力量投掷战斧、扔梭镖和石块等武器的投掷距离已经无法满足需求。而随着弹弓和弓箭的发明，这一难题得以迎刃而解。接着，枪械、炮弹、洲际

---

[1] [德]马克思，恩格斯.马克思恩格斯全集（第四十二卷）[M]北京：人民出版社，2016：169
[2] 乔瑞金.《马克思技术哲学纲要》[M]北京：人民出版社，2002：26

导弹等一系列新型武器的发明，也是人的拳头的进一步延伸。在这一研制新型"拳头"的过程中，科技得到了极大的发展。人手还有充当"容器"的功能。在山间劳作而口渴的人见到林中小溪，把两只手放在一起舀水喝。然而，手作为"容器"，容易漏水，这推动人们寻找更持久的容器。后来我们人类有了水瓢、水杯、水罐子、水缸子……这些都是我们手的延展。还有绳子，它是一只伸得特别长的手。

人类对生命最基本需求的满足自始至终都在物质生产活动中得以实现，而技术在其中起着不可或缺的作用。技术的本质是人的本质或人的本质的表现。[1]技术给人类带来了曙光。人类通过技术延展自身的器官，实现感知器官，如眼、耳、手、脚的功能性延伸，人类的生存能力极大增强。作为理性存在的人类，能够很快找到一条希望之路，让自己从痛苦折磨的生存状态中逐渐解脱出来。这也是一条通往技术解放的康庄大道。

2.人与人关系维度：技术作为生产剩余价值手段的维度

在人类劳动中，"劳动者利用物的机械的、物理的和化学的属性，以便把这些物当作发挥力量的手段，依照自己的目的作用于其他的物。"[2]这些作为技术手段的人工自然物，被劳动者直接掌握，是改变了劳动者作用于劳动对象的方式和效力的人的活动器官的延长，是自然肢体的延长，是社会人的生产器官，其社会功能首先表现为促进物质生产力的巨大进步，它的更替和发展是社会直接生产力的一种表现。

通过梳理技术发展的简要脉络，马克思阐明了手工业和制造业如何诞生资本主义产业形态，作为机器出现的劳动资料如何成为生产剩余价值的手段，他指出资本主义社会"一方面产生了工业和科学的力量，这是以前人类历史上任何一个时代都无法想象的"。[3]另一方面，它又显露出远超罗马帝国末期"一切载入史册的恐怖景象"的衰亡征象，资本主义在造成生产力和生产关系激烈冲突的同时，也因为这些物质财富仅为少数人所有，而造成了极其丰

---

[1] 乔瑞金.马克思技术哲学纲要[M]北京：人民出版社，2002：24
[2] [德]马克思，恩格斯.马克思恩格斯文集（第五卷）[M]北京：人民出版社，2009：209
[3] [德]马克思，恩格斯.马克思恩格斯文集（第二卷）[M]北京：人民出版社，2009：579

厚的物质财富。当马克思意识到剥削的实质不在于机器本身，而是在于资本主义制度，他就对"机器"和"机器的资本主义应用"作了区分。马克思为了区分资本主义生产关系中作为生产剩余价值手段的机器和机器的社会属性，作为一种劳动资料的天然属性。

这种区分受到了理论界的关注，也招致不少诟病，其中以阿尔夫·霍恩伯格（Alf Hornborg）、泰德·本顿（Ted Benton）和莱纳·格朗德（Reiner Grundmann）为代表。瑞典隆德大学人类生态学教授阿尔夫·霍恩伯格认为，马克思理论中对机器和机器的资本主义应用的定位并不清晰，它既可以看作是资本主义积累的一种表现形式，也可以看作是无产阶级解放的工具。这一理论的模糊性主要源于笛卡尔主义思想对其的限制。[1]泰德·本顿指出马克思是"19世纪工业主义广泛流行的自发意识形态的受害者"[2]，他受到了那个时代普遍的技术乐观主义的限制。莱纳·格朗德也批判马克思"将机器技术的所有负面方面归因于资本主义的应用，并将所有积极方面归因于机器技术本身"的态度是自相矛盾的[3]。总之，他们认为马克思对机器和机器的资本主义应用作出区分，意味着他把技术这种物质对象从社会关系中孤立出来看待，这是典型的笛卡尔二元论的思维方式。

事实则并非如此，正是因为马克思把技术放在特定的生产关系中去探讨，才对机器在除资本主义以外的生产关系中作用持开放态度。马克思和恩格斯也曾这样批驳过笛卡尔二元论的传统：历史学家和社会学家"从历史运动中排除掉人对自然界的理论关系和时间关系，排除掉自然科学和工业"[4]，而"自然科学和哲学一样，直到今天还完全忽视人的活动对他的思维的影响；它们一个只知道自然界，另一个只知道思想"[5]。所以，上述观点对马克思误解的关键在于：前者把目光局限在人类历史长河的资本主义阶段，并把资本主义

---

[1] Hornborg, A. (2001). Symbolic technologies: Machines and the Marxian notion of fetishism. Anthropological Theory, 1(4), 473–496.

[2] Benton, T. (1989) 'Marxism and natural limits: An ecological critique and reconstruction', New Left Review 178: 51–86.

[3] Grundmann, R. (1991) 'The ecological challenge to Marxism', New Left Review 187: 103–120.

[4] [德]马克思，恩格斯.《马克思恩格斯文集》（第一卷）[M]北京：人民出版社，2009：350

[5] [德]马克思，恩格斯.《马克思恩格斯文集》（第一九卷）[M]北京：人民出版社，2009：483

生产方式永恒化，从而认为机器和机器的资本主义应用本来就是一回事；而在马克思看来，资本主义只是人类历史进程中的某个阶段而已，它既是现存的也是必然灭亡的，作为劳动资料的机器将在不同的社会关系有不同的适用范围这在根本上是形而上的思维定式与唯物辩证的思维定式的区别。

第四节　马克思所处时代的技术尚未成为真正的困境

按照费雷的说法，"马克思对技术最终是抱希望态度的"[1]，能够推动生产力进步的新发明总能令马克思感到欣喜，他不是将技术作为人类解放道路上的障碍而是解放的动力。马克思的这种乐观在今天身处"技术铁笼"中的人们看来，或许是天真的、片面的。可是，时代的局限同样也是在对马克思进行评价时不可忽视的。

第一，在马克思所处的时代，技术被视为"历史的有力的杠杆"[2]。机器大工业生产方兴未艾，人们沉浸在技术带来革新和进步的喜悦中。技术的神奇"魔力"隐藏在疯狂旋转的机器的庞大肢体及其工作器官中，释放出巨大的生产潜能。[3]。技术被认为是给人们带来财富和福祉的神祇，被视为人类走向自由王国的杠杆。马克思更多的是把技术的地位上升到本体论的高度，在他看来，人类的劳动的产物、头脑的器官、知识的物化力量，通过人类的双手创造出来，而不是自然地从自然界中生长出任何机器。于是他也将技术视为人类本质力量的对象化体现，指出"工业的历史和工业的已经产生的对象性的存在，是一本打开了的关于人的本质力量的书，是感性地摆在我们面前的人的心理学"[4]。"只有随着大工业的发展才有可能消灭私有制"[5]，按照人类社会发展规律的理解，必须以生产力的巨大飞跃和高度发展为前提，才有可能消灭异化和实现共产主义。"把属于人的一切最终还给人本身，是以全

[1] [美]费雷德里克·费雷. 技术哲学[M]. 陈凡等译. 沈阳：辽宁人民出版，2015：71
[2] [德]马克思，恩格斯. 马克思恩格斯选集（第三卷）[M]. 北京：人民出版，2012：1003
[3] [德]马克思，恩格斯. 共产党宣言[M]. 北京：人民出版社，2018：32
[4] [德]马克思. 1844年经济学哲学手稿[M]. 北京：人民出版社，2014：85
[5] [德]马克思，恩格斯. 马克思恩格斯选集（第一卷）[M]. 北京：人民出版社，2012：184

面消除那些制约这种'还给'的因素为转移的,而消除的动力基础是高度发展了的以技术或工业为基础的社会生产力。"[1]马克思对技术的刮目相看,是建立在技术对生产力的发展有强大促进作用的基础之上的。他用"成为一种生产财富的手段"[2]来定义科学使命便是最好的佐证。

第二,马克思所处的时代,正是技术问题尚未完全显现出来的手工业技术向机器大工业技术转变的变革时期。埃吕尔曾有个这样的观点,如果马克思在世的时间是1940年,那么他不会再去研究经济学,也不会再去研究资本主义结构,而是技术。[3]这一评价强调了技术在马克思之后的世界中的极端重要性,同时也为马克思提供了一个相对忽视技术的解释:马克思当时的技术在整个生产-消费经济过程中还没有像埃吕尔所处的时代那样遍布各个环节,还没有成为改变社会生活和沟通方式的新的文化现象。它尚未侵入原本只属于人类的隐秘的内部生活,影响经济社会发展的关键问题仍然不是技术问题。当时的技术问题主要体现在伴随着机器体系的出现而产生的工人劳动的异化:机器的广泛应用使专业化的劳动力贬值,工人用高强度的工作只能换来维持基本生存的微薄薪水。人与机器的主奴地位也发生了颠倒,不是作为能工巧匠的特别发达的劳动力使用特别的劳动工具,而是需要专门固定装备给它的仆人使用的自动工具[4]。工人被迫从属于"不知疲倦"的机器,工作时间变长、工作强度增加令工人的身心备受折磨,他们"对自己劳动的最后的自我满足消失了"[5]。潮湿、狭小、散发着腐朽与死亡气息的居住环境也对工人的身心健康造成巨大伤害。据此,马克思的主要诉求便是改善工人的生存境遇而不在于对技术大肆批判,更不会因此贬抑技术。按照马克思的设想,我们必须大力发展技术,大力发展生产力,才能早日实现人类的解放。

第三,马克思的人类解放思想是围绕资本批判展开的,资本这一"普照的光"遮蔽了其他一切的微光。正如恩格斯所说:"劳动和资本的关系,是

---

[1] 乔瑞金. 马克思技术哲学纲要[M]. 北京:人民出版社,2002:53
[2] [德]马克思. 机器,自然力和科学的应用[M]. 北京:人民出版社,1978:206
[3] 引自[美]卡尔·米切姆. 技术哲学概论[M]. 殷登祥等译. 天津:天津科学技术出版社,1999:35
[4] [德]马克思. 机器,自然力和科学的应用[M]. 北京:人民出版社,1978:161
[5] [德]马克思. 机器,自然力和科学的应用[M]. 北京:人民出版社,1978:162

我们现代社会的本质所围绕旋转的轴心。"[1]马克思的解放逻辑也是围绕这一时代问题的核心展开的。他决心改变工人悲惨的生存境遇，深入资本主义社会内部寻求异化的根源和破除异化的解放之道。在马克思看来，要使工人重新与劳动资料结合起来，就必须消灭私有制，才能改变现状。这需要依靠无产阶级捣毁资产阶级政权，推翻它的黑暗统治，更需要发达的生产力来巩固解放的物质基础，因为无论哪一种社会形态都不可能灭亡，直到它所能容纳的生产力全部发挥出来；永远不会有新的更高的生产关系出现，直到旧社会胎胞中的物质存在条件尚未成熟。[2]。马克思对人类社会发展规律的认识，直接影响着对技术（机器）的看法。技术被认为是将扭曲了的人、自然与社会重新扭转过来的反转动力[3]，技术作为生产力本身或促进生产力的因素，在人类解放进程中起着不可或缺的作用，尽管马克思将视角切入工厂车间时，同时看见了机器以及操作机器的工人，但他的关注重点还在于人。工人怎么会成为机器的附属呢？工人的生存条件怎么没有改善反而变得更加恶劣呢？马克思最初也认为这是机器体系本身固有的问题[4]，不过，很快，他就改变了批判的对象，认为问题的核心并非机器本身，而是机器在资本主义中的运用。资本家使用机器是为了提高生产效率、延长工作时间，机器不过是资本家攫取剩余价值的工具。在马克思所处的时代，最重要的问题是工人生存艰难、处境悲惨，与资本家不断发生冲突和斗争的事实。作为一个致力于解放全人类的人，马克思当然将批判的焦点放在当时最为突出的问题——工人与资本家之间的主要社会矛盾上。[5]这也是"技术问题"已经进入马克思的视野之中却并未被马克思上升为真正问题的原因。

[1] [德]马克思，恩格斯. 马克思恩格斯选集（第二卷）[M]. 北京：人民出版社，2012：70
[2] [德]马克思，恩格斯. 马克思恩格斯选集（第二卷）[M]. 北京：人民出版社，2012：3
[3] 参考乔瑞金. 马克思技术哲学纲要[M]. 北京：人民出版社，2002：53
[4] 参考王伯鲁. 马克思技术思想纲要[M]. 北京：科学出版社，2009：310
[5] 牟焕森. 马克思技术哲学思想的国际反响[M]. 沈阳：东北大学出版社，2003：192

第三章　破解方案一：技术解放方案

　　总体而言，技术在马克思所处的时代，表现为一种积极的社会力量。尽管马克思已经开始意识到机器所引发的人的异化，但他从整体上仍将技术作为推动人类社会前进的革命力量加以肯定。[1]以高科技为主体的当代科技已经成为社会生活的主导因素。随着时代的不断前进和科技的快速发展，科技给人类带来福利的同时，也给人类造成了不少困局，使得越来越多的科技哲学家加入批判和研究技术问题的行列中来。基于这一现实背景与理论语境，技术解放得以提出。芬伯格博采众长，形成自身的技术解放思想。他认为技术是可以改变的，通过技术领域的解放实现人的解放是他的理论主题[2]。芬伯格的技术解放思想从马克思那里获得价值引领与方法启迪，以人的自由解放为价值目标，以技术代码为理论基石，提出了技术民主化的解放进路。

第一节　从技术批判到技术解放

　　技术解放伴随技术的高速发展而生。工业革命以来，人们一方面尽情享受着技术创造的物质与精神财富，另一方面，也承受着技术带来的生态环境破坏、工具理性弥漫、个人价值失落等现代性病痛。海德格尔、马尔库塞等技术哲学家，高举人文主义精神的大旗，对技术进行了强烈的谴责与批判。随着技术解放的不断推进，人类正逐步摆脱技术规训和奴役的束缚。在这一

1　王晓梅，　何丽. 芬伯格的技术解放设想为何落空?[J]. 浙江社会科学，　2021.
2　王晓梅，　何丽. 芬伯格的技术解放设想为何落空?[J]. 浙江社会科学，　2021.

历程中，最终将消除技术宰制，使人能够真正回归本性，展现出新的时代特征下的人类解放的重要方面。

一、技术问题频出

技术解放是在严肃的现实背景下提出的。正如埃吕尔（Jacques Ellul）所言，现代技术已经成为人类生存整体环境的构建背景，因此无论是在经济、社会、政治还是思想研究中，都必须考虑技术因素的影响。这是不受任何个人主观意志左右的现实。[1]技术对自然环境、人类社会以及人类自身的生存发展都构成了严重的威胁，作为现代社会中渗透一切的现象，它在经济、政治、文化、生态等各个方面都扮演着非常重要的角色。

在人类与自然关系出现总体性危机的情况下，技术的大规模应用严重破坏了自然环境，地球生态平衡正遭受严重威胁。马克思和恩格斯曾对环境问题的关注主要包括两个方面：资本主义生产对土地肥力的破坏以及工业排放废料的浪费以及相应的环境污染问题[2]。时至今日，技术直接或间接导致的生态问题种类更多、范围更广、危害更大，也更难预防。技让人类的器官得以延伸，"上可九天揽月，下可五洋捉鳖"早已不是诗中风花雪月的幻想，而更多原本神秘的天然禁地，也越来越多地成了众矢之的。原始森林被夷为平地，天然草原被剥得精光，海洋生物难逃过度捕捞，生物多样性也因此锐减。全球气候变暖，海平面升高，极端天气气候进一步被引爆。医疗技术水平的提高促使人类寿命的延长，而人口的激增使得资源短缺的问题进一步出现。极具杀伤力和破坏力的武器也是自然环境的潜在威胁，日本核泄漏事故便是很好的例子。放射性核素在全球范围内扩散，放射性物质的沉降和地下水污染会使土壤结构受到永久破坏，局部生态环境发生改变，而产生的放射性污水则会对水体造成污染，甚至造成水生物的基因突变，正常食物链可能因破裂而产生难以估量的后果。现代技术对

---

[1] Ellul, J. Ideas of Technology: The Technological Order[J]. trans. Wilkinson, J. Technology and Culture, 1962, 3(4):395

[2] [德]马克思. 资本论（纪念版）（第一卷）[M]. 北京：人民出版社，2018：579-580

自然造成的渗透性、颠覆性破坏由于相对直观，很快引起全世界的共同关注。国际和民间环保组织队伍不断壮大，国际环保公约相继出台，人们越来越重视人与自然的和谐共生关系。可技术的破坏力远不止于此，它还对社会生活造成更隐蔽、更深远持久的影响。

技术效率、理性计算和控制联系在一起，在现代社会熔铸成社会控制的一种新形态。这种控制无孔不入，主宰人的生活方式，操纵人的思想意识，限制人获得真正的自由。在马克斯·韦伯（Max Weber）看来，发端于生产领域的理性分工体系已经渗透到社会生活的方方面面，"人机协作的生产技术，决定了今天所有个人置身于这一机制中的生活，具有不可抗拒的强大力量"[1]。科层制是其重要的组织模式，统领着现代资本主义企业发展与现代国家治理。它强调技术优先、追求高效，将复杂的现代社会管理得如同一部运转有序的机器，每一层级中人的行为都要求科学准确，受到严密的管控。福柯同样关注到这种控制，他认为这种控制与压迫区别于以往的奴隶制，并不诉诸淫威或暴力，而是通过一种更微妙、更沉默的权力"物理学"实现的。一方面，规训力量直接体现在控制人肉体和精神动作的技术上，"它使肉体屈从于规律性运动之中，它把骚动和涣散排除在外，"[2]它建立了一种等级制度，建立了一种"越来越被人们接受"的监视；[3]另一方面，它通过技术与其在其中发挥作用的机制的经济目标联系起来，使所有层级内的运作都变得合理，并通过工作制度使人们成为其运作逻辑的一部分。人们不仅要满足整个机制的愿望，比如"怎么做"，还包括"怎么做"。

在这样严厉的社会控制下，赫胥黎的担忧日益成为现实。人们的自我反思能力正面临严峻的退步危机，批判否定的精神受到难以遏制的压制。沦为"单向度的人"[4]。在不断制造虚假需求和娱乐产品的同时，受益于现代科技

---

[1] Weber， M. The Protestant Ethics and the Spirit of Capitalism[M]. New York: Routledge，2001:123

[2] [法]米歇尔·福柯. 规训与惩罚[M]. 刘北成、杨远婴译. 北京：生活·读书·新知三联书店，2012：271

[3] [法]米歇尔·福柯. 规训与惩罚[M]. 刘北成、杨远婴译. 北京：生活·读书·新知三联书店，2012：271

[4] 参见 Marcuse， H. One-Dimensional Man: Studies in the ideology of advanced industrial society[M]. New York: Routledge， 2006:59

而一路高歌猛进的文化产业[1]，正在炮制着前所未有的焦虑感。技术的发展是如此迅速，尽管人们不断总结前人的经验，但却不断发现这些经验已经过时；尽管不断学习知识，但发现跟不上知识更新的步伐。财富不断流动，各种变化层出不穷，风险也总是不期而至，时时刻刻威胁人们的生活和决策[2]"一切新形成的关系等不到固定下来就陈旧"[3]，金钱作为绝对中介物被认为是各种瞬息万变现象的可靠依托，因此被极度追逐，成为现代人奋斗终身的首要追求。而这一点，在很多人看来，都是一种使得"货币这种'绝对目的'所造成的物质化、客观化，也占据了人精神中最内在、最隐秘的领域"[4]。人们逐渐满足于浅层与表象的认知，消解了内心尚存的反抗意识，也丧失了批判现实社会的自觉。

二、技术追问与美学救赎

技术问题的逐渐暴露和日益严重，引起了不少人文学者的重视。"他们的目的是探索这样的问题：为什么技术对人成为一种威胁，以及为什么它在未来似乎会成为更大的威胁。"[5]

芒福德（Benjamin Woolfield Mountfort）与埃吕尔指出技术对人类生存发展境遇的消极影响。芒福德认为，如果不能对人的本质有深入的洞察，那么对于科技在人类发展过程中所扮演的角色是无法理解的。最初的技术以人类生活为中心，呈现出综合性和多元化的特点，而现代机器则脱离了人类的其他功能和目的，转而关注提高机械的控制力和效率。埃吕尔也指出，因为开发了工具就以工具的主人自居的那些人或者观点是"纯粹理论的和肤浅

---

[1] 文化工业（The Culture Industry）是霍克海默（Max Horkheimer）与阿多诺（Theodor W. Adorno）在《启蒙辩证法》一书中提及的概念，用以批判资本主义社会中文化生产的标准化、齐一化与程式化。参见：Horkheimer，M. & Adorno，W.T. Dialectic Of Enlightenment: Philosophical Fragments[M]. California: Stanford University Press，2001:94-136

[2] 王晓梅，何丽. 人工智能伦理规范建构与芬伯格的技术代码方案[J]. 伦理学研究，2022(2): 88-93.

[3] [德]马克思，恩格斯. 共产党宣言[M]. 北京：人民出版社，2018：31

[4] [德]西美尔. 货币哲学[M]. 陈戎女等译. 北京：华夏出版社，2002：9

[5] [荷]E·舒尔曼. 科技文明与人类未来——在哲学深层的挑战[M]. 李小兵等译. 北京：东方出版社，1995：61

的"[1]，在很大程度上，人类自身俨然已成为技术及其工序的操作对象。他毫不客气地指出，如果人类要在技术社会中维持主体身份，需要满足两个条件，即"人能够给技术以方向和定位，并为此目的而能够控制它"[2]，可迄今为止，人类并不能实现任何一点。

和马尔库塞一起深刻反思技术问题的还有海德格尔。[3]海德格尔的技术追问被形容为像一颗穿透现代社会胸膛的子弹，[4]重新启发了一直处于主体地位的人对自身存在的审视。这种深刻影响尤其体现在现象学技术哲学领域。海德格尔通过对亚里士多德"四因说"的追溯，表达了他对技术本质的认识：四因（质料因，形式因，目的因，效果因）是一种紧密结合的招致方式，任何事物的输出或呈现都是由四因所招致的结果。四因包含了工具性的东西，也就是技术，所以技术本身就是一种解释的途径。所谓"解蔽"，即揭示、产出，是"把在场者带入显露或将不在场者带到眼前来"[5]的一种显现方式。这一解释真正揭示了事物的生发之处，把对技术本质的工具论意义上的讨论转移到真实和真理的发生方式上，体现了海德格尔技术思想的深刻性，"唯有真实的东西才能把我们带入一种自由的关系中"[6]。

若循一般的理解，解蔽是敞开的、多维的，其对象的本质也应该是丰富多样的。可现代技术却是一种以控制为主要特征、以有用为价值标准的促逼性的解蔽。在现代科学技术的鲁莽促逼[7]下，这个世界原本的丰富多彩

[1] Ellul，J. Ideas of Technology: The Technological Order[J]. trans. Wilkinson，John. Technology and Culture，1962，3(04):398

[2] Ellul，J. Ideas of Technology: The Technological Order[J]. trans. Wilkinson，John. Technology and Culture，1962，3(04):399

[3] 在此着重介绍海德格尔与马尔库塞，一方面考虑到海德格尔在技术哲学发展中的重大影响以及马尔库塞作为法兰克福学派中流砥柱的地位，另一方面是考虑到海德格尔—马尔库塞—芬伯格之间的师承关系，较之对其他学者思想的消化吸收，芬伯格对海德格尔与马尔库塞技术思想的批判继承是更为深刻的。芬伯格在其早期著作《海德格尔与马尔库塞：历史的灾难与救赎》的前言中对研究缘起做了必要的说明。

[4] 王伯鲁，宋洁. 从追问技术本质到探寻人类救赎之道——海德格尔追问技术思想新解[J]. 河南社会科学，2018（08）：50

[5] 高山奎. 试析海德格尔的技术之思及其限度[J]. 云南大学学报（社会科学版），2020（2）：24

[6] [德]马丁·海德格尔. 技术的追问[A]. 演讲与论文集[C]. 孙周兴译. 北京：生活·读书·新知三联书店，2005：5

[7] 促逼（Herausfordern）在德语中是挑衅的意思，海德格尔用以说明现代技术对自然提出

的存在状态一去不返。一切在世的存在物失去了作为存在物的物性而沦为等待技术的召唤的对象性持存[1]：河流失去其作为河流的诗性，沦为等待技术开发利用的水利资源；青山失去其作为山峰的诗性，沦为等待技术开发利用的矿产资源，连人本身都成为技术统治模式中的人力资源。[2]各种促逼的集合被海德格尔作为标识现代科技特性的"座架"（Ge-Stell）和人类生存于科技时代命运的忧虑。首先，在座架的支配下，展现出的一切都被合理化了，任何事物包括人类自身都不再能显示出真实面目，人们置身于这种虚幻的合理中，时时处处被技术限定与束缚。其次，技术的座架已成为现代社会的主宰，将一切当作持存物片面地打造，以自身的可能性切断其他的种种可能。

海德格尔是一位信守苏格拉底传统的哲学家，善于提出问题，却不愿像实证主义者那样去解决问题，或者像某些分析哲学家那样去消解问题，这实在是一件令人遗憾的事情。[3]他没有给出具体的解决技术问题的办法来应对，而是点明了一条并不十分清晰的救渡之道：借由艺术、冥想。在《技术的追问》的文末，海德格尔重回古希腊的艺术殿堂，海德格尔在《技术的追问》一文的最后回到了古希腊的艺术殿堂，他认为"艺术乃是唯一的、多重的解蔽"[4]，艺术属于根植于自由的真理领域，人们可以通过艺术作品来思考个体存在与世界整体之间的关系，从而走向艺术解盲的诗意境界。沉思（Besinnung）则是海德格尔提出的另一条令人重新确证自我存在根基的救赎之道。人们通过沉思，只要能认识到科技对现代社会的控制，认识到自身的无限可能，认识到社会的丰富多样，就能获得从座架上解放出来的可能，"我们就特别地通达那个我们不曾经验也不曾看透、且长期逗留的地方"[5]。

各种蛮横的要求，要求自然提供本身能够被开采和贮藏的能量。

[1] 持存（Bestand）是指在现代社会中以技术所期待的样貌所呈现、订造的一切存在，是以促逼方式被解蔽的事物的一切在场方式。

[2] 晋朝荣. 安德鲁·芬伯格技术批判理论溯源[D]. 硕士学位论文，陕西师范大学，2010：3

[3] [美]卡尔·米切姆. 技术哲学概论[M]. 殷登祥等译. 天津：天津科学技术出版社，1999：27

[4] [德]马丁·海德格尔. 技术的追问[A]. 演讲与论文集[C]. 孙周兴译. 北京：生活·读书·新知三联书店，2005：35

[5] [德]马丁·海德格尔. 科学与沉思[A]. 演讲与论文集[C]. 孙周兴译. 北京：生活·读书·新知三联书店，2005：65

然而，对艺术的理解也不能忽略它"同存在之情势的关系"[1]，现代艺术真的能在时代洪流中独善其身吗？又有多少人拥有沉思的能力呢？

马尔库塞（Herbert Marcuse）在《单向度的人》一书中对老师海德格尔的技术思想做了细致的注解，使技术的促逼更加具体化。在他看来，技术的不断演进导致现代工业文明陷入困境，技术沦为奴役人类的工具，以至于整个社会的多个领域普遍呈现出"单向度"的状况：政治领域的"单向度"，就是技术进步导致工人阶级的去革命化。工人们被纳入技术共同体之中，被支配的不仅是身体，还有大脑和灵魂。[2]他们的革命意识被技术发展下的极权社会所同化，对不合理的统治采取消极的顺从。生活领域的"单向度"，就是以共享现代社会提供的商品和服务设施的福利来同化各阶级的生活方式。[3]高层文化被现实拒斥，现实超越其文化，理想和真理不再被推崇，这就是文化领域的"单向度"。思想的"单向度"就是一味地相信"现实的就是合理的"，人们的思维丧失了批判与质疑的向度，无选择地接纳现实并无意识地为其辩护。

在对技术的看法上，马尔库塞并不像海德格尔那样，把所有的问题都看作是技术独立作用的结果，而且他认为，科技的背后同样存在着政治因素，"它们具有明确的政治意向性，起着意识形态的功能"[4]。一方面，技术在现代工业社会的广泛应用创造出一个极权社会，封闭了不满与反抗，构成相应的统治基础；另一方面，技术作为现代社会的物质框架和文化形式，将其实证性、功利性的倾向渗透进社会运行的方方面面，使框架内的人们产生普遍的顺从。在马尔库塞看来，技术直接或间接地控制着人们的所有生活，已经成为统治阶层的有效统治工具。在这点的揭示上，他的思考比海德格尔更进一步，回答了"现代统治何以从统治自然走向了统治人"[5]的问题。

---

[1] 杨文默，王恒. 在技艺和集置之间——重思海德格尔关于技术的追问[J]. 南京社会科学，2018（12）：136

[2] Marcuse, H. One-Dimensional Man: Studies in the Ideology of Advanced Industrial Society[M]. New York: Routledge, 2007:29

[3] Ibid., 53

[4] 陈振明. 法兰克福学派与科学技术哲学[M]. 北京：中国人民大学出版社，1992：298

[5] 胡大平. 解放政治学·生命政治学·无为政治学——现代性批判技术视角的旨趣和逻辑转换[J]. 学术月刊，2018（01）：38

不过，在解放与救赎之路的设计上，马尔库塞并未比他的老师更加高明，同样停留在诗意的浪漫与空想。马尔库塞依据对西方社会发展实际情况的体察形成了自身的解放逻辑：资本主义社会并未给社会物质条件方面的暴力革命留下余地，只能曲折地注重并引导社会主体及人的意识方面的观念变革。[1]他认为，艺术和审美才是帮助"单向度的人"摆脱痛苦的有效途径，"艺术打开了现实存在的另一方面：可能解放的方面"[2]。艺术天然地带有批判和否定作用，文化的天地能向人们展示出美好的情境，唤醒人们内心深处的感性冲动，从而突破技术理性的压抑。马尔库塞还提出了将其作为"生命本能超升于攻击性和罪恶"的"新感性"概念。[3]当人的解放精神得到释放，生命的能量被激活，就会以极大的热情投入到工作和创作中去，到那时，技术就变成了艺术，用审美的标尺塑造出一种全新的现实。

艺术或许是人们控诉现实、展现理想的极佳途径，却不是根本途径。马尔库塞所忽略的是，精神运动与社会实践毕竟不同，并且艺术十分仰仗其赖以存在的经济基础。如果他的理论仅仅停留在意识领域的空谈，那么，他的整个思想体系将面临着成为无根之木、无源之水的危险。

海德格尔在其关于技术的论著中流露出明显的怀旧之情，不过他从未试图将技术倒退成古希腊的"技艺"，"只是单纯地等待着艺术在新的时代中重获力量"[4]。也正因此，他没能发现一种新的能够唤起人的创造力的方式创建一个充满意义的现代世界。马尔库塞的技术批判和他的美学维度触及了资本主义社会的部分现实，并且比他的老师海德格尔更具体地探讨了技术问题，但他最终还是没能真正理解到打破虚伪表象的可能性，从而进入现实。他寄希望于一种建立在美学基础之上的尊重而不是破坏人与自然的新技术，却"始终没有就其美学生活世界的概念提供有说服力的证明"[5]。较之海德格尔对技术的沉思，芬伯格更具有能动性，看到了技术的解放潜能和技术微政治

---

[1] [美]赫伯特·马尔库塞. 审美之维[M]. 李小兵译. 桂林：广西师范大学出版社，2001：10

[2] [美]赫伯特·马尔库塞. 工业社会和新左派[M]. 北京：商务印书馆，1982：150-151

[3] [美]赫伯特·马尔库塞. 审美之维[M]. 李小兵译. 桂林：广西师范大学出版社，2001：98

[4] Feenberg, A. Heidegger and Marcuse: The Catastrophe and Redemption of History[M]. New York: Routledge，2005:45

[5] Feenberg, A. Heidegger and Marcuse: The Catastrophe and Redemption of History[M]. New York: Routledge，2005:128

学的民主向度。较之马尔库塞诉诸哲学与文艺，芬伯格的方法更具有现实性，提出自下而上的解放路径，突破既有的结构性限制，寻找到变革的可能。

三、芬伯格的技术解放思想

现代社会的物质框架主要由技术构成。这一框架以自上而下的控制为基础，使得技术的延伸产生了科层与等级、剥削与压迫等问题。芬伯格从技术角度对这类现代性病症进行了诊断，指出其根源在于"将技术排除在民主的议题之外"[1]。正是技术偏重优势群体[2]的利益而压抑公众的利益导致技术统治盛行、民主范围萎缩。只有民主化的技术转化，才能让人脱离奴役的技术。使技术沿着公正公平、民主共享的方向发展，最终实现人的解放是芬伯格技术解放思想的价值旨归。技术代码（Technology Code）是芬伯格技术解放思想的理论基石，为实现技术民主化提供了一个参照方案。

（一）价值目标：人的解放

挣脱枷锁、摆脱束缚是解放的主要意象。人类自诞生以来就在踏上了解放之旅，对神秘自然力量、崇高神权和无上王权进行瓦解与反抗。进入资本主义时代后，人类为了追求自由、平等和人道主义社会生活，再次陷入了异化的现存境域中。开始了新一轮的拯救和解放。

在马克思那个年代，资本已经是一种占据了主导位置的主体，它以一种无法抵抗的内部律令的方式统治着整个社会的一切，它的逻辑已经变成了一种最高的法律，并确立了一种强有力的资本统治。这使得处于最底层的人民遭受了无尽的苦痛。他们用自己的努力换来的是一份微不足道的工资，而他们所生产出来的大量剩余财富又被贪婪的资本家免费掠夺，不得不过着低三

---

[1] Feenberg， A. Transforming Technology: A Critical Theory Revisited[M]. New York: Oxford University Press，2002:3

[2] 此处的优势群体有别于政治话语中的政权控制者，是指在技术设计中占统治地位的群体，往往占有信息、资源等优势。芬伯格认为，资本家与技术专家是这一群体的主要代表人物。他们掌握的生产资料与专业知识使其在技术设计中垄断了话语权，公众则因资本与"知本"的匮乏而处于相对失语状态。

下四的生活。在资本的理性的遮羞布下，掩盖着剥削与压制的本质，这个本质就是不自由与不平等。底层人民屈服于权力和资本家的欺诈，所有的东西都成为失去自主的工具。马克思为此感到悲哀，他猛烈地抨击和批评了资本主义的阴暗的事实，并试图消除私人财产和雇佣关系，消除在实际生活中的资本的控制和裹挟，恢复人们的自由和人格。

在芬伯格的作品中，技术统治变成了对人民的另一种束缚。技术与资本的融合达到了一个新的高度，技术参与生产的结果能够在市场中被直接转换为资本，同时，资本也会渗入到技术的研究开发和制造的每一个环节之中，资本家和技术专家都掌握着技术生产的关键节点，他们利用充满严格规定、阶层分明的生产流程，来达到对劳动者身体和心理的双重控制。善于扮演角色的资本家往往会向整个世界推销自己的价值观念，描绘自己的美好蓝图，然而在技术标准的制订上，他们往往倾向于自己的私欲，而不是为员工和整个世界着想。技术差距越来越大，资本和科技人员的权力越来越大，民众的声音越来越小，二者对技术创新的力量比例越来越不平衡。

芬伯格吸收了马克思的哲学营养，并在此基础上对法兰克福主义的价值观进行了传承，力图用对现实的批评来促进人类建设公平、人性化的新时代人类社会，从而达到人类的自由和解放。芬伯格在其《技术批判理论》中清楚地表明，他希望借此解放之力，推翻技术体系对上层至底层的制约，并为其充分、自主地发展提供一个环境。具体而言，就是将充斥着形式偏差的技术进行民主化，从而让其在现实技术中帮助调整不对称的力量，提高社会的公平性，推进民主公正。

（二）理论基石：技术代码

技术代码是芬伯格在不同论著中频繁使用的一个重要概念。"代码"又作"编码"，即按照事先约定的编码规则将一种信息形式转换为另一种形式，使信息便于传递和加工处理。[1]它不仅适用于计算机科学，而且广泛存在于各个领域的社会生活中。譬如病人的诉求与医学用语之间就需要通过代码交流。

---

[1] 李志昌. 编码的方法论意义[J]. 自然辩证法研究，1996（03）：24-25

定要把表现为对患者有利的事物，翻译成科学术语，进入医学学科领域。否则，只是一种环境条件，不具有医学的重要意义，它是外在于医学实践的。[1]

由此，芬伯格将技术代码作为一种"技术合理性"[2]，将技术需求和社会需求进行了聚合。因此，技术代码的构建应该是动态的，这里涉及两级工具化，它在代码生成和发挥作用的过程中起着重要机制的作用。初始工具化指的是一种功能化的过程，根据有用度，将技术体系中相对稳定的部分，例如自然原材料、技术知识等，抽取出相对中性的技术元素，使其变成价值无涉的存在，这就是技术代码的解构。第二类工具化是对意义和价值，文化和规则的阐释。在特定环境下，道德文化特征和技术因素重新组合，生成了新的利益和价值观，构成了新的技术规范。19世纪日本贵族弃枪择剑的案例[3]表明，在一种情境下被广泛接受的技术有可能遭到另一种文化情境的贬抑，不同的文化情境或历史时代孕育的技术代码之间也可能存在冲突。

在资本主义的世界中，资本家一直都想把技术尽可能狭窄到低端的工具化程度，让员工可以方便地进行技术和价值的隔离，这样的代码让技术设计倾斜于集中和层次制，全方位地削弱了企业的能动作用和参与，进而被精简为机器系统的组件，递减为纯粹的工具。社会主义的技术编码更趋向了对审美、道德、工人的发展等方面进行综合考虑，将更多的利益相关者纳入技术的决策中，为技术发展创造了一个轻松的、民主的氛围，这是由社会的特性与文化的情境所决定的。

"代码"的分解和重建，是一个动态的过程。首先，要实现对不同元素的认知，就必须对不同元素进行"循环"，而主导团体的"自主"程度愈高，则其被群众推翻的可能性就愈高。而"利益"又是一种"社会"的"历史"，在新的发展时期，促使科学技术规范对新的实际问题做出反应，将使大众产

---

[1] [加]安德鲁·芬伯格. 邂逅技术[J]. 王键译. 科学文化评论，2017（04）：13

[2] Feenberg, A. Transforming Technology: A Critical Theory Revisited[M]. New York: Oxford University Press，2002:76

[3] 在17到19世纪，枪支已成为英法各国流行的屠杀技术，可在日本却奇怪地衰微。在日本贵族传统的价值观中，战士只有通过战场才能代表家族勇气，真正获得荣耀。况且，用枪不需要经过专业训练，不能显示自身与平民阶层的区别，亦不能像用剑那样展示与文雅举止有关的身体姿态。参考[美]安德鲁·芬伯格. 可选择的现代性[M]. 陆俊，严耕等译. 北京：中国社会科学出版社，2003：274

生更高的"利益"。这种动态性使得技术处于一种"待确定"状态，既可以加强等级制度，又可以构建民主制，因此，技术具备了改革的紧张力和自由的潜力。

（三）内涵实质：技术民主化

一言以蔽之，芬伯格所提出的技术解放，即以技术的民主来实现对技术的"民主性"，并以此来推动人类的"民主"，从而实现人类被压制的潜力的释放。科技民主的实施，不仅要从宏观层面和微观层面上采取切实有效的措施，更要依赖于"责任文化"所创造的一种好的环境。

芬伯格的"技术解放"理论以"技术的民主"为中心，提出了以"技术的民主"作为人类自由的理念。现代资本主义所面临的最大问题不在于生产性和经济危机，而在于技术的"虚伪"和"表象化"。技术性的歧视无处不在，温纳所说的"琼斯海滩"就是一个典型的例子：上层阶级享有琼斯海滩的权利，但处于贫困地位的人们，特别是黑人，由于他们所依赖的公交车在大桥和海滩的公路间的间隙之上，而遭到阻挠，这种做法似乎很容易理解，但实际上是对一个阶级的不公平的束缚。以体制和阶级为基础的现行技术体制，以法律和道德为手段，将技术人员的利益"授权"于特定的人群，使之制度化和合法化，严重忽视了社会中其他人的利益要求。主导集团始终是技术的既得利益，其价值观和利益往往更容易被融入技术系统并获得更多的实现，而大众的利益往往被压制，处于潜在的和未实现的境地。

为了实现技术的实用主义，技术的民主必然要发生变革，而在技术的制定过程中，主导集团和大众之间的权利配置也会发生变化，而权利的不平衡正是当前的利益关系模式所反映出来的。芬伯格将两者区别开来，并以"技术代码"为其潜在收益的获得提供了可能性，从而防止了"利益的凝固"。以"技术代码"为基础的技术民主化计划，其要义是要挖掘其中所隐含的民主潜力，推动大众的自由和全面发展，并要以激发大众对技术的积极地投入为手段，让技术更好地体现大众的利益。

在技术的开发过程中，社会大众可以在微观和宏观性两个层次上进行技术开发。从宏观角度看，芬伯格认为：第一，各主体之间可以进行技术辩论

（比如环境保护中的各种利益，对环境保护和环境保护等），寻找最大限度地符合各方主体的技术解决办法。二是技术设计者和用户等各利害关系方均能积极地融入技术的整体设计中，进行创造性的对话，并通过相互间的互动和交流（例如，妇女参加生育技巧的设计，艾滋病患者提供的临床疗法的意见）；第三，对技术进行创新再使用，使得在最初的计划（例如法国公众电脑网络）中没有被开发出来的技术潜力得到了充分发挥。

在此基础上，芬伯格又提出了科技代议制度，力求使这种在微观层次上的互动趋于成熟和系统化。技术代议制从传统的代议民主中衍生而来，并不在于选出特定的个人，而在于将社会的要求与各利益集团的要求结合在一起，并将其融入特定的编码中，以实现一种社会的权力平衡。

实现技术民主化需要良好的文化氛围，"很大程度上来说，技术在是文化的产物，所以任何给定的技术秩序都是潜在的出发点，朝不同的方向发展，但最终朝哪个方向发展，取决于文化环境对这种技术秩序的塑造"。[1]资本主义社会的文化土壤已遭资本逻辑侵蚀，文化被现实所超越，金钱与特权备受崇尚，理想与信仰遭遇冷落。"从枯燥的科技中拯救某种生命的价值和领域"[2]，人们迫切需要一种新的文化。这就是芬伯格提出的责任文化，身处其中的人们尤其是技术精英能够秉持平等互爱、自由民主的精神，自觉承担起解放的责任，将人们从技术的奴役和宰制中拯救出来。可以"作为拒绝技术决定论，反思现代性的既定模式的局限性"[3]，社会主义文化具有这样的特点。

技术民主化是一种深层民主化，深层与表面相对应，区别于那些形式的变化、虚伪的承诺，而是切实地改变专家与公众在技术设计中的权力占比状况，扭转过去那种由技术专家决定技术事宜而外行无权干预的普遍看法。[4]技术民主的实质，就是要让大部分的技术用户和技术经营者能够更好地进行沟通和交流，从而改变大部分的下层人民受到压迫和剥削，面对技术却束手无

---

[1] Feenberg, A. Transforming Technology: A Critical Theory Revisited[M]. New York: Oxford University Press，2002:131

[2] [美]安德鲁·芬伯格. 可选择的现代性[M]. 陆俊，严耕等译. 北京: 中国社会科学出版社，2003：45

[3] 同上，3

[4] Feenberg, A. Do We Need a Critical Theory of Technology? Reply to Tyler Veak[J]. Science，Technology and Human Values，2000，25(02):241

策，只能被动地忍受。该理论的研究思路类似于邦格的"整体技术民主"，即技术协作的介入，建立一个"不被基于科学的技术学规约"的公平、和谐的社会秩序，保障民主、促进解放。

四、芬伯格技术解放与马克思人类解放的内在勾连

马克思虽然与芬伯格处于两个不同的时代，但两人的思想却有着千丝万缕的联系。怎么样去创造一个美好的社会，最终实现人类解放，是马克思与芬伯格共同关注的话题。对现实的怀疑批判和对未来的向往追求是两者精神气质相接合之处，也是他们在当代语境中相遇并围绕技术问题展开跨时空对话的机缘所在。芬伯格对技术的分析在马克思那里获得了灵感来源，找到了理论支持。他续写了马克思关于人的解放逻辑的未尽之意，适时提出技术解放路径，是对马克思关于人的解放在新的时代条件下的现实问题的追问，也是对马克思关于人的解放制度的科学补充。

（一）共同的理论愿景：自由平等与人类解放

芬伯格与马克思共有一种怀疑批判的精神气质，都将人类解放作为自身的价值目标。对马克思来说，"怀疑批判一直是贯穿其理论学说的主旋律，构成其内在的精神旨趣"[1]。马克思在《莱茵报》时期开始认真思考工人在资本主义境况下的悲惨生存现实，试图在合理的表象下揭露资本主义生产方式的不可理喻。从底层民众恶劣的生存环境出发，揭示了劳动异化的历史现实，从而进入到资本主义的经济关系中，之后又进一步分析批判了资本主义的社会矛盾，在思考的层层递进中不断完善人类解放之路。马克思在批判和解构资本主义的生存境遇中，揭露了"民主""自由"等资本主义道德话语的阶级性和剥削实质，消解了以往资产阶级伦理对人类解放所作的种种形式和虚伪的承诺[2]，提出了一条多维的解放路径。

芬伯格同样具有质疑精神，擅长祛魅与解构。技术发展为社会创造了许

---

[1] 宋伟. 批判与解构：从马克思到后现代的思想谱系[J]. 文化研究，2010（10）：383
[2] 杨楹. 论马克思解放理论的伦理旨趣[J]. 哲学研究，2005（08）：11

多福利，譬如工人的工作环境更加整洁与安全，整体工资水平得到提高，在一些大型公司能够得到发声的机会等。这些在技术民主化过程中十分有限的方面通常被用作工人们争取到民主的典型例证，而技术霸权对人们的威胁与压迫、技术背后所隐匿的权力生产关系却常被忽略。芬伯格注意到这一点，在承认技术带来社会进步的同时也指出技术的"嫌贫爱富"与"阶级偏见"。芬伯格以一种与马克思近乎相似的方式，深入技术系统内部，借助"技术代码"这一强大的解蔽工具，透视资本家与"知本家"的权力与技术之间的隐秘共谋关系，使工具理性经由技术实现的对人的无形的训唤与形塑得以显露，使整个技术系统作为社会控制形式的现存的合理性彻底崩解。通过解构自身，"技术代码"解构了整个技术系统，将隐藏在特定代码中的价值和利益显现出来，体现了"对非正当的教条、权威或霸权的对抗"[1]，因而也是一种"政治批判"。

芬伯格还从卢卡奇、马尔库塞、福柯等人那里间接继承了马克思的异化理论和人道主义思想，坚定了技术批判的立场和技术解放的初心。在芬伯格之前，马尔库塞已经意识到"政治意图已经渗透到了不断进步的技术之中，技术的逻各斯被改造成了被奴役的逻各斯（Logos），这种状态依然存在"[2]。这种逻各斯借助技术手段实现自我壮大并从技术中获得自身藉以不断扩张的合法性来源。技术在马克思那里还是消除物质匮乏的有力助手，转眼却成为统治和奴役的得力帮凶，抑制了人们对于自由解放的价值诉求。福柯以另一种思路解释了"现代性的社会命令被体验为技术限制而非政治压制"[3]的原因——控制事实上比以往更精细、更深入骨髓，只是由于它以更普遍和精巧的方式被压缩进日常人造物才不易被察觉。卢卡奇特别关注到技术合理化系统中的精英分子。他将马克思发现的工人从属于机器的例子普遍化，用以理解资本主义社会中各个领域对合理化原则的普遍接受。不同的是，工人面对

[1] [法]雅克·德里达. 书写与差异（上册）[M]. 张宁译. 北京：生活·读书·新知三联书店，2001：15

[2] Marcuse, H. One-Dimensional Man: Studies in the Ideology of Advanced Industrial Society[M]. New York: Routledge，2007:163

[3] Feenberg, A. Technosystem: The social life of reason[M]. Cambridge: Harvard University Press，2017:21

"物化"一筹莫展，而企业家、政府雇员、知识分子等在社会占优势地位的群体不仅接受了"物化"的律法，"试图操纵这个过程以获得优势"[1]。这些发现使芬伯格意识到"技术民主化的需要并不仅仅来自通常地对民主的渴望，还来自从技术化本身所产生的技术统治论所特有的威胁"[2]，必须对技术进行改造，为其嵌入善的价值，充分发挥技术的潜在解放力量，最终实现人的全面而自由的发展，而这正是芬伯格所强调的。

（二）相似的研究焦点：劳动过程与技术设计

芬伯格与马克思在他们解放逻辑的开展中均对劳动过程给予了特别的关注。通过考察资本主义的劳动过程，马克思发现了资本家获得利润的实质，也发现了资本家剥削劳动者的真相。工人与生产资料、生产过程相分离，在异化劳动中日渐客体化、去技能化，劳动不再是个人本性的彰显而沦为艰难谋生的手段。马克思一直提倡废除资本主义私有制度和雇佣劳动制度，并试图通过这种制度来解放劳动力。芬伯格则遵循马克思的思路，从技术角度对劳动过程中产生的微观权力控制进行分析与批判。他把马克思的"劳动过程理论"内在地分为产品批判、过程批判和设计批判等三个环节，并在技术设计批判方面做了有益的补充，这就是马克思的"劳动过程理论"。

丹尼尔·贝尔（Daniel Bell）也有过类似的论述，他认为马克思原本设想了两条道路，一条是人们熟知的关于人、财产和剥削的原始经济概念的狭窄道路，而另一条可能引导新的人道概念关于工作和劳动的道路则被搁置了下来。[3]芬伯格对此表示认可，并试图在技术高度发展与控制极端集中的当下，重拾对"劳动过程理论"的重视，对"马克思论点中仍然包含着的重要进展"[4]进行丰富与发展。

在芬伯格看来，马克思将技术批判用得过于小心了。为了避免浪漫主义

---

[1] [加]安德鲁·芬伯格. 邂逅技术[J]. 王键译. 科学文化评论，2017（04）：8-9

[2] 朱凤青. 论芬伯格的技术民主化思想[J]. 自然辩证法研究，2010（06）：37

[3] [美]丹尼尔·贝尔. 意识形态的终结：50年代政治观念衰微之考察[M]. 张国清译. 北京：中国社会科学出版社，2013：371

[4] Feenberg, A. Transforming Technology: A Critical Theory Revisited[M]. New York: Oxford University Press，2002:51

的指责，对技术采取了朴素的工具主义观，小心翼翼地将自己的批判局限在机器的"欠妥使用"上。如此种种回避，使得"马克思关于技术的著作中有许多模棱两可的地方"，"每个人都可以轻而易举地把自己的马克思构造出来"[1]。他试图阐明的是，马克思的技术批判内在地包含三种含义，人们通常的理解只是其中的一种或两种，从而忽视了许多重要的现象和问题。芬伯格对技术进行了过程性的考察，将技术生产按照先后顺序又细分为技术的设计批判、过程批判与产品批判三个不同的层次。

立足产品批判的角度，技术呈现出的产品及其体现的价值是首要的，技术本身是中立的，批判的问题主要在于"机器的资本主义应用"，也就是技术产品被用于服务私人目的。这种认识之所以被众多马克思主义者所接受，主要有两个方面的原因：第一，在唯物史观中，技术是为了实现人类解放而使用的一种手段，它是推动生产力发展的一种生产力或因素。产品批判将技术视为价值无涉的存在从而与历史唯物主义相适应。第二，这种批判将矛头对准资本主义，与马克思贬斥资本主义和谋求人类解放的思想主旨相契合。

较之产品批判，过程批判为更多人所知，它与马克思较为出名的"劳动异化"论断相联系。马克思曾将他所处时代工人恶劣的工作环境暴露在《资本论》等文本中。工人每天长时间、高强度工作，工厂里光线黑暗、地面阴湿，设备不够稳定安全，四周充斥着噪音和粉尘……包括这些现象在内的技术生产的整体工作环境是过程批判所关注的，它"有利于阶级权力的要求，但对必须生活在其中的人却构成了一种威胁"[2]。

对技术的过程—产品批判并不深刻，只是一种表面的解读。假定这两种批判已经正确而全面，那么解决技术导致的问题只需要消灭资本主义的所有制形式，只需要在技术上采取卫生和安全方面的措施，但事实显然不止这样简单。芬伯格指出，在马克思那里还有第三种技术"批判性理论"——设计批判性，这种理论提及较少，但又是首要的。正是在设计批判中，"马克思第一次揭示了假定的技术律令背后的利益，表明了资本主义的技术唯独与一

---

[1] Feenberg， A. Transforming Technology: A Critical Theory Revisited[M]. New York: Oxford University Press，2002:45-46

[2] Feenberg， A. Transforming Technology: A Critical Theory Revisited[M]. New York: Oxford University Press，2002:46

种从上层控制的异化社会相适应"[1]。根据这种批判，技术的全过程设计被资本主义的利益全然控制，往往被设计得迎合资本家的利益与要求却忽视工人的价值诉求，工人一直被排除在技术的设计之外。

人们通常认为，马克思对劳动过程的分析是其解放思想的一个附属部分。马克思对劳动过程的审视是为了揭示资本主义私有制条件下人的不自由，是为最终实现人类解放的理想而服务的。芬伯格却发现这一分析"意外地与当代对技术的社会影响的讨论相关联"[2]。在芬伯格之前，过去，一般人都以为技术带来的道德问题仅限于在其应用过程中出现，而忽视了在技术生产和设计过程中出现的道德问题。其实，技术与道德的矛盾存在于技术生产的每一个阶段，因此，在技术设计之初就引入价值，更有助于从根源上避免道德风险。技术构成了对社会生活产生直接影响的现代社会物质框架。底层民众在技术系统内部辛勤工作、艰难谋生，可其利益却在技术设计之初便被排除在外，这显然是不公平、不民主的。因此，对技术设计过程的批判不应当被忽略。芬伯格的"技术代码"突破了"设计/使用"的二分法，在技术中内置了伦理，弥补了这种缺憾，这种缺憾是马克思的批判没有被社会主义政治学的一种技术完成的。

（三）不同的解放手段：宏观革命与微观调节

技术的发展现实以及对马克思的个性化解读令芬伯格选择了一条与马克思有所不同的解放之路。在芬伯格所处的时代，技术已构成人类生存的整体环境，关涉人们生产生活的各个领域。金钱、权力、暴力依然在技术决策中持续发挥作用，不同利益相互争夺，试图左右技术的设计并为自己的观点进行合理性辩护，围绕着技术问题而引发的法律诉讼、示威运动和政治争议源源不断地产生。[3]"马克思围绕工作形塑乃至损害生命提出的问题现在已经被

---

[1] Feenberg, A. Transforming Technology: A Critical Theory Revisited[M]. New York: Oxford University Press，2002:37

[2] Feenberg, A. Transforming Technology: A Critical Theory Revisited[M]. New York: Oxford University Press，2002:41

[3] [加]安德鲁·芬伯格. 对合理性的合理批判[J]. 韩连庆译. 科学文化评论，2006（05）：68-69

推广至社会的各个领域"[1]，技术在人类解放进程中的消极作用日益显现，高新技术与资本、权力熔铸而成的"技术铁笼"，由于资本的掌握和"知识本位"的不断强化，从上到下产生了结构性的限制，统治群体的权威日益增强。公众被边缘化，是因为他们对生产的理解和把握能力不够。

据此，芬伯格提出了技术解放的设想，试图通过技术代码的动态建构自下而上地打破"铁笼"的桎梏，通过增加大众的参与，可以有效地防止科技作品中的各种"利益模式"的僵化，为大众潜力的充分发挥提供了可能。

在芬伯格看来，马克思"通过批判私有财产权来抨击来自上层的控制"[2]的设想在现时代已经不合时宜，正如马尔库塞所指出的——缺少阶级基础。[3]工人普遍丧失了阶级意识，也很难被组织起来通过激进革命反抗既有政权。马克思认为，只有通过进行一场以"社会主义"取代"资本主义"的政治变革，才能彻底扭转"资本主义"的社会"异化"状态。芬伯格认为，这一点在实践上已无法实现，因此，他努力为马克思在科技领域的新的历史性根基找到理论依据。芬伯格还认为，反抗技术制度的斗争可以把不同阶层的人民联合在一起，这些人民没有共同的无产阶级特征，但都拥有马克思所界定的工人阶级所具有的各种因素。医学争议、在线教育、小型电传是芬伯格经常列举的三个典型案例。患者们可以组成病患团体保护自身的权利与尊严，在线教育中调节功能的引入可以转变传统教育中不同的社会关系，小型电传表征为技术专家与普通用户由目标对立到彼此让步的一种妥协。在 19 世纪浩浩荡荡的工人运动中，工人聚集起来或游行或罢工，是为了表达自身的利益与价值，如今同处技术控制下的人们也可以凭借微政治学[4]的方式将自身的诉求引入技术设计，凝固成相应的技术代码内置于技术之中。

芬伯格从法兰克福学派尤其是马尔库塞那里间接继承了新马克思主义的

---

[1] 高海青. 时代思潮中的技术批判理论[J]. 自然辩证法研究，2015（03）：28

[2] Feenberg，A. Transforming Technology: A Critical Theory Revisited[M]. New York: Oxford University Press，2002:52

[3] Marcuse，H. One-Dimensional Man: Studies in the Ideology of Advanced Industrial Society[M]. New York: Routledge，2007: 87-123

[4] [美]安德鲁·芬伯格. 可选择的现代性[M]. 陆俊，严耕等译. 北京: 中国社会科学出版社，2003：43

思想传统，[1]试图通过寻找一种新技术来解放人类和自然，从而实现自身民主和多元文化的共同发展。他从马克思的"劳动过程理论"和"技术设计批判"中汲取灵感并对其进行了新的阐释，在现有技术文化框架内寻找使技术与自由达致和解的可能。

第二节 技术解放思想的超越性

芬伯格的技术思想解放在新的现实语境下对马克思人类思想解放的理论延伸和发展，延续了马克思通过经验转向实现研究范式转变、通过政治转向对技术力量进行新的考量的解放逻辑，显示出一定的超越性。"技术"的实现，是一种以"改变世界"为目标，适应了新时代的新情况，为大众谋福利的一种具体的实现。"实践"的转变是以马克思对"劳动"的认识为基础的，而"技术"的转变则是对马克思"政治经济学"的继续。[2]

一、追问技术现实，延续解放逻辑

芬伯格的技术思想解放，在技术体系中，对技术进行再创造，以获得自由，进而推进民主化。在这一过程中，在他的技术转换的微观政治中，实践的趋势、转向的引导，都体现了他对过去技术批评的一种超越，[3]是对马克思人类解放思想的有益补充。

总体上看来，芬伯格的技术解放思想呈现出一种实践倾向。这种倾向在严格意义上并非希克曼所宣称的那样源自杜威的实用主义，反而更向马克思的宣言"问题在于改变世界"[4]靠近。德里克如此测度资本主义时代人们抗争

---

[1] 曾点, 高璐. 技术哲学在 STS 中的遗产——与芬伯格对谈[J]. 自然辩证法通讯, 2020(03): 108

[2] 王晓梅, 何丽. 人工智能伦理规范建构与芬伯格的技术代码方案[J]. 伦理学研究, 2022(2): 88-93.

[3] 王晓梅, 何丽. 芬伯格的技术解放设想为何落空?[J]. 浙江社会科学, 2021.

[4] 恩格斯. 路德维希·费尔巴哈和德国古典哲学的终结[M]. 北京: 人民出版社, 2018: 66

方式的转变：在"后革命氛围"的笼罩下，"激进的选择"已经全盘撤退，传统的革命政治学已不敷使用。[1]面对此情此景，芬伯格既没有像马尔库塞那样诉诸解放的美学，也没有像福柯那样求助"自我技术"，而是以实际行动为大众寻找发声之道。这就像是一场由用户，顾客和受害者施加的压力，以求对某项科技进行变革的示威运动。

长期以来，学术界一直在对其合法性提出疑问，指责其"缺少很多政治活动的常规手段""缺少统一的组织""模棱两可的意见"等问题，说明他们并没有充分认识到改革的难度。德·塞尔托指出，"缺乏持续、正当的行动依据，仅能够动员并暂时预备某些微量的政治性抵制"，[2]，而民众则是社会力量系统的附属品。芬伯格认识到了抵制的非常态与局限，但是他同时也表示，抵制会对将来的科技体系与它的产物造成一定的冲击，因为科技体系中包含了许多个体。也有一些人，比如 帕特里克、凯尔纳等，提出了技术体系不会像芬伯格想象中那么轻易地被改造，从而担心芬伯格的过度乐观。[3]，

芬伯格提出的"微型技术政治"，既是他对技术民主的一种构想，也是他对技术民主的一种具体的具体操作。在"五月风暴"与"苏东剧变"期间，芬伯格自己说，他仅仅是一位积极的实干家，只是在学习了医疗伦理与医疗社会学之后，他开始认识到，他所做的一切都是与他过去所热衷于的社会活动有关的课题，并没有发现什么显而易见的政治途径。从更广泛的意义上说，医疗制度是一种技术制度，在医疗制度中，医师与患者的角色早就被界定，其所享受的权利与位置也被固定下来。由于病人和病人之间缺少沟通，他们对医学的了解也非常有限，他们经常会被迫地等待医师制定的治疗计划，而病人的权利和尊严却在这个过程中受到了极大的践踏。芬伯格特意提出了一个符合道德标准的试验方案，结果被他否决，被他嘲笑。当一些人团结在一起，自觉地了解了病情的实质，了解了治疗方法的病理基础，并且在拒绝了

[1] 胡大平. 全球资本主义和后革命氛围——论德里克的"后革命氛围"理论[J]. 南京社会科学，2001（08）：13

[2] Feenberg, A. Transforming Technology: A Critical Theory Revisited[M]. New York: Oxford University Press, 2002:18

[3] Feenberg, A. Replies to Critics: Epistemology, Ontology, Methodology[A]. eds. Arnold, P. D. and Michel, A. Critical Theory and the Thought of Andrew Feenberg[C]. New York: Palagrave Macmillan, 2017:286

一些非理性的试验条件之后，芬伯格终于认识到了自己身体里隐藏着的改造潜力，也认识到了这是一种可以用底层民众的反对与争论，实现对科技的民主化介入的典范。他顺势提出"技术代码"的概念，用以指示病人的价值需求与医学知识之间的各种转译，得到医学伦理方面广泛的支持。之后，他进一步将"技术代码"推广至一般的技术系统，用以揭示技术的"形式偏见"以及隐藏在技术系统内部的利益格局。芬伯格的思想也被直接用于工程实践中，譬如在城市供水系统设计中和在气候工程技术中的应用等。[1]

芬伯格所引领的两大转向是其技术思想的另一创新之处。经验转向是研究范式的变换，政治转向[2]是对技术权力的重新考量。海德格尔与马尔库塞（同时也包括埃吕尔、芒福德等人）遵循的是传统技术哲学的研究范式，习惯从外部的、宏观的视角来审视技术，始终将技术作为一个笼统、抽象的不变整体而加以探究。由于无法完整准确地定义与剖析技术，他们普遍认为，技术是一种无法制止的、具有自主性的力量，以其自身的逻辑为社会构型，损坏人类自决可能性的根基。因此，他们始终对技术持鲜明的批判态度，忽视了技术给人类社会带来的巨大进步与发展潜能。很显然，这种评价并不辩证，甚至是一种偏见。它在客观上并不能阻碍技术的升级迭代，也不能为真正地解决现实中的技术问题提供帮助。芬伯格等人[3]站在经典技术哲学家们的肩膀之上，开辟了技术哲学研究的新方向，在一定程度上摆脱了传统理论的困境，冲破了传统范式的束缚。

探究技术代码，打开技术的"黑箱"。芬伯格通过两级工具化透视技术系统的内部运行机制，试图依托技术民主化实现技术与社会的协同进化。在芬伯格那里，技术并不神秘，它是一个技术要素和社会要素结合在一起并相互影响的复合体。在初步的工具化的进程中，能够提炼出技术要素，其自身

---

[1] Tina Sikka. An Analysis of the Connection Between Climate Change，Technological Solutions and Potential Disaster Management: The Contribution of Geoengineering Research[A]. eds. Filho，L. W. Climate Change and Disaster Risk Management[C]. Berlin: Springer，2013:549

[2] 刘大椿等. 科学技术哲学[M]. 北京：高等教育出版社，2019：169-174

[3] 汉斯·阿特胡斯在美国选取了六位新生代技术哲学家，将他们视为技术哲学经验转向的代表人物。分别是 Albert Borgmann，Hubert Dreyfus，Andrew Feenberg，Donna Haraway，Don Ihde，Langdon Winner。参考 Achterhuis，H. American Philosophy of Technology: The Empirical Turn[M]. trans. Crease，P. R. Bloomington: Indiana University Press，1997:6

的性质比较中性，就像语言中的词语一样，能够根据特定的表示目标和语言规律，将其进行排列和组合，形成各种含义和意向的句子，而那些伦理的、价值的、美学的社会要素，就是对应的目标和规律，这些要素都是在初步的工具化进程中产生的，而这些都相应地不被重视。经典的技术哲学家极少深入到技术系统内部进行一次调查，通常会把支持理性的技术拥护者与维护人性的技术反对者之间的争论止于抽象，而忽略对技术设计和发展的社会根源的质疑，将现有的技术视为一种固定的背景。他们并没有真正地读懂技术，也错失了"能否从根本上重新设计技术，以便更好地服务于它的创造者"这一关键问题。芬伯格认为，这些技术的"逻辑"并非自然形成，它只是一张复杂的关系网络，牵扯到了不同的利益。随着技术和资金的越来越密切的结合，拥有资金和"知本"的企业所有者和技术人员可以按照自己的意愿，将技术的支配作用强加到企业的劳动力、企业的组织结构和经营体制等方面。变革的机遇掌握在劳动者的手中，"只要他们能够明确地表达自己的利益诉求，他们就有机会按照更广泛的人类需求和能力"[1]，在意识到技术带来的问题影响他们的生存时，重新构建技术体系。这种对技术的理解未必达至完美[2]，但是有一点十分值得肯定，它强调技术与社会之间双向互动关系，这就为人类主观能动性的发挥预留了空间[3]。经验转向不仅表现在从"对大写的TECHNOLOGY 的批判性研究"转向"对小写的 technology 的描述性研究"，还体现在"批判性"向"批判性后的重建"的转变上。[4]芬伯格不仅对隐藏在现存技术模式下的结构性问题进行了严肃批判，更关注批判后建构更加合理的理论，提出改良技术的更具操作性的方案。

---

[1] Feenberg， A. Transforming Technology: A Critical Theory Revisited[M]. New York: Oxford University Press，2002:20

[2] 这条经验转向之路仍有进一步发展的空间。比如对某项具体技术展开更深入的哲学研究；研究那些与人们的生活世界联系更为紧密的技术；提出技术政策时更注重技术的内部结构，更注重对技术决策制定的全程的考察等。参考 Philip Brey. Philosophy of Technology: A Time for Maturation[J]. Metascience， 1997(6): 97

[3] 王晓梅， 何丽. 芬伯格的技术解放设想为何落空?[J]. 浙江社会科学， 2021.

[4] 朱春艳,陈凡. 社会建构论对技术哲学研究范式的影响[J]. 自然辩证法研究,2006（08）：62

二、设计技术民主，引领政治转向

芬伯格的技术思想开启了政治对技术的转向。[1]米切姆（Robert Mitchum）曾经提到政治哲学在技术发展中的问题。在他看来，由于当代科技日益与利益的分配、善恶的认识等问题密切相关，因此，技术就变成了"问题"。芬伯格也是这样认为的，他从技术的权利比例、技术的收益分配等方面，开始了对技术权益的新思考。

科技究竟会推动享受权益还是限制权益？意见不一的人们总是可以提出各种例子。一种答案可能把两者结合在一起，从而全面评价科技和民主之间的联系：从理论上讲，人人均有同等的运用科技的权力；从本质上说，技术已经成为一种强制力量和一种内部力量。从表面上看，每个人都能受益于技术进展，但是，事实上，总是有些人能得到更多的技术成果，或者说，他们能操控技术成果的分布。"知识鸿沟""数据鸿沟"等观念反映了（高新）技术赋予的各种成果在各种目标上的差异。芬伯格所要揭露的技术偏差就是"名义上的权力镇压"：在现代资本主义之下，社会的治理"更加有赖于在技术上重建使用了资本霸权的全部社会关系"，由此产生了一种对社会的治理，一种超越了常规的制度的新的治理方式。尼布尔曾经说过，在近代的资本主义中，最大的一种社会性力量就是通过对生产方式的支配而获得的。如果他们拥有了技术以及对技术的解释，那么他们也就拥有了这样的技术力量，并由此得到了一个超然于整个世界的地位，让他们可以从上面俯瞰整个世界，并对整个世界进行监控。在技术规范的构建中，资金所有者与技术专业人员之间存在着运营自治，缺乏对劳动者的权益与现实需求的关注；他们会将尽量将劳动力变成简单的机器，以达到最好的效果，让员工"去除技能"，从而失去对新技术的掌控。劳动者对现实的认识和把握能力不足，是资本主义技术统治产生的一个重要原因。同时，随着科技进步以及科技进步所带来的各种制度的不断深入，我国的民主制度也逐步从内容上向形式上转变。技治论使用科技权力来维护一个扩大的层级控制系统，从而将该系统变得合法。

---

[1] 王晓梅，何丽. 芬伯格的技术解放设想为何落空?[J]. 浙江社会科学， 2021.

通过自由民主辩论和平等对话达成共识或达成决策目标被认为是费时费力、成效不大而逐渐被禁止的。

正如卡斯特尔（Manuel Castells）所说："但凡有权力统治的地方，总会有反抗宰制的行为，这种反抗的形式是反权力的。"[1]芬伯格借助"游戏的隐喻"[2]进一步表明，在技术系统内部受到压迫的人们也具有一种反抗的自主性，即"机动的边缘"，可以通过重构技术代码不断争取自身利益的实现。技术与权力在现代社会生活中处于基础和枢纽地位，与它们直接或间接相关的有民主的技术化、权力的技术化等重大理论与现实问题。芬伯格提出了一条可行的技术解放之路，"从技术哲学转向技术政治学，从技术的民主化引出社会的民主化和人的发展的全面性问题"[3]，通过技术编码的动态性构建与两级工具性设计，使技术的自由潜力得以被发掘，并对被压制者的权益与价值予以重视。

第三节　技术解放思想的局限性

但是，由于芬伯格对技术问题的深刻的经济学原因的忽略，仅仅限于对技术问题的批评以及对技术问题的关注，使得他的技术问题的解决也有其自身的缺陷。首先，他对技术批评不够透彻，仅仅谈论技术，而忽略了其深层的经济学根源，并将其寄托在"责任文化"和"良心发现"上，从而使自己陷入"道义政治"。因此，他的技术批评只能在形态上进行，而不能在本质上进行。其次，他没有完全认识到技术的"解放"，更倾向于"技术万能说"。技术的自由是一个很大的维度，但它并不能替代人的自由，把所有的期望都放在对技术的民主变革上是有偏差的。

---

[1] [美]曼纽尔·卡斯特尔. 网络社会与传播力[J]. 曹书乐等译. 全球传媒学刊，2019（06）：76

[2] Feenberg，A. Transforming Technology: A Critical Theory Revisited[M]. New York: Oxford University Press，2002:82-88

[3] 朱春艳. 费恩伯格技术批判理论研究[M]. 沈阳：东北大学出版社，2006：73

一、彻底性不足

尽管芬伯格虽然对技术体系进行了深刻的剖析，但却未能像马克思一样，对其本质的冲突进行深刻剖析，并从根本上寻找导致劳动者"非人性"生存模式的经济学原因。他对"科技微观政治"的重视，使其"科技微观政治"有堕落为"伦理政治"或"文化政治"的危险。

首先，芬伯格对于技术的批评并不透彻，并没有提出一个切实可行的解决办法来化解"资本主义"的"独裁"，也没有能够深入到"现代"的根本。芬伯格主张以技术民主化为社会制度，并以技术为中心进行批评，但他并未认识到，他所指责的技术歧视和技术管制，只是资本主义统治扩张后的一种具体表现和不可避免的后果。在近代资本主义中，资本依然是至高无上的统治力量，离开它的批判只能是一种形式化的变化，一种修辞的堆积。

其次，芬伯格提出的"技术编码"和"技术民主"观点也引起了广泛的争论，并遭到了中外专家的广泛怀疑。技术编码的解构性条件缺乏是一个比较重要的问题。技术密码是技术解放的基础，而密码的解构又是技术与公共利益融合的一个重要的逻辑先决条件。如果缺少了这些前提，那么就会导致这套理论无法正常运转。在芬伯格看来，作为民众反抗科技统治的主体的"行动边界"并没有得到证实，对民众的压制达到"一定限度"的程度也没有明确规定。关于科技民主的问题主要是关于科技的有效性。维柯认为，芬伯格过分强调科技的民主作用，而忽视了全球化的资本世界语境，而在塑造现代性外貌时，总是以市场化的思维方式为主要动力。更有研究者认为，将"责任文化"与主导集团"良心发现"作为芬伯格技术代表制度的唯一出路，其制度缺少硬性规定与制度保证，将"使技术民主之路滑向梦想之路"。从这个角度看，芬伯格的微观技术政治被认为是一种"文化政治"或者"道德政治"。多培尔特（Doppelt Gerald）指出，芬伯格的技术民主性理论由于缺少道德依据和判断准则而造成了对"政治民主"与"个体自由"两个基本问题的混乱。[1]对此，芬伯格表示他们关心的问题并不相同。如多培尔特这样的政

---

[1] Doppelt，G. What Sort of Ethics Does Technology Require?[J]. The Journal of Ethics，2001，5(2):155-175

治哲人，在重视方式与过程上，主张以技术来体现特定团体的权益，也应该受到保障，不受社会大众的干预；而在技术哲人中，他们重视人性潜力中的美好一面，期望能够让被科技压制的人们重获自由，重获自由。芬伯格仅仅把他的"技术民主"从"政治"的"哲学"中分离出来，却没有为"技术民主"提供一个完美的解决方案。

芬伯格对技术问题的批评不够全面，造成了他对技术问题的模糊。他不去寻求问题的根本原因，反而把目光放在资本家、科技家和大众的对话和沟通上。鉴于两者之间的力量比例极不平衡，要实现对话，必须通过"良心发现"来实现，这一点使芬伯格的"技术解放论"有走向"伦理政治"的危险。

二、重返形而上学的囚笼

在《启蒙辩证法》中，启蒙概念是充满张力的。启蒙不仅仅指"驱除恐惧"意义上的启蒙，还有"承认无知"意义上的启蒙。后者意义上的启蒙，意味着启蒙承认其面对的世界并非全部自然世界。在该启蒙的指引下，人承认自己的有限性，人能够重新理解人与对象世界的关系。在这个承认恐惧意义上的理性天然具有自我反思的维度。在该维度下，启蒙之中的人不仅会反思人与对象世界之间的关系，还会反思人与人之间的非正当关系。可以说，承认无知的启蒙使得启蒙具有了原先所宣称的唯名论立场。但是，"承认无知"意义上的启蒙无法出场。人类在发展之初的最初目的便是为了祛除对于自然的恐惧，这样，"承认无知"的启蒙被从人类发展史中剔除了。人寓居于自然之中，人无法把握全部的外部世界。为了祛除人对自然的恐惧，宣称对于外部世界的全知。在该状况下，人只能不断重复，在重复的过程中，真理被认定。而这种祛除恐惧意义上的启蒙在诞生之初便是与权力天然勾结，正因如此，启蒙无法摆脱神话的言说，神话本身就已经是启蒙。在"祛除恐惧"的启蒙中，人只能与对象世界发生关系。正如神话中的神只与其职权的部分发生关系一样，人认识的世界也仅仅是部分世界。同时，人认识的神话也仅仅是对神话的强行解释、不断重复，也将其所认识的部分世界作为全部世界。与权力联结的启蒙没有摆脱神话的逻辑，神话已经是启蒙。此时，理性不包含具体的内容，只能进行逻辑选择。这样的理性成为工具，它被用来规定齐一的世界。"祛除恐惧"启蒙所呈现出来的是全然的主体与客体之间的世界，在这个意义上起作用的并非主体而是客体。被作为工具的理性并不是支撑人与对象世界之间的关系，反而是瓦解掉主体与对象世界之间的关系。其作用是维持现有的对象世界之间的规则。如此，"承认无知"的启蒙全然离场，而"祛除恐惧"的启蒙永恒在场。这直接导致启蒙完全受制于权力逻辑。总之，霍克海默、阿多诺认为在启蒙之下的理性必然成为一种"权力制约理性，理性沦为工具理性"的思辨逻辑，且丧失了张力的启蒙再无其他可能。于是，在他们看来，该逻辑成为历史发展的必然逻辑，并成为统摄社会发展的必然规律。由此，霍克海默不自觉地陷入了形而上学的思维方式，进入了他原先所反对的传统理论的思维方式中去了。

在这一点上，霍克海默与马克思有显著区别。在思想上，马克思不再追问哲学本真问题。在现实上，马克思不再重返形而上学的言说。在这个双重维度上马克思彻底超越了形而上学。

在理论维度上，在对黑格尔的客观唯心主义和费尔巴哈的人本主义的唯物主义的批判过程中，马克思实现了对形而上学的超越。马克思将黑格尔作为其思想的重要资源。黑格尔将社会历史的发展看作是绝对精神的运动过程，即人的思想对象化至外部世界再复归的过程。在黑格尔这里，对象化即异化，两者是同一的。这时，马克思转向了费尔巴哈以区分人的异化与对象化。在费尔巴哈的人本主义中，在先验预设了人的本真状态的前提之下，人将自身对象化至外部世界存在两种可能性。一种是人能够复归其自身，一种是人成为外在的异己力量，即异化。马克思以费尔巴哈的人本主义唯物主义遭遇现实世界时，他发现在现代资本主义社会中，人不仅和人的劳动产品相分离，人与劳动过程相分离，人与其类本质相分离，人还与人本身相分离。在这个意义上，黑格尔的绝对精神自我复归的理解方式显然无法面对现代资本主义的现实。不过，费尔巴哈的理解方式也无法真正理解对象世界。费尔巴哈以直观的形式理解对象世界，将先验预设的人的本真状态作为"普照的光"。在这里，人永远无法真正认识对象世界，人将自身对象化至外部世界时后遭遇先验的人的本真状态，而无法复归人本身。这时，黑格尔的辩证法再次进入马克思的视野，在黑格尔的理解中，绝对精神外化并复归的过程也是黑格尔辩证法的展开。马克思吸收了黑格尔的辩证法精神，将主客二分的理解方式转变一种主客同一的理解方式。同时，在这种理解方式下，人能够在对象性的劳动中实现人本质的复归。于是，马克思在思想维度上不再追问形而上学的问题，而是以实践观点的思维方式去面对世界。显然，这时形而上学并不在其视野之内。

在马克思完成其思想转变后的每一个阶段，马克思都未再返回形而上学的追问。当马克思面对的现实的问题，他研究现实的分工问题、号召工人运动、进行政治经济学批判，这些分别反映在《德意志意识形态》《共产党宣言》《资本论》中的事件，无一例外都是现实中的事件。马克思不再追问形而上学问题，并已不再受制于思辨逻辑。而霍克海默在通过批判传统理论建构批判理论之后又倒回至形而上学的维度，形成了权力与理性的思辨逻辑。

三、全面性不够

虽然科技已成为当今世界的一种物质架构，它已深入到人们的生产和工作的各个领域，但是科技是否已成为影响人们生活的决定性因素，它是否已成为所有问题的源头，这一点令人怀疑。芬伯格把人类的全部解放寄托在技术上，把人类的解放寄托在技术上，他主张只有通过技术的解放才能真正地使人类获得自由和充分的发展，这种观点是一厢情愿的，并没有超出马克思关于人类整体主义的理论体系。

芬伯格在技术层面上对人的自由做出了贡献，这一点毋庸置疑，但将技术看作是整个人的自由，这一点就令人生疑了。他认为，只有在偶然情况下，才会要求进行国家再配置，而从本质上讲，则要求进行技术变革。这种观点显然没抓住了对技术的批评的要害：是资本控制技术而不是技术控制资本，技术的发展同样受到经济，政治，文化等诸多因素的影响。[1]与芬伯格单纯的技术解放不同，马克思的人类解放思想是一个科学体系。他从自然解放、社

---

[1] 王晓梅，　何丽. 芬伯格的技术解放设想为何落空?[J]. 浙江社会科学，　2021.

会解放和自我解放三个维度，从政治层面、经济层面和劳动层面，试图把人类从被奴役和鄙视的悲惨处境中解放出来，进入"自由之地"。在经济、政治和文化等诸多要素相互影响、相互影响的复杂的社会问题中，我们必须用整体的思想去应对它们。

另外，芬伯格没有区分"主导型"的"主导型"技术和"生命的重要性"的"日常型"技术，而把"技术"的"控制"和"技术倾向性"应用到"各种技术"上，也是"一厢情愿"的结果。

芬伯格的技术解放没有对技术与经济、政治和文化的相互作用进行清晰的辨析，时而将技术视为决定人类社会发展的重要因素，时而将技术的发展视为文化的限制，其实质并未对此进行突破，而是忽略了"在资本主义的经济体系中，经济体系依然是所有问题的根本出发点"这一根本的现实。这就不得不"重演历史上的文化和道德的救世论"。同时，他也没有超出马克思所提出的总体观点。马克思的"人类解放"是一套从自然解放、社会解放和自我解放三个层面上提出的一套科学的、完备的理论，力图通过政治、经济和劳动等不同层面的解放，把人民从被奴役和压迫的痛苦境地中解放出来，进入一个自由的世界。关于人的自由的各种观点是非常丰富的，它所涉及的方面和层面都是非常多的，单纯从技术自由的角度来审视是很难解释一个总体性问题的。

第四节　小结

人类解放是一切哲学思辨的最终落脚点。[1]无数哲学家对此进行了艰难的探索，但更多的是停留在幻想和批判上。马克思在总结和总结历史的基础上，对各种资本主义的"异化"的原因进行了深入的探究，并提出了全层次和多维度的人类自由思想的实现途径。时至今日，技术与资本共谋共生，构筑成一种新型的社会控制形式，高新技术如人工智能甚至威胁人的存在意义。如

---

[1] 王晓梅，　何丽. 芬伯格的技术解放设想为何落空?[J]. 浙江社会科学，　2021.

何有效应对愈演愈烈的技术问题？马克思当然无法对其从未经历的现实给出回应。这进一步引出更为关键的问题：如何按照马克思的解放逻辑推演出他对当代技术问题应有的思考？这便是对马克思人类解放思想形成发展过程中重要文本进行历时性梳理和主题式阅读的原因，主要目的在于厘清马克思的解放逻辑，即始终以现实生活为依据，牢牢掌握资本主义生产方式这一实际。

芬伯格的技术解放，可以看作是马克思对人类解放的一种自然而然的延伸。关于芬伯格的技术思想解放，有两点需要解释：第一，他的技术理念为什么叫技术解放思想？一方面，他本人在不同的论著中多次提及要发挥技术的解放潜能；另一方面，他的技术思想不同于以往的技术批判，是在批判中建构并初步形成解放框架。第二，是否应将技术解放纳入人类解放之维？首先，技术与资本、政治的强强联合可能给人类解放造成更大的障碍。其次，两者都致力于人类解放这一宏大目标，马克思为芬伯格提供价值引领。再次，芬伯格从马克思的劳动过程理论中汲取了设计批判的思想灵感，提出并完善了"技术编码""技术民主"等概念。最后，芬伯格始终以现实为依据，批判继承马克思的阶级革命思想，通过技术微政治学为底层公众争取权益。[1]

芬伯格的技术解放思想并未超越马克思的整体性研究框架，[2]其对技术的批评也没有达到完全、完整的程度。芬伯格的"技术解放"是对马克思"人的解放"的必然扩展和有效的补充，是新时期"人的解放"的一个又一个维度。芬伯格在展示技术与资本以及政治结合的强大力量时，也借鉴了马克思的"劳动"的理论，从而对技术编码以及技术的民主化进行了完善，并且在他的思想中，总是立足于实际，用技术微观政治来对马克思阶级革命思想进行了批评，并为底层民众争取利益。但是，由于芬伯格没有跳出马克思关于"人的自由"的总体分析架构，他对技术的批评又不够透彻，致使其技术解放构想终将落空。

---

[1] 王晓梅， 何丽. 芬伯格的技术解放设想为何落空?[J]. 浙江社会科学， 2021.
[2] 王晓梅， 何丽. 芬伯格的技术解放设想为何落空?[J]. 浙江社会科学， 2021.

第四章　破解方案二：复归客观理性

第一节　批判理论中的解放主旨

霍克海默（Horkheimer M）也以实现解放为其批判理论的主旨。霍克海默延续了西方马克思主义解读马克思思想的传统，力图发展马克思的解放思想，并以此构成了他对解放的独特言说。在追寻解放的路径中，霍克海默以超越形而上学为逻辑起点，在认同马克思历史唯物主义的基础上，继承马克思的政治经济学批判方法，批判传统理论、生成批判理论，构建其实现解放的理论范式；以反思启蒙为逻辑展开，直面启蒙的假象，揭示启蒙的本质，剖析启蒙在垄断资本主义社会的具体表达，将现代启蒙指认为人类命运中困顿的根源，无法作为实现解放的方式，否定启蒙的进步意义；以复归客观理性为逻辑终点，回溯人类发展史，突出客观理性之必要，并将复归客观理性作为解放归宿，只关注形而上学中的客观理性，而无法遭遇现实维度的解放。霍克海默满怀雄心地志在延伸马克思的解放思想，然而其理论致思最终却与马克思渐行渐远，走向了复归客观理性的形而上学的道路，无法真正实现解放，沦为资本主义社会内部的一次遗憾的改良尝试。

自人类步入文明社会以来，扬弃现实不合理状况的雄心便被涵咏在哲学之中，解放的诉求贯穿了人类发展的始终。古希腊哲学企图将人从神话的言说中解放出来，提出"人是万物的尺度"[1]，以摆脱神话的统治，确立人的自我主张。近代以来，哲学力求摆脱宗教的束缚，试图恢复人的理性，进而推翻封建特权制度，并赋予每个人平等的权利。进入资本主义时代，面对资产

---

[1] [古希腊]柏拉图著;王晓朝译.柏拉图全集 7[M].北京:人民出版社.2017:16.

阶级压迫人、剥削人的境况，众多的思想家发展出各自的解放话语。黑格尔认为精神解放是实现解放的方式，空想社会主义的思想家企图建立现实的自由乌托邦等等。马克思通过著书立说揭示资本主义社会的丑恶现实，力图推翻资产阶级的压迫，试图建立无产阶级政权，从而真正实现人的解放。

马克思的"实现人的解放"这一思想主题无疑影响到在他之后的众多思想家。众多西方马克思主义者正是在马克思解放思想的影响下萌生各自的解放思想，如卢卡奇（Georg Lukács）试图通过总体性的思想唤醒无产阶级的阶级意识，葛兰西选择以文化霸权的实践路径实现人的解放等等。基于该传统，霍克海默也以马克思的解放思想为其理论支撑，将现代资本主义作为研究对象，构建批判理论，生成他的解放设想。

一、遭遇资本主义的嬗变

马克思主义的鲜明品格是关注现实、与时俱进，不同时代的西方马克思主义者对人类解放路径的探索都依赖于特定的时代背景。在马克思的时代，现代资本主义尚处于资本主义发展的上升时期，资本主义的弊端已有所暴露。面对这一时期的资本主义，马克思试图揭露其压迫人、剥削人的本质。他以社会现实为出发点，提出黑格尔概念中的市民社会与国家仅能实现资产阶级的形式自由并无法实现普遍的人实质自由。马克思揭露这种自由包含一群人对另一群的统治，即资产阶级对无产阶级的统治。在卢卡奇生活的时代，现代资本主义得到进一步发展，社会官僚制度影响下的现代人的生活方式以理性计算的形式呈现，所有人都处于普遍理性的统治之下。借助韦伯合理化的原则，卢卡奇以普遍的形式理性作为他批判的对象。他痛斥彻底合理化生活的无内容性，揭发普遍理性形式之下的非理性事实，试图以总体性的原则唤醒无产阶级的阶级意识。而在霍克海默生活的时代恰逢资本主义社会先后爆发两次世界大战；又历经法西斯主义的极权统治；现代资本主义进入垄断资本主义时期，文化工业出现。霍克海默的思想诞生其中的这种不平凡的时代背景使其较之于早期西方马克思主义者，有着更多异质性的存在。此时，资本主义剥削人的程度进一步深化，已经从对人的剥削延伸至人的精神领域；

压迫人的方式更为隐蔽，以大众文化为伪装形态的意识形态的统治使得人的自我反思的维度逐渐丧失。

二、延续西方马克思主义的马克思解读传统

虽然时代背景的特殊性催生了霍克海默思想中的异质性内容，但是隶属于西方马克思主义的霍克海默思想有着共通理论传统——解读马克思的思想。第一次世界大战爆发后，各国先后开展了革命运动，最终都以不同程度的失败而告终。于是，一些欧洲共产党的革命者开始反思第二国际"经济决定论"和"宿命论"式"正统"的马克思主义解释，思考在发达资本主义国家如何进行革命的问题，这被视为"早期西方马克思主义"的发轫。面对不断失败的无产阶级革命，卢卡奇、葛兰西等人将马克思的思想作为他们的理论武器，试图通过解读马克思的思想来实现他们的解放目标。他们的思想涉及解放的诸多方面，包括研究对象、依赖主体、实现策略等等。在研究对象上，他们以现代资本主义为研究对象，在展开对资本主义分析的基础上，试图在资本主义内部建立无产阶级的政权，以推翻资产阶级的统治，实现人的解放。他们都把无产阶级作为理论力图掌握的对象，不过不同的思想家的侧重点也有所不同，比如，葛兰西主张无产阶级革命的首要任务在于争夺意识形态的领导权。此外，他们诉诸解放的具体策略也不尽相同，卢卡奇更加注重揭露资产阶级剥削人的本质，即揭露物化现象以达到唤醒无产阶级的阶级意识的目标从而实现解放；葛兰西则认为进行意识形态的阵地战是实现解放的可行路径。虽然上述学者对马克思解放思想的言说方式有所差异，但是，无一例外，他们理论的主要目的是现实革命，即建立无产阶级政权。

和早期西方马克思主义者不同，霍克海默已不再具备现实的政治革命诉求。一方面，霍克海默作为一个学院派的西方马克思主义者，他的关注点在于如何利用马克思这一思想资源。而在这里，与众多早期西方马克思主义者一样，他在理论诞生之初便将马克思的历史唯物主义作为其资源宝库，并以此建立批判理论。从这个意义上讲，霍克海默的批判理论可以看作是延续了西方马克思主义的马克思解读传统。另一方面，霍克海默作为社会哲学研究

所的所长，比起组织革命运动，建设好一个系所才是他的分内工作。他将批判理论作为社会哲学所的理论大纲，规划了社会哲学研究所的理论目标——构建批判的社会理论，影响了一代法兰克福思想家。

（一）批判理论的出场形态

在西方马克思主义的思想传统下，又遭遇两次世界大战、现代资本主义进入垄断资本主义的社会现实，霍克海默批判理论出场。他以马克思的解放思想为其理论资源，以垄断资本主义为其研究对象，开启了霍克海默的解放言说。需要明确的是，霍克海默的思想并非一成不变。霍克海默先后历经构建批判理论时期、反思启蒙解放时期以及求索解放之路时期。在其担任社会哲学研究所的最初七年（1931-1937）即构建批判理论时期，在此期间，他直接将马克思的政治经济批判的方法作为批判理论的思想内核，以实现对传统理论的批判、超越形而上学，这也成了他解放思想内涵的逻辑起点。此后，霍克海默将批判理论作为指导理论，关注社会现实，强调社会哲学研究所的社会哲学研究模式，规划了一系列跨学科的研究。但是，研究所的研究任务尚未充分展开，便遭遇法西斯政权的迫害：研究所被关闭，包括霍克海默在内的众多教授被解雇，研究所辗转至美国，并以当前的社会现实为研究对象——法西斯主义的崛起。他开始反思启蒙解放，追问为何一直以来力求实现解放人、恢复人的理性的启蒙却导致了人的苦难。他以"为何启蒙无法实现解放"为其解放主旨的逻辑展开，探究人类苦难的根源。然而，目前为止，霍克海默尚未提出实现解放的路径。而这时，恰逢第二次世界大战进入尾声，众多的思想家企图为人类提供实现解放的可行路径。基于一直以来的解放主旨，历经构建批判理论、反思启蒙解放后，霍克海默依赖客观理性来实现人的解放。

（二）超越形而上学的思维模式

自1931年从格律恩手中接过社会哲学研究所的接力棒以来，霍克海默便将研究所的重心从历史转向社会。在就职演说上，他明确提出将社会哲学作为研究所的研究方向，"关心人类的全部物质文化和精神文化"[1]。与马克思一样，霍克海默关注的不是束之高阁的形而上学争论，而是现实的诸多方面，如心理学、经济学、社会学等。他无意追问哲学中佶屈聱牙的问题，而旨在"把人从奴役中解放出来"[2]。在此初衷下，解放成为其思想主题，构建新的理论范式成为他的首要任务。于是，在这一时期，霍克海默试图构建批判理论，使其区别于传统的理论理解方式，并以此为其探索解放道路的起点。

在批判传统理论、构建批判理论的过程中，霍克海默实现了对形而上学思维模式的超越。批判传统理论的总体性、非历史性和绝对性是为了突出批判理论的批判性、开放性和现实性。显然，传统理论被设置为批判理论的对照组，在它的对比下，批判理论得以凸显。此外，他沿着西方马克思主义的传统，走向马克思，继承了政治经济学批判的方法，直接构成批判理论的思想资源。可以说，批判理论的构建既实现了批判传统理论的阶段性目标，又完成了超越形而上学思维模式的深刻目标。如此，开启霍克海默实现解放的逻辑起点。

（三）否定形而上学的思维模式

传统理论是霍克海默建构起来的概念，是指对理论的传统理解方式。这种理解方式都具有总体性、非历史性和绝对性的形而上学思维模式特点。在他的理解中，传统理论内部派别众多、关系复杂。理性主义、经验主义以及近代的逻辑实证主义都属于传统理论的范畴。理性主义和经验主义有着明显的区别，一个诉诸先验理性，一个依赖感官经验，而逻辑实证主义则自认为是对前两者的超越，它可以客观地解释世界。即使是这样，无论是理性主义、经验主义抑或逻辑实证主义都被纳入传统理论的范畴。

1.阐明传统理论的特征

在霍克海默看来，传统理论是指有着传统的理解方式的理论，这种理论没能逃出形而上学思维模式的囚笼。故霍克海默批判传统理论也包含了他对

---

[1] 霍克海默，王凤才.社会哲学的现状与社会研究所的任务[J].马克思主义与现实，2011(05):123.
[2] Horkheimer M. Critical Theory: Selected Essays [M]. Bloomsbury Academic，1972: 246.

这一思维模式的批判，认为它们都是总体的、非历史的和绝对的。

总体性是传统理论的基本特征，该特征产生于传统理论的认识模式。在该模式下，抽象的唯一真理是传统理论认识全部现实世界的一般原则，也是统摄世界的唯一原则。可以说，各位理论家穷其一生企图发现抽象的唯一真理。一旦他们发现了其所认为的唯一、永恒的真理，便用其一生去验证真理的真理性，在那之后，理论家的所有研究都为其宣称的真理做注脚。理论成了理论家的研究对象，而非以社会现实作为研究对象。如此，主体与客体绝对分隔。主体外在地观察研究客体，无法构成对客体的影响，只能凭借已知的最高理性单向地认识客体。在此模式下，主体的认识活动并不能影响客体原有发展轨迹，主体仅作为客体发展的旁观者，而无法参与事物的发展。正如笛卡尔的"我思"所呈现的那样，他认为主客体之间的关系不可改变，理论家作为研究发现理论的主体，担任传播者的角色，他无法对理论造成影响。一旦理论存在统摄全部的总体原则，这意味着原本该作为理论认识对象的现实被封闭。倘若研究过程中存在违背真理的情况，理论家并不会质疑其真理性，他们仍将持续为真理辩护，或将超出真理范畴的存在当作例外状况。因为，在他们看来真理是永恒的，无法被推翻的。此时，现实在传统理论者的视野之外，现实中的苦难也被一同无视。

非历史性是传统理论的根本特征，这使理论丧失对未来的开放维度。在形而上学总体性的理解范畴下，一元的、抽象原则作为未来的先验预设，"传统意义上的理论阐述……不需要知道这种活动的历史目标和趋势。"[1]这造成现实的孤岛，现实既无历史，也无未来。在孤岛般的现实中生活的个人"放弃了通过自身活动改善自身状况的一切希望"[2]，这是对未来可能性的抹杀。

绝对性是传统理论的应有之义，正是这一特征令传统理论成为资本主义社会的工具。如果说，总体性和非历史性的特征使得传统理论可能会被认定为资本主义的工具，那么绝对性的特征则直接促成这一结果。在具有总体性和非历史性的传统理论的推动下，事实得到美化，思想仅起次要作用，理论以服务资本主义社会为目标。这时，资本主义并不会限定实际理论的表现形

---

[1] Horkheimer M. Critical Theory: Selected Essays [M]. Bloomsbury Academic，1972: 245.
[2] Horkheimer M. Critical Theory: Selected Essays [M]. Bloomsbury Academic，1972: 140.

式、呈现方式、内容多寡等，仅从根本上对主体的思维模式进行限定。于是，主体无法从根本上逃离传统理论的思维模式。由该理论塑造的社会现实展现的是人与人之间的强力隔离。在该认识路径之下，"眼见为实"是对其研究的直观理解。只有被观察到的、被检验到的才是我们知道的。从而用全部真实的历史伪造了历史。正如黑格尔所批判的那样，将外部反思应用到任何具体内容之上的形而上学只会导致教条主义。人与人之间的联系被简化为符号与符号之间的联系。人们只相信人们见到的，丧失对于现象背后的本质的思考。在现代，这种思维模式获得了资本主义的认可与推崇。传统理论便成为现代资产阶级巩固统治的工具，批判反思性维度彻底被抽离，最终便沦为犬儒主义。

2.批判理性主义与经验主义

尽管相互抵牾，但理性主义和经验主义都被认为是传统理论。理性主义诉诸确定不移的真理，而经验主义将感官经验作为真理的来源，两者相互对立。众所周知，笛卡尔是理性主义的代表。他以"我在怀疑"这件事为确定不移的真，即"我思"为真，从而推断出了"我在"为真，并得出"凡是我清楚明白地意识到的都是真"的认识。在笛卡尔那里，成为客观知识的认识显然是一种形而上学。该理论受到了另一种经验主义的批判。经验主义者将感觉作为认识的开端归纳总结出对世界的真理性认识。他们认为理性主义最大的问题在于，它以先验的思辨为认识世界的前提。尽管理性主义与经验主义两者相互对立，但是在霍克海默看来，两者未与对象直接相关，并无本质区别。在理性主义中，真理是先天存在的，认识对象世界的过程也即应用先天真理的过程。在经验主义中，真理是现实材料归纳发展出来的，较为脆弱。一旦出现违背"真理"例外情况，真理将不复存在。不过，霍克海默对经验主义的这种批判恰好是经验主义者无法承认的，他们认为不断出现的例外状况使得理论能够不断地完善。他们自认为经验主义最大优势在于，从不限定未知。霍克海默借助一个比喻解释了经验主义所谓的对未知的开放态度。经验主义的目标被比作一幅世界地图，而完成世界地图之前，地图的主要轮廓已经被经验主义勾画出来了，如此，地图并不会发生重大改变，"新的分类体系也不会被建构"[1]。所以，经验主义宣称的所谓对未知开放的态度是虚假的。总之，无论是理性主义还是经验主义，两者都并非直接地认识外部世界，而是借助先天真理或通过对外部世界的抽象总结实现对于客观世界的认识，皆为形而上学的理解方式，于是，两者全被纳入传统理论的范畴。

3.批判逻辑实证主义

除了理性主义和经验主义外，霍克海默着重批判经验主义的现代变种——逻辑实证主义，这也被他纳入传统理论的范畴。逻辑实证主义与经验主义相比，前者只不过有了新的伪装形式——现代科学、逻辑——这使得它具有了客观、中立的表象。为了揭示其传统理论本质，霍克海默从三个维度展开对逻辑实证主义的分析，认为其存在主体空场、主客体间关系缺失及无涉价值中立的问题。

依赖逻辑、科学的逻辑实证主义完全无人，存在主体空场的问题。这是因为它力求实现客观性，该诉求必然使得人全部退场。在它的逻辑中，其以已被证明为真的经验知识为出发点，经由逻辑推演实现对命题的证明。在该逻辑下，所有的命题都可被还原为逻辑公式，那么，逻辑公式便能够取代复杂多变的单个命题。在这种"还原"结构下的逻辑实证主义根本就不存在所谓的主体，有的只是逻辑分析与经验推理。显然它无法认同"价值""目的""意义"等表达，因为由主体延伸出的价值、目的和意义本就无法存在。

正因为在其证明逻辑中，主体性天然空场，所以主体与客体间关系必然丧失。丧失主客体间关系的逻辑实证主义仅能作为认识世界的工具。这种"给予的最直接的经验、感觉和直觉……是派生的、从属的东西。"[2]这种丧失主客体间关系的理论企图与对象世界建立联系。这时，建立的联系也只能是单向的，产生的结果仅能"是派生的、从属的"。马克思也认为，"人的思维是否具有客观的真理性……是一个实践的问题。"[3]对理论真理性的追问并非被置于高阁的理论问题，而是现实的实践问题。但在逻辑实证主义这里，主

---

[1] Horkheimer M，Hunter G F. Between Philosophy and Social Science: Selected Early Writings [M]. MIT Press，1993: 208.

[2] Horkheimer M，Hunter G F. Between Philosophy and Social Science: Selected Early Writings [M]. MIT Press，1993:157.

[3] [德]马克思，恩格斯. 马克思恩格斯选集（第一卷）[M].北京:人民出版社，2012:134.

体既已不存在，何来主客体间关系一说，更不用说建立在主客体间关系之上的实践了。当主客体间关系的缺失，必将导致理论在实践层面无法推行。故而，在逻辑实证主义者看来，主体对世界的认识是必然是单向的，即主体借助"客观的"工具形成对世界"客观的"认识，仅此而已。

以逻辑推演为表达形式的逻辑实证主义旨在还原本真意义上的客观世界。无论从其表达形式还是理论目标来看，逻辑实证主义似乎都是价值中立的。实际上，"在进行认识的个人有意识地从理论上阐述被知觉的事实以前，这个事实就由人类的观念和概念共同规定好了。"[1]无论是人类的观念还是概念都是历史性的产物，两者并非纯粹的自然产物，其中必然包含着人类活动的痕迹。科学活动也不例外，它也无法孤立存在，科学家必定属于社会的某个阶级。假定一个价值中立的科学家群体是毫无道理的。人类社会如此，自然界亦如此。自然也并非人全然退场的纯粹自然，历史在人与自然的相互关系中逐渐生成。自然的演进也与人类社会的演进密切相关，在现代社会中，人类社会与自然很难完全分隔开来，自然也是人类塑造起来的。处于相互关系中的人与自然无法绝对地孤立看待。总之，逻辑实证主义依旧为传统理论，只不过这种传统的理解方式有了逻辑推演、科学方法的伪装，这使得其表达更加具有隐蔽性。因此，在逻辑实证主义指导下的科学，不过是形而上学式的认识世界方式。

（四）扬弃形而上学的思维模式

霍克海默批判传统理论也即批判其形而上学的思维模式，以期构建批判理论。不过，对它的批判尚无法作为超越形而上学的终极手段。当他建构起批判理论时才真正超越形而上学，才开启实现解放的逻辑起点。可以说，霍克海默批判传统理论是为构建批判理论做准备。因为在他那里，批判理论与传统理论是两个相互依存的概念，前者以后者为对照。传统理论终止的地方即为批判理论的起始的地方。除了在传统理论的对比下建构批判理论，霍克海默还依循西方马克思主义的传统，将马克思思想作为其理论资源。基于对

---

[1] Horkheimer M. Critical Theory: Selected Essays [M]. Bloomsbury Academic，1972: 201.

马克思的历史唯物主义思想的认可，霍克海默将马克思政治经济学批判方法作为批判理论批判性的直接理论来源。这种带有马克思主义色彩的批判理论与传统理论有着根本的区别，更具现实性、开放性和批判性的特征。

1.认同历史唯物主义的批判理论

沿着西方马克思主义的传统，他批判苏联教科书式的马克思主义、试图解读马克思的思想内涵。正是在这个过程中，霍克海默逐渐走向马克思，并认同马克思的历史唯物主义。

在教科书的理解体系下，内容丰富的马克思主义思想被教条为辩证唯物主义，并成为苏联政党官方的理解体系。在这里，该思想成为一个工具，目的是为苏联提供社会治理的方式。一旦学者按照马克思的原初思想分析苏联，便存在揭示苏联体制矛盾的可能性。马克思主义的丰富内涵必然被简化，其原初旨意必然被曲解。苏联的马克思主义成为一种伪科学的手段，是实现党和国家合法化的工具。这显然无法成为霍克海默所认可的马克思主义。

为了理解马克思，霍克海默回归马克思的原初语境，重返马克思对黑格尔辩证法的批判。在此过程中，他逐渐认同马克思的唯物史观。他沿着马克思对黑格尔辩证法的批判路径审视黑格尔的辩证法。与马克思一样，他也认为黑格尔的辩证法存在合理性。黑格尔辩证逻辑提供认识历史发展的范式，其本身能被作为研究超出现存世界内容的手段，能够触及当前的社会现实以及思想发展的过程。

虽然霍克海默认同黑格尔辩证法的伟大功绩，但他也承认在黑格尔的思想中，归结为绝对精神的辩证法演变为一个永恒规律，统摄社会与自然，"完整的理论本身不再被历史所吸引；它产生了一种全面理解的思想……辩证法是封闭的。"[1]在黑格尔的辩证法中，事物在一开始就是被规定的，自然、社会发展的诸多过程都是在辩证法的规律之下。此时，社会历史的发展存在内驱力，哲学家的工作并不是认识世界，而仅仅是解释世界。正因如此，黑格尔认为哲学仅仅能够作为黄昏起飞的密涅瓦猫头鹰。显然，他对哲学的理解方式无法得到霍克海默的认同。而高呼"哲学家们只是用不同的方式解释世

---

[1] Horkheimer M， HUunter G F. Between Philosophy and Social Science: Selected Early Writings [M]. MIT Press， 1993: 239.

界，问题在于改变世界"[1]的马克思进入了霍克海默的视野。

正是基于对黑格尔哲学的反思，马克思尝试构建历史唯物主义、试图超越形而上学，不再追问世界的第一性问题，而是从现实的世界出发探索世界历史。这时，为了探究造成人类被压迫状况的根源，马克思通过现实的分工研究，发现每个时代中都是以往各时代发展的结果，提出历史的解释原则："历史不外是各个世代的依次交替"[2]；且历史"在直接碰到的、既定的、从过去继承下来的条件下创造"[3]。在那之后，马克思在历史的内涵逻辑的指引之下，前往历史唯物主义的特殊表现形态——现代资本主义社会。他以该解释原则，对现代资本的一切进行无情的批判。正是在政治经济学批判的过程中，马克思逐渐揭开现代资本主义的秘密。

霍克海默承袭马克思的历史观，将"思想的主体理解为一个特定历史时代的人，而不是另一个抽象的东西"[4]。这样，主体是现实的存在而非"绝对精神"的"历史的人"。于是，世界不再是某一绝对精神的运行，而是"通过概念的方式来把握那个对象世界的观念决定的。"[5]同样，生活于社会中的每一个人并不是被实体化为孤立的单位，彼此隔绝，与世界分隔。作为历史存在的人不仅仅是单纯的物质实体，还包含他们那个时代形成的整体社会关系，以及历史关系在现时代上的体现。因而，在此理解之下的批判理论是"寓于历史的存在境域中，对具体的历史关系进行具体的批判考察"[6]的理论。

2.延续政治经济学批判的方法

霍克海默继承了马克思的历史唯物主义后，多次明确指出，批判理论的批判性直接继承于政治经济学批判。《跋》是霍克海默为马尔库塞的《哲学的理论和批判的理论》所写，其中，他"指出了两种认识方式：一种是以笛卡尔的《方法谈》为基础，另一种是以马克思的政治经济学批判为基础。"[7]显

[1] [德]马克思，恩格斯. 马克思恩格斯文集:第一卷[M].北京:人民出版社，2009:502.
[2] [德]马克思，恩格斯. 马克思恩格斯文集:第一卷[M].北京:人民出版社，2009:540.
[3] [德]马克思，恩格斯. 马克思恩格斯文集:第一卷[M].北京:人民出版社，2009:471.
[4] Horkheimer M，Hunter G F. Between Philosophy and Social Science: Selected Early Writings [M]. MIT Press， 1993: 240.
[5] Horkheimer M. Critical Theory: Selected Essays [M]. Bloomsbury Academic， 1972: 202.
[6] 仰海峰，西方马克思主义的逻辑[M].北京:北京大学出版社，2010:162.
[7] Horkheimer M. Critical Theory: Selected Essays [M]. Bloomsbury Academic， 1972: 244.

然，他否定了以笛卡尔为代表的传统理论，而肯定以马克思的政治经济学批判为基础的另一种理论，即继承了政治经济学批判的批判理论。另一个文本——《传统理论与批判理论》被视为研究所的研究大纲——规定了研究所的研究内容、研究对象、研究形式、研究目标等关键内容。在这篇核心文本中，霍克海默指出：批判理论"从以交换为基础的经济特征的描述开始。"[1]同时，在这句话的注释中，他告诉读者，"至于政治经济批判的逻辑结构，请参阅《关于真理问题》"[2]，在该文本中，霍克海默研究马克思政治经济学批判的内容，认为马克思以"商品"为最一般的概念，衍生出"货币""价值"等其他基本概念，也解释了资本集中、失业、危机等经济形式和历史趋势。于是，马克思的政治经济学批判理论形成了一个严密的体系：一方面，所有的概念都可以和商品这个最基本的概念发生联系；另一方面，"所有的经济和形式的历史发展趋势都被置于这个体系之中并且由一个严密的逻辑推断而来。"[3]正是在这个意义上，他推崇马克思的政治经济学批判，因为后者存在一个最基本的概念、具有严密的逻辑推理、能够形成一个理论体系。

虽然霍克海默多次强调批判理论直接继承于马克思政治经济学批判。但是，后者具有多种解读方式，而霍克海默在何种意义上继承了马克思的政治学批判，认为政治经济学批判存在最基本的概念、具有严密的逻辑推理、能够形成一个理论体系，这是接下来待追问的问题。

为此，廓清马克思的政治经济学批判是回答上述问题的前提。马克思的政治经济学批判包含"问题域说"，即马克思的政治经济学批判以现代资本主义为问题域，且只要以现代资本主义的政治经济为研究对象的学说就可以成为政治经济学批判。有学者提出"政治经济学说"[4]，这意味着马克思建立了一门学科，该学科和大卫·李嘉图、斯密等资本主义政治经济学家所建立的学科处于同一维度。也有学者通过对马克思思想发展史的研究，提出了"最

---

[1] Horkheimer M. Critical Theory: Selected Essays [M]. Bloomsbury Academic，1972: 225.

[2] Horkheimer M. Critical Theory: Selected Essays [M]. Bloomsbury Academic，1972: 225.

[3] A. Arato and E. Gephardt，*Essential Frankfurt School Reader*. Bloomsbury Academic，1978:434.

[4] 比如，美国学者罗默使用实证科学的方法来研究马克思的经济理论，见（美）罗默（Roemer, J.E.）著；汪立鑫，张文瑾，周悦敏译.马克思主义经济理论的分析基础[M].上海：上海人民出版社.2007:11.

终发展说"[1]，认为政治经济学批判是马克思研究的最终目的，且马克思思想在政治经济学批判时期达到了顶峰。此外，也有不少学者将政治经济学批判当作马克思的一种批判方法，提出"方法说"[2]，且将这种方法置于马克思历史唯物主义的视域之中。

政治经济学批判是马克思思想星丛中的一颗闪耀的明星，无论是以上哪种认识都不能脱离其思想的生成史。纵观马克思思想的生成，他走向政治经济学批判是其思想发展的必然趋势。从其一生来看，他的思想的形成历经了几次转向，青年时期的马克思是追随着启蒙思想家，批判封建制度。但随着批判的进行，他逐渐意识到这种推翻封建制度的政治解放无法实现全人类的解放，这仅能实现资本主义形式上的解放。于是，只有从根本上推翻现代资本主义制度的思想基础、现实组织才能真正实现人的解放。正是以该认识为前提，马克思才深入至资本主义的内部，进行政治经济学批判。通过对马克思思想史的简要回溯，不可否认政治经济学批判首先必定是指一定的问题域，即他以现代资本主义的商品发展为逻辑起点，研究现代资本主义社会。但是政治经济学批判的内涵又不仅仅局限于问题域。政治经济学批判的确是马克思晚期着重关注领域，但是以此作为马克思主义思想的最高阶段有忽视其早期思想之嫌。它有着更为宏大的旨趣，以更为广阔的研究视域，即与历史唯物主义思想的关系来看，政治经济学批判是历史唯物主义思想的深化。它能够作为"现代社会理论范式"[3]。马克思对于政治经济学批判研究不仅仅是将历史唯物主义运用在现代资本主义中，而是通过这种运用，将揭示出现代资本主义社会的暂时性。无论是阐述历史唯物主义的世界观，还是在这个世界观的指引之下对现存的一切事物进行无情的批判，都是以实现人的解放作为最高目标导向、价值旨趣，一旦丧失这种价值旨趣，马克思的思想"至多也只能达到对单个人和市民社会的直观"[4]正是在历史的解释原则中，"人在自

---

[1] 郗戈.从哲学革命到资本批判——重释马克思哲学革命的历史、逻辑与实质[J].学术月刊，2012，44(08):48-54.
[2] 刘怀玉.基于政治经济学批判的两种现代社会理论[J].天津社会科学，2009(04):13-18.
[3] 刘怀玉.基于政治经济学批判的两种现代社会理论[J].天津社会科学，2009(04):14.
[4] [德]马克思，恩格斯. 马克思恩格斯文集:第一卷[M].北京:人民出版社，2009:502.

己的实践活动及其历史发展中所实现的人对世界的否定性统一关系"[1]可以说，在马克思那里对政治经济学批判的理解无法脱离于历史唯物主义的思想。而霍克海默在吸收政治经济学批判方法之前已经不自觉地认同了马克思的历史唯物主义，正是在这个意义上，霍克海默多次重复批判理论是对马克思的政治经济学批判地继承，他吸收理解了马克思政治经济学的理论范式。

3.生成批判理论的特征

在继承了马克思的政治经济学批判的思维模式后，霍克海默试图建立批判理论。正如一直所强调的那样，批判理论是与传统理论的对比中建立起来的。与具有总体性、绝对性和封闭性的传统理论相比，它具有现实性、开放性和批判性的特征。批判理论的以上特征既来源于马克思的政治经济学批判，也就是说，批判理论在继承了马克思政治经济学批判方法的同时，也承接了它的基本特征；此外，霍克海默在批判传统理论时也赋予了批判理论一些其他内涵，它不是一套陈述或假设，"批判理论没有一个教义性的主旨，今天没有，明天也没有。"[2]而是一种理解社会世界的方式，旨在促进解放行动。在这双重维度下，批判理论具有了以下特征。

批判理论的现实性 "真理的彼岸世界消逝以后，历史的任务就是确立此岸世界的真理"[3]，如马克思一样，霍克海默在批判彼岸世界的形而上学之后，他现在的工作是确定此岸世界的真理。作为此岸世界的真理，批判理论直接面向现实，它"以社会本身为对象"[4]，社会的物质生活过程本身即作为它的终极目标。这样，在它的发展过程中，批判理论通过自我反省，也能意识到了自身的局限性，使它区别于传统理论。其现实性体现在理论具有社会属性。霍克海默就职演说上就指明研究所企图建立的是社会哲学，其"最终目标就是，对并非仅仅作为个体的，而是作为社会共同体成员的人的命运进行哲学阐释。"[5]批判理论的对象是人而非理论、精神等，同时这个人还是处于社会

[1] 孙正聿.历史唯物主义与哲学基本问题——论马克思主义的世界观[J].哲学研究，2010(05):12.

[2] Horkheimer M. Critical Theory: Selected Essays [M]. Bloomsbury Academic，1972: 234.

[3] [德]马克思，恩格斯. 马克思恩格斯文集:第一卷[M].北京:人民出版社，2009:4.

[4] Horkheimer M. Critical Theory: Selected Essays [M]. Bloomsbury Academic，1972: 206.

[5] [德]霍克海默，王凤才.社会哲学的现状与社会研究所的任务[J].马克思主义与现实，2011(05):123-129.

关系中的人而非孤立的人。

批判理论的开放性　批判理论虽然以社会作为研究对象，但是始终无法达到对世界的总体性的认识。其认识程度与当下的具体历史阶段密切相关，这也意味着批判理论不仅具有横向视野还具有纵向视野，既具备整体的社会关系视角又拥有历史发展的眼光。正是因为它既有广度又有深度，其内在逻辑决定了批判理论是开放的，所以批判理论即便没有对未来做任何承诺也具备超越资本主义的倾向。与马克思一样，霍克海默否认将资本主义作为历史发展的永恒与完美。理论的开放性不仅仅是由它的内在逻辑所规定的，还从它跨学科的研究模式中体现出来。在成立之初该理论就含有跨学科的研究诉求。此后，法兰克福学派的成员以批判理论为指导分别从政治经济学、心理学、哲学等学科研究批判理论。波洛克探究国家资本主义的可能性，弗洛姆构建了精神分析的马克思主义，阿多诺以否定性哲学的视角剖析现代资本主义等。当然，这种跨学科的研究模式也是社会哲学内在要求的，因为社会本身就包含了经济学、宗教、法律等等诸多方面。

批判理论的批判性　霍克海默突出批判理论的批判性，除了是对马克思政治经济学批判地继承，"对现存的一切进行无情的批判"[1]，更突出强调对哲学自主性的强调。这使得批判理论与马克思的政治经济学批判的有些许出入，这主要表现在霍克海默对实践的认识和对于无产阶级地位的认识方面。关于实践问题，与马克思一样，他认为理论并不是第一性的，这并不能决定社会历史的发展，永远不是目的，无法担任救世主的功能。但是，他认为理论从属于一个更大的实践当中，即理论是实践的一部分。在历史方面，批判理论的直接对象或内容离不开历史，它是由当代社会斗争、批判理论的"消除社会不公的利益"所决定的，霍克海默还强调，批判理论最基本的概念不会随着每一个新的历史发展而发生根本性的变化。所以有学者认为这种将理论重心从无产阶级转移至哲学的自主性，不能被认为是再哲学化的过程，因为，在这个过程中，并没有改变批判理论的历史唯物主义基础。在无产阶级的认识上，与马克思、卢卡奇不同的是，他不再将无产阶级作为批判理论的实现

---

[1] [德]马克思，恩格斯. 马克思恩格斯全集（第四十七卷）[M].北京:人民出版社，2004:64.

主体。在他看来,无产阶级的眼前利益和整个社会的利益是一致的[1],霍克海默认为与其关注无产阶级,倒不如突出哲学的社会功能。

霍克海默在批判传统理论、构建批判理论后,最终超越了形而上学的思维方式。他不再追问世界的第一性问题,转而关注社会现实的问题;不再将资本主义的理论作为理论出发点,而建构有着马克思主义色彩的批判理论,从而实现了对马克思的致敬。在完成批判理论的建构之后,该理论便成为研究所的理论范式。在他的领导下,众多理论家便以批判理论为研究范式,探寻实现解放人的路径。但是,好景不长,随着第二次世界大战的到来,研究所的研究工作被迫中断,霍克海默探索解放的道路也进入了下一个历程。

第二节 反思启蒙与对马克思的动摇

1931 年,霍克海默在就职演说上正式提出建立批判理论的任务。随后,社会哲学所围绕着该任务展开工作,研究成果主要包括霍克海默的《科学及其危机的考察》《历史与心理学》、格罗斯曼的《马克思的价值价格转换与危机问题》、波洛克的《资本主义的现状和新经济秩序的前景》、洛文塔尔的《文学的社会处境》、弗洛姆的《论分析社会心理学的方法与任务》、阿多诺的《关于音乐的社会状况》以及他关于《黑格尔的本体论和历史理论的基础》的书评等。在这一时期,研究所的工作如火如荼地展开。1933 年 1 月,随着阿道夫·希特勒上台,这些遭到了毁灭性的打击,研究所被关闭,霍克海默等诸位研究人员被解聘。为使得研究工作顺利开展,他几经波折,辗转至美国。在多方努力之下,研究所得以隶属于哥伦比亚大学。由此,霍克海默在美国的研究时期就此开启。

随着第二次世界大战开启、法西斯政权崛起、研究所被迫流亡海外这一系列的事件相继发生,霍克海默研究视角也产生了变化。如果说,20 世纪 30 年代初,霍克海默批判理论还有着浓厚的马克思主义色彩,继承了马克思的

---

[1] Horkheimer M. Critical Theory: Selected Essays [M]. Bloomsbury Academic, 1972: 214.

政治经济学批判的方法，以跨学科的研究方式展开研究，那么随着社会现实发生重大变动，这时该理论完全转向德国纳粹主义，"我们都有一种想法，那就是我们必须打败希特勒和法西斯主义，这使我们大家走到了一起。包括所有的秘书和所有来学院工作的人都觉得我们有使命。这次任务赋予我们忠诚和给予我们归属感。"[1]这是霍克海默在美国时期的秘书阿莉塞·迈尔（Alice Maier）在接受采访时所描述的霍克海默等研究人员的研究视角转变。

虽然研究所经历了重大变故，但是它依然以解放为核心主题。在探寻解放路径的总问题下，研究内容变为追问"为何法西斯主义并没有像预想的那样走向失败？"反而齐其传统不断强化。面对法西斯主义的肆虐，西方民主国家并没有有效的应对措施，"没有做出坚决的抗议或做出大规模努力来提供援助。"[2]"受这些事件的影响，霍克海默的兴趣最终从'革命缺失论'转变为'文明缺失论'。"[3]他试图解释"为什么人类没有进入到一个真正人的人性的状态，而是进入到野蛮的状态"[4]。

随着霍克海默研究的推进，他将问题的核心指向了启蒙。既然启蒙宣称其指向人类进步、具有实现人的解放的意义，那为何在启蒙之下却会出现法西斯主义？"为何不是启蒙？"这是霍克海默对解放这一总问题的反思，是他对于解放探索的逻辑展开。为了解答这个问题，他一直追溯启蒙的发源地——神话，借助奥德修斯回乡的隐喻，揭示启蒙在其原初意义上就不具备实现人的解放含义，认为神话已经是启蒙，而启蒙退回至神话。于是，其破除对启蒙的迷信，认为启蒙无法实现解放。显然，在他理解下，启蒙原本蕴含的张力逐渐消失。他忽视启蒙带来的进步意义，认为其成为加深人类苦难的根源。权力与理性的启蒙逻辑也完全成为思辨逻辑，在这个意义上，霍克海默动摇了他原本的马克思立场。

---

[1] Jay M. The Dialectical Imagination: A History of the Frankfurt School and the Institute of Social Research，1923-1950 [M]. Heinemann Educational Books，1973: 143.

[2] Wiggershaus R，Robertson M. The Frankfurt School: Its History，Theories，and Political Significance [M]. MIT Press，1994: 310.

[3] Ibid.，310.

[4] Horkheimer M，Adorno T W, Noeri G. Dialectic of Enlightenment [M]. Stanford University Press，2002: XIV.

一、直面启蒙的假象

常规理解启蒙似乎在诞生之初就具有进步的意义,"在其最宽泛意义上,启蒙作为一个进步思想:旨在摆脱恐惧、实现自主。"[1]它借助科学知识能够实现科学进步、社会发展和个人道德水平提高。但是,霍克海默、阿多诺[2]指出启蒙在其原初的意义上就无法实现启蒙。它在科学、社会、道德等方面的进步意义只不过是其假象。实际上,启蒙是一种神话,原初就与权力内在勾连。在发现该假象后,霍克海默才能够以此为契机,追问启蒙为何无法实现解放。

(一)描述启蒙缔造的假象

启蒙在诞生之初似乎就天然具有进步的意义。这个时代意味着科学进步、社会发展、智力提升。此时,新科学在解释自然世界方面取得的巨大成功。伴随着它的兴起和发展,力求实现思想解放的运动也在历史上涌现。这促使哲学从神学侍女发展成为一支具有挑战旧权威的独立力量。启蒙的核心是对知识进步的渴望,以及这种进步带来的人类社会和个人生活的改善。

按照启蒙哲学家达朗贝尔的理解,启蒙可以被追溯至16、17世纪的科学革命。科学通过观察、描述现象,进而归纳观察到的现象,得出一般规律,最终得以认识自然。培根即为该时代的启蒙哲学家。在他的"知识就是力量"这一口号的推动下,科学力求追问知识的确定性,以求达到对自然的把握与认识。这一口号代表了现代西方哲学最为乐观的想法,即启蒙全然为进步意义。

随着被科学唤醒的启蒙思想日臻成熟,该思想直接促成了社会变革。于是,它通常与社会运动联系在一起。也正是在这个意义上,启蒙被某些思想

---

[1] Horkheimer M,Adorno T W, Noeri G. Dialectic of Enlightenment [M]. Stanford University Press, 2002: 1.

[2] 霍克海默主要是在《启蒙辩证法》中反思启蒙,这本著作是由霍克海默、阿多诺共同完成的。本研究认为既然《启蒙辩证法》由霍克海默与阿多诺合著而成,那么霍克海默也认可阿多诺所著部分。本研究的着眼点在于霍克海默批判理论中的解放主旨,故而霍克海默与阿多诺思想的异质性不在本研究的阐述之列。

家理解为反社会的概念。在社会变革中，传统的政权诸如君主制、教会、贵族特权被一一扫除。同时，在启蒙思想指导下的革命家企图建立以理性为指导的新秩序，并确立自由平等的启蒙思想。

除了是由科学引发的政治运动外，对于思想家来说，启蒙更是思想、精神的发展过程。康德对于"什么是启蒙？"有一个经典的解释，他认为"启蒙运动就是人类脱离自己所加之于自己的不成熟状态，不成熟状态就是不经别人的引导，就对运用自己的理智无能为力。"[1]康德的这个表述也是众多哲学家的诉求，即通过启蒙开启人运用自己的理智进行思考的新历程。在这个时代的哲学家们往往对人的理智抱有极大的信心，并强烈摒弃压迫人的理智力量。在他们来，启蒙的过程即通过唤醒自己的智慧力量而逐渐成为思想和行动的自导者，最终促成人类更好、更充实的生存。

在启蒙哲学家视野中的启蒙特指某一特殊的历史阶段。在该阶段，启蒙带来了科学进步、社会发展、思想水平的提高。总之，它意味着人生存状态改善，具有明显的进步意义。

（二）揭秘启蒙的逻辑

不过，在霍克海默、阿多诺那里，启蒙既不特指某一具体的历史阶段，又不天然地具有进步意义。在他们看来"启蒙作为一个进步思想：旨在摆脱恐惧、实现自主。"[2]也就是说，自神话以来的整个人类历史都可以被看作是启蒙史，因为整个人类史都是摆脱恐惧，实现自主的历史。但是，他们又指出"完全启蒙了的世界显露出趾高气扬的灾难迹象。"[3]当世界尚未被完全启蒙时，启蒙呈现出进步的意义，能够实现科学进步、社会发展、个人道德水平的提高。然而，完全启蒙了的世界却走向其反面，呈现出灾难迹象。启蒙与权力的内在勾结并没有消解，反而更加强化，且以更为隐蔽的形式出现。基于对启蒙与权力之间关系的研究，霍克海默、阿多诺指出旨在祛除神话、

---

[1] [德]康德著;何兆武译.历史理性批判文集[M].北京:商务印书馆.1990:22.

[2] Horkheimer M，Adorno T W, Noeri G. Dialectic of Enlightenment [M]. Stanford University Press， 2002: 1.

[3] Horkheimer M，Adorno T W, Noeri G. Dialectic of Enlightenment [M]. Stanford University Press， 2002: 1.

用知识代替幻想的启蒙最终却走向了它的反面，即不仅未能摆脱神话的逻辑，反而自己变成了神话。

霍克海默、阿多诺指出，自传统意义上的启蒙诞生以来，也就是培根提出"知识就是力量"的论断以来，启蒙就与权力密不可分。在培根那里，力量不仅指人对自然的统治关系，还包含着人与人之间的权力关系。在人与自然的关系上，个人通过诉诸知识，实现知识与自然的完美匹配。自然完全处于知识的掌控之下，而人又能够掌握知识从而人不再畏惧自然。最终，人借助知识实现对自然的统治。人与自然间关系的背后也包含着人与人的关系。在后者的关系中，由于知识能够被所有人掌握，所以作为中间环节的知识能够连接人与人之间的关系。在培根那个时代，知识既不代表王权，也不无财富之意，这意味着以知识为代表的启蒙未能完全掌握世界。在彼时，借助于作为完全中立存在的知识，每个人可以凭靠知识实现人与人之间平等的关系，从而推翻了旧贵族等级式的统治逻辑，即那时启蒙是反王权、反贵族的。权力关系在人与自然、人与人的双重维度上得以展开。在人与自然的关系上，每个人可以经由知识，成为自然的主人；在人与人的关系上，每个人都能够以知识为中介，建立人与人之间的平等关系，反对既有的强权关系。因而，启蒙本身就与权力脱离不了关系，在其中天然具有权力维度。

到了现代，启蒙中蕴含的权力关系并未消失。不过，时代发生了重大变化，那个尚未被完全启蒙的时代已经消失。启蒙的对象不再是特权式的贵族关系，而是现代民主关系。正是在现代民主关系下，每个人似乎都能够掌握知识背后的技术，以此为工具，实现人与人之间的平等，从而反对现有的民主关系。至此，知识依旧是权力的中间环节，只不过知识以技术的形式表现出来，作为工具存在，这意味着知识不再以追求真理为目的，它依旧能够中介人与自然、人与人之间的权力关系。恰恰是沦为工具的知识使得其背后的理性丧失自我反思维度，启蒙理性本身变成工具理性。无论是传统意义上还是现代意义上的启蒙，两者并无本质区别，双方都天然地和权力发生关系，只不过现代意义上的启蒙有了更为绝对的表达形式——工具理性。

在揭示启蒙与权力密不可分的前提之后，霍克海默、阿多诺提出了《启蒙辩证法》中最为经典的表述——启蒙没有摆脱神话[1]，神话已经是启蒙。之所以说启蒙没有摆脱神话，是因为启蒙与神话的逻辑内在一致，两者都是权力的逻辑。在奥林匹斯诸神的时代，每个神掌管着不同的领域。"宙斯掌控着宇宙，阿波罗控制着太阳；赫利俄斯和厄俄斯已经成为一种寓言。"[2]神也无法以整个世界为对象，他们所面对的仅为对象世界的部分，掌管着部分权力。在该逻辑中，启蒙是为了消除对外部世界的恐惧。于是，人以权力为中介来认识自然，并将认识到的自然作为全部，从而消除对于自然的畏惧。然而，事实是必定处于自然之中的人只能认识到与其相关的部分自然，而无法认识到全部自然。启蒙以祛除恐惧为其指向，这意味着在启蒙中的人只能与其对象世界发生关系。所以，启蒙与神话有着同样的逻辑。世界之为世界被彻底否定。这时，相对于对象来说世界是对象的世界，相对于主体来说世界是作为掌控出现的对象世界，主体作为主体的内在丰富性被彻底祛除。在这个含义上启蒙没有摆脱神话的逻辑。实际上，神话也已经是启蒙。在神话时代，人要与神话产生联系——试图解释神话。为此，只有一种方式，即重复，重复本身意味着没有例外状况出现。人对神话的重复解释既是对神话的无条件地承认，又是对任何其他可能性的彻底排除，这恰恰是支撑着启蒙的逻辑——齐一性的逻辑。为了使得该逻辑能够存在，社会强制力就被借助来支撑、维护这个齐一的世界。基于该认识，霍克海默、阿多诺能够初步解释法西斯主义的出现，后者便是齐一逻辑的极限表达。

以上是从人与人之间的权力关系上解释启蒙走向了其反面，成为神话。此外，在人与自然的关系上，启蒙也无法扭转这一命运。启蒙以祛魅为其目标，意味着人企图对整个自然进行解释。实际上，人必定生活在自然之中，无法完全地认识自然，即人在对自然的否定中不断地认识自然。他只能认识到人所掌握的东西，无法全然认识自然。因此，在人与自然的关系上，启蒙没有办法克服其自身的缺陷。总之，无论是在人与人的关系之维，还是在人与自然的关系之维，启蒙都将必然走向扭曲。

---

[1] 在《启蒙辩证法》中，神话特指奥林匹斯神话。

[2] Horkheimer M，Adorno T W, Noeri G. Dialectic of Enlightenment [M]. Stanford University Press， 2002: 5.

二、揭开启蒙的真面目——对启蒙的抽象研究

在启蒙内含权力的解释路径下，霍克海默、阿多诺揭示了启蒙的逻辑——启蒙跌入神话，神话已经是启蒙。在揭示了启蒙的抽象逻辑后，他们深入至启蒙发展史中，深化该逻辑，发现启蒙在其历史发展全过程中都蕴含了权力的逻辑。在权力逻辑的布展中，内含于启蒙之中的能够实现解放的维度——有规定的否定——被彻底消解，最终启蒙理性沦为工具理性。除却从历史视角来呈现启蒙的真实面目外，霍克海默、阿多诺尤其对现代的理性——自我保存理性——进行深入研究，借此从另一角度展现启蒙的真实面目。

（一）追踪启蒙的历史演变

在霍克海默、阿多诺的视野中，他们将思想史和语言史作为逻辑支撑，由此展开启蒙人类史的双重路径。从神话到哲学再到科学的思想史与分别呈现为图像和符号的语言史密不可分。呈现为图像的语言在思想史中以艺术的面目出现，并从思想史中消失，而呈现为符号的语言则指向了神话到哲学再到科学的这一支。在追踪启蒙历史的这个层次，霍克海默、阿多诺既要解释图像语言以及与此相关的艺术为何消失，只留下了符号语言的一支；又要解释在仅存的从神话到哲学再到科学的启蒙史中何以内含启蒙的逻辑。

在远古宗教、巫术的时代，人企图与世界发生关系。这时，一共有两条途径。一种是人承认世界的"超力"（mana）[1]，这意味着人须承认自己的无知。因为，在这种直接表明在人与世界的关系中，人没有办法真正与世界发生相互关系，人只能单方面地展开对于对象世界的描述，这种汇报的方式在语言史中表现为图像，后来以艺术的形式发展。另一条是强行解释的方式，这是人试图摆脱恐惧的方式。也即，人为了和世界发生关系，即使人无力解释世界，他们又必须按照某种方式，使得不理解成为可理解，这个解释的方式是重复。在不断地重复之下，人逐渐摆脱恐惧。而这个过程在语言史中呈现为符号语言，哲学与科学就在符号语言下发展。

---

[1] Horkheimer M，Adorno T W, Noeri G. Dialectic of Enlightenment [M]. Stanford University Press， 2002: 10.

虽然从巫术发展来的语言史延伸出两条线索，但是符号语言的维度却被阻断。一方面是因为符号语言的表现形式——艺术——被认为是无用的，另一方面，在人类历史中艺术近乎全然空场。在历史上，艺术的维度被剔除出去有一个具体的表现：柏拉图驱逐游吟诗人。这个事件恰好处于从神话走向哲学的过程中，柏拉图认为诗歌无益于这个世界；哲学则是有用的，它可以认识世界、解释世界。哲学与艺术分别代表着不同的领域，代表着艺术的领域被认为是无用的，它以承认未知方式展开对于自然的认识意味着它无法干预这个世界。祛魅世界的哲学将消解世界可能存在的未知，被认定为是有用的。

至此，未能守护住图像之维的语言史，仅剩符号之维。在符号语言延伸出的"从神话到哲学再到科学"的历程中，其中每一环节未摆脱启蒙的逻辑。启蒙依然是在诞生之初就与权力内在勾结，随着启蒙的推进，即从神话到哲学再到科学的发展过程中，理性与权力内在勾结的关系并没有消失。理性诞生之初赋予权力以普遍性，即每个人都可以平等地使用权力。但是，权力天然具有排他性，于是，与权力连结在一起的理性必须将自身规定为绝对。于是，理性与权力之间的张力既改变权力，使得权力变为强权；又改变了理性，理性无法守护自我反思的维度。在神话的环节，霍克海默、阿多诺提出祭司通过模仿的方式解释自然，由此人与自然得以建立联系。其中与祭司一同诞生的还有一个"特定的社会机构"[1]，它的指责是追究"破坏象征的人"[2]的责任。在这个过程中，祭司的解释方式实际上是符合该机构的诉求的。这时，服从者既绝对敬畏由祭司解释的自然，又绝对服从统治者。随着人类文明的展开，权力本身具有了普遍性。权力不再被表达为少数的强权者对其他的社会成员的规定，而是社会共同体对于内在与社会成员的规定。于是，生活在社会中每个人似乎都无法逃避权力的制约，权力具有普遍性的维度。而在社会中发展起来的哲学与科学便是对权力普遍性的守护。哲学实际上是人造的普遍概念。这个普遍性来自社会中人与人之间的交往。而这人与人的关系背

---

[1] Horkheimer M，Adorno T W, Noeri G. Dialectic of Enlightenment [M]. Stanford University Press， 2002: 15.

[2] Horkheimer M，Adorno T W, Noeri G. Dialectic of Enlightenment [M]. Stanford University Press， 2002: 15.

后实际上是权力关系，表达的是当下的社会生活的实质——具有排他性质的权力。相对哲学对于普遍性的权力较为直接的表达，科学表达权力的方式更为隐蔽，科学讲述的是关于事实的逻辑，表现出的似乎是完全中立的逻辑，并将讲述科学的语言当作唯一真实的语言。于是，科学语言以表面中立的方式获得了彻底的普遍性。最终，在历史发展过程中，从神话到科学再到哲学的发展之中，由于理性与权力内在勾连，理性内含对于绝对性的追求，理性的自反性维度逐渐消失。

沦为工具理性的启蒙理性　在霍克海默和阿多诺理解的启蒙中，启蒙自始至终就没有摆脱既定的权力的制约，权力作为绝对性的要求，意味着在权力逻辑之下的理性只能是绝对的。这违背了启蒙的原本诉求。霍克海默、阿多诺援引斯宾诺莎的解释：原初意义上的启蒙意味着人只能保持一种唯名论的立场，即人只能为万物命名，并永远无法实现对万物的解释。人不是全知全能的，其理性是有限的。显然，原始含义上的启蒙与蕴含权力关系的启蒙是异质的。在原始含义的启蒙中，为了达到启蒙，它内含有规定的否定。在有规定的否定的支撑之下，人对于世界的解释仅被认为是人的认识，不再具有普世含义。这样，借助有规定的否定可以将经典解释的局限性清晰地展现出来，从而后来的解释可以实现对原有解释的超越。这个不断超越的过程也就是不断否定的过程，未来也就不是给定的，而具备了敞开性维度。

但是，现代启蒙理性无法实现有规定的否定的道路。除了理性必定与权力联结的这个原因外，即权力逻辑下不允许现有的普理性被否定。还有一个原因是现代启蒙理性把数学当作知识的模版，并建构起知识。尤其是在近代理性主义中，这种特征更为显著。理性主义的对象都是建构出来的、人造的，它通过将世界数学化从而建构起数学化的世界，凭借着经过数学加工的知识去认识世界，并成为世界的主人。这时，思想本身被物化，"理性成为制造所有其他工具的通用工具"[1]，丧失了自我反思性维度的思想仅仅能够成为纯粹的工具。在现代工具理性的认识下，表面上现代理性呈现的是人的主体与客体之间的关系，但是，人所面对的是由人建构起来的世界，实际上人无法

---

[1] Horkheimer M，Adorno T W，Noeri G. Dialectic of Enlightenment [M]. Stanford University Press，2002: 25.

在人与世界的关系中成为人认识世界的主体。显然，现代理性是无法实现启蒙理性的原初要求——有规定的否定。

揭示现代启蒙的实质——自我保存理性 在现代资本主义社会，与权力内在关联的启蒙实质上是一种自我保存理性。启蒙的首要前提就是反神话，这意味着不再以超验的神灵为根据，而是以自我为根据。为了能够实现解释、消除对于世界的恐惧，这样的自我必定是先验的，诉诸外在的先验理性，这必将导致自我异化。因为理性转变为对既定的世界的把握，而非对真理的追求。在这种状况下，社会被划分为规定先验理性的一方和接受施加理性的一方。在规定者的一方，理性退化为维护既定的社会秩序的工具。被规定的一方接受社会提供的齐一的感性，丧失了个体性成为可以被加工的质料。自我保存理性带来的是对个体性的消解，是对自我的泯灭。霍克海默、阿多诺将这种丧失了有规定的否定维度的现代启蒙理性认定为自我保存理性。同时，这种自我保存理性强制地加之于每个个体。在现代资本主义社会中，现代社会商品的物的关系成为世界的普遍关系。在现代社会中生存的每一个个人要想生存，就必须进入到商品所保存的世界之中。在现代资本主义的商品规则之下，看似人都具有自由选择的权力，实际上人只能选择从事哪项工作，该选择是强制的，无法拒绝的。于是，无论是对象还是人都被转换为商品，都意味着人被置于强制的力量之中。

（二）深入启蒙欺骗的具体表达——剖析文化工业

霍克海默、阿多诺揭示启蒙自诞生以来就与权力内在勾结。在垄断资本主义时期，理性丧失有规定的否定，仅作为维护现存统治工具。在完成对启蒙概念的深刻剖析后，霍克海默、阿多诺深入至垄断资本主义时期的特有表达——文化工业，揭示在文化工业之中，启蒙的权力与理性表达为对齐一逻辑的规定。文化工业本身从生产与消费这双重维度强化该齐一逻辑。通过对文化工业的剖析，霍克海默、阿多诺揭示出文化工业的这种齐一逻辑实际上是资本主义意识形态的体现。

表达齐一逻辑的文化工业 霍克海默、阿多诺选择文化工业作为现代启蒙逻辑的具体表达是因为文化工业是垄断资本主义阶段才出现，这能够作为现代启蒙逻辑的最新表达。只有在各类产业相对完善的垄断资本主义时期，文化工业才得以出场，"最大的广播公司对电力工业的依赖，或电影对银行的依赖"[1]，都体现文化工业对其他产业有着较强的依赖性。这也解释文化工业为何首先出现在美国，而非其他国家。因为率先进入垄断资本主义时期的美国各行业之间形成了紧密的联系，为二十世纪的四五十年代兴起文化工业创造了条件。此外，霍克海默、阿多诺拒绝将文化工业指称为大众文化抑或其他。因为，在这个时代的文化变为一个概念，以工业的形式出现，文化工业只是生产商品，该产品将会带来利润。如果将文化工业指称为大众文化将会制造文化由大众产生的假象，这将掩盖其工业本质。

处于垄断资本主义时期的文化工业表现为追求齐一化逻辑。一方面，这是垄断资本主义赋予的。垄断资本主义的齐一化逻辑要求是启蒙理性发展至垄断资本主义时期的必然结果。启蒙在归根结底的意义上是为了祛除对自然的恐惧，但是生活于自然之中的个人无法真正实现对自然的全知。于是，权力缔造了一个先验的全知全能的存在即知识，以便达到祛魅的目的。那么，为了实现对畏惧的祛除人也就必然认同由权力缔造出来的理性。到了垄断资本主义时期，进入垄断资本主义时期的启蒙理性早已丧失有规定的否定之维，彻底沦为工具理性。该理性是为了维护垄断资本主义统治的工具。作为产生于垄断资本主义之中的文化工业恰恰是该工具的具象化。垄断资本主义的形态要求生活于其中的每一个人都是单调的、齐一的，这样才能维护其统治。作为垄断资本主义统治工具的文化工业必然表现为对齐一逻辑的强化。另一方面，作为商品而存在的文化产品天然需要齐一逻辑的。商品处于供给关系之中，必然具有批量生产的需求。文化产品也不例外，供给与需求被认为是文化产品唯一的需要。为了实现批量生产的需求，现代科技是其可依赖的手段。技术合理性将会带来统治的合理性，也即社会中掌握科学、资本的人对其他人的规定。同时，这种齐一化的逻辑是社会系统对生存于其中的每一个人的规定，是个人无法摆脱的。因为社会权力普照生活在社会中的每个人，脱离了社会的人无法存在，人必然寄居于社会的统治之下。于是，文化工业

---

[1] Horkheimer M，Adorno T W, Noeri G. Dialectic of Enlightenment [M]. Stanford University Press，2002: 96.

对齐一逻辑的规定是个人无法抵抗的，是启蒙逻辑在垄断资本主义时期的必然结果。

解释齐一逻辑的强化机制　虽然文化工业天然是对齐一逻辑的表达，但是不可否认，表面上看，文化产业似乎不但能够满足该产业中资本的需要，即通过出售文化产品获得利润；而且能够满足整个社会的需要，为社会提供文化产品、丰富人的精神生活。实际上，文化工业有着较强的迷惑性，它非但无法丰富人的精神生活，反而使得处于文化工业中的人受制于齐一逻辑并不自觉地强化该逻辑。之所以会造成这种假象，是因为文化工业的内在机制有着很强的欺骗性。文化工业无论是在生产之维还是在消费之维，都用诸多欺骗机制强化该齐一逻辑。

在生产之维，文化工业剥夺了消费者多样的感性直观，以图示化和风格化的方式强化齐一逻辑。在这里，霍克海默、阿多诺借用康德的理论表达了一种原初的认识关系，即人永远无法达到对于对象的全部认识，人的思维与认识对象之间存在一个桥梁——想象力是支撑桥梁的基础——借助这个桥梁能够"将感官经验和具体范畴联系起来"[1]。于是，在该认识过程中，主体能够与具体范畴的对接。同时，在想象力的支撑之下，主体产生复杂的感性杂多。显然，这种结果与文化工业的齐一化逻辑相悖。于是，文化工业产生了一个新的图式，这便是文化工业欺骗机制之一。该机制直接取代主体的功能，也就是，本应由主体产生的感性杂多被图示机制取代。在图示机制中，复杂的感性杂多已被加工、整理，于是，感性杂多便符合齐一逻辑。这时，为了使得该齐一的逻辑能够被人接受，其中包含着诸多细节，这便是文化工业的欺骗机制之二。细节是事先规定的，"总是为图示服务"[2]。增添诸多细节的内容更加具有真实性，更容易被人接受，而该工作由专家承担。专家负责将细节放置于恰当的环节。最终，在提供图示和增添细节的双重欺骗机制下，文化工业创造出了仿真的内容。

最终，文化工业实现了对于齐一逻辑的强化。在该逻辑下，现实的生活

---

[1] Horkheimer M，Adorno T W, Noeri G. Dialectic of Enlightenment [M]. Stanford University Press， 2002: 98.

[2] Horkheimer M，Adorno T W, Noeri G. Dialectic of Enlightenment [M]. Stanford University Press， 2002: 98.

丧失其本源性的地位。并非文化来源于生活，而是现实的生活是对屏幕生活的映现。但是后者终究不是现实生活，是经过删减、变形的生活。于是，在文化工业映现下的真实生活也变成是被删减的。同时，在文化工业中，主体将不复存在，人的想象力与思考力被彻底阻断，他们仅接受被文化工业加工后的屏幕。于是，生活在垄断资本主义时期的人连闲暇时光也是被置于文化工业的齐一逻辑之下。

在消费之维，文化工业消解了传统文化分属于统治阶级和被统治阶级的严肃艺术和作为消遣的艺术，瓦解了统治阶级和被统治阶级的对立，使艺术沦为纯粹的娱乐。在传统文化中存在两种艺术，一种是以艺术本身为追求、以自由为原则的严肃艺术（简称为艺术）；一种是对原则性和艺术性瓦解的、作为消遣的艺术（简称为消遣）。在传统社会中，艺术与消遣是天然对立的。艺术只与特权阶层发生关系，是统治阶级特有的。在这时，艺术与市场的关系是尚未被真正打开的，那么在艺术创作家那里有着表面上的自律、自由，他们不受制于任何外在的要求，以创造与"与物质世界相对立的自由领域"[1]为信条，处于物质世界底层阶级便被驱逐出艺术的领域。底层阶级也排斥艺术，因为对他们来说将自己从繁重的劳动中抽离出来才是他们的诉求。底层阶级也产生了属于他们的消遣艺术。正是有艺术与消遣之间的绝对对立，才"表达了文化的两个领域中文化的否定性"[2]，才表达了统治阶级与底层阶级之间的对立，一方是权力的化身，另一方是劳动的承担者。这种对立永远同时存在，无法消解。

文化工业借用传统文化中的艺术与消遣，将两者融合成娱乐。文化工业中的娱乐既没有对艺术的追求，也没有使人从劳动中抽离出来，实际上是没有任何真实作用。在文化工业中，娱乐不具备艺术的功能。当在剧院欣赏戏剧时，人可以凭借自己想象力，从而保留住人的梦想。但是，在电影中看到的生活必定是被过滤的。在文化工业机制下，人将这种被过滤的生活就被看作是真实的生活，而真正生活即是对被认为是真的、被过滤后的生活的复制。

[1] Horkheimer M，Adorno T W, Noeri G. Dialectic of Enlightenment [M]. Stanford University Press， 2002: 107.

[2] Horkheimer M，Adorno T W, Noeri G. Dialectic of Enlightenment [M]. Stanford University Press， 2002: 108.

同时，娱乐也无法将人从劳动中抽离出来。在娱乐中，人实际上仍然处于高度集中的状态，因为在文化工业的产品中已经事先植入了诸多欺骗机制。人需要对事先设置好的信号作出反应，在该模式下，人没有得到任何的闲暇。这依旧是对齐一逻辑下先验规定的反应。这时，文化工业对于其消费者来说是没有任何意义的，无论是艺术的想象力的功能，还是消遣的抽离的功能，文化工业都没有办法实现。文化工业借用传统文化中的艺术与消遣，使得齐一逻辑的表达更加具有迷惑性，这时人们感觉不到被操纵，但是又实际上被操纵。文化工业以娱乐的形式消解艺术与消遣的边界，这造成的直接结果是统治阶级与被统治阶级之间的界限消失。在文化工业中，每个人都被赋予强者视角，以强者的姿态审视、嘲弄屏幕中的弱者。

指认作为意识形态的文化工业　在霍克海默、阿多诺看来，作为对生活复制的文化工业最终将会发展成为意识形态。意识形态的内容是对生活的复制。人之于生活的主体地位已经丧失，在被文化工业复制后的生活中，人仅仅是生活的客体。作为客体的人与人之间的特殊性已不再重要，人类不再是各自不同而又能够相互理解的个体。这时，人只是人类中的任何一个样品，人在类中没有任何的真实性。在文化工业之中，接受这种被复制的生活的人成为被意识形态纯粹的对象。于是，被复制后的生活实现了对所有人的统摄，生活加之于每个人的内容便是绝对命令。

文化工业通过多种方式强化对于生活的复制。福利国家和借用悲剧艺术是其强化方式的两个典型的例子。福利国家是在垄断资本主义时期由统治者打造出来的一个极具欺骗性的形象。在福利国家体制内，国家提供给每个人以自由安全的保障，使得福利国家制度下的人都能够有尊严地生活，这时，仿佛是国家赋予了人生存的权力。实际上，人之所以能够生存在于劳动，而非任何其他因素。福利国家所反映的恰好是统治阶级的意识形态，如果人想要获得生存下去的权利，那么他就必须认同福利国家这个体制，如果不认同这样一个体制，人将会被排除在外。但是，在垄断资本主义时期，人没有选择是否进入福利国家的权力，一旦脱离福利，个人必然会走向灭亡；一旦进入福利，个人必然进入意识形态的统治。也就是说，意识形态对人的统摄是必然的、全面的。对悲剧艺术的借用是强化对生活复制的另一个典型例子。

借用悲剧达到两个目的，一方面借用悲剧使得复制生活更具有真实性。真实的生活中难免有悲剧存在，最终达到对真实生活的完美复制。另一方面，悲剧被进行了一个"无害化的处理"[1]。在严肃的艺术中，人在面对悲剧时会产生反抗思想，会企图消除悲剧的命运。但是，文化工业会彻底消除悲剧中的反抗精神，它告诉人们生活本身就是充满悲剧的。同时，这样一个悲剧同时也是无法被超越的，具有悲剧的生活是合理的。于是，处于文化工业中的人得以逃避。他们逃避的不再是悲惨的现实，而是"逃避最后一丝反抗的念头"[2]，逃避改变命运的责任。通过强化对生活的复制，被复制后的生活具有迷惑人的性质，这使人认为这种被复制的生活为真。被复制后的生活成为加之于人之上的绝对命令。

文化工业通过复制生活的机制使其具有意识形态的功能。同时，这种意识形态的功能是文化工业性质的必然要求。当文化产品还是商品时，起作用的是欺骗机制，在这些文化工业背后是预先设计好的，反映的是齐一化的逻辑。随着文化工业变为免费，文化工业将意识形态不仅仅加之于购买文化产品的人，还会加之于社会中的每个人。这时，虽然文化工业不再以商品形式出现，但是文化产品的意识形态功能并没有改变。当电视出现时，收音机节目变为免费的。这时，从收音机中播放节目永恒常在，似乎是中立的、客观的。这时，收音机播放的内容本身已经不再重要了，这个形式本身就已经是一种意识形态的统治。当文化工业进入免费阶段时，它必然将会和广告合流。因为从技术上看来，文化工业和广告是同一个逻辑，文化工业的机制就是对于原本生活的复制，广告也是对现实产品的复制、传达。文化产品将会成为广告，它将会包含三个方面的内容。其一，文化工业将会给自己做广告，这是毋庸置疑的，广告本身就是从文化工业中抽离出来的部分逻辑；其二，文化工业还会为其他产业做广告，其他产业处于被复制后的生活之上的产业，为各行各业做广告也即为复制后的生活做广告、为文化工业本身做广告；其三，文化工业更会为支撑着现行秩序的权力做广告，想要进行这样一个生活

---

[1] Horkheimer M，Adorno T W, Noeri G. Dialectic of Enlightenment [M]. Stanford University Press，2002: 122.

[2] Horkheimer M，Adorno T W, Noeri G. Dialectic of Enlightenment [M]. Stanford University Press，2002: 116.

——是被复制后被认为是真的生活——生活就必须有权力的支撑。最终，文化工业彻底成为政治宣传的工具，成为意识形态。

第三节　"启蒙辩证法"的动摇及其局限性

在遭遇法西斯主义、世界大战等事件后，霍克海默将问题的根源指向启蒙，他们开始怀疑启蒙是否能够作为实现解放的方式。通过揭露启蒙的假象、揭秘启蒙的逻辑、追踪启蒙的演变，霍克海默、阿多诺呈现了一条与启蒙哲学家相左的启蒙道路，即他们认为走向神话的启蒙无法作为解放道路。无疑，他们的这种解释是对启蒙哲学的颠覆。

这个颠覆以往启蒙哲学的《启蒙辩证法》自其出版以来便饱受争议。同属于法兰克福学派的哈贝马斯尖锐地批判了《启蒙辩证法》。他认为霍克海默、阿多诺对于启蒙的理解方式，使得理性完全变为工具理性，"总体性的批判失去其方向"[1]，也即霍克海默、阿多诺在批判工具理性的同时，却将可作为规范基础的价值理性也驱逐出去，最终，启蒙理性彻底失去方向。在那之后，学界对于《启蒙辩证法》的研究大多在哈贝马斯对霍克海默的批判的语境中进行。基于不同的视角，学者或认同哈贝马斯的批判，或试图为《启蒙辩证法》作出辩解。霍耐特基本认同哈贝马斯的看法。此外，他认为霍克海默、阿多诺通过对于古代巫术的分析建构起一个人类历史发展的系统，在那之后，霍克海默、阿多诺的工具理性批判、文化工业批判都是对先前建构出来的系统的不断论证。[2]在吸收哈贝马斯对霍克海默、阿多诺批判的基础上，有些学者或将霍克海默的启蒙辩证法理解为一种文化批判[3]，或将启蒙辩证法理解为一种机械的唯物主义的批判[4]。当然，也不乏与哈贝马斯相左的意见存

---

[1] Habermas J，Levin T Y. The entwinement of myth and enlightenment: Re-reading dialectic of enlightenment [J]. New German Critique，1982，(26): 28.

[2] Honneth A，Baynes K. The Critique of Power: Reflective Stages in a Critical Social Theory [M]. MIT Press，1991. 39-43.

[3] 衣俊卿. 西方马克思主义概论[M]. 北京: 北京大学出版社. 2019:133.

[4] 王晓升. 对自然的恐惧与人类的厄运——《启蒙辩证法》的历史哲学观批判[J]. 哲学动态，2020(07):30.

在。或认为哈贝马斯对《启蒙辩证法》的批判是一种矫枉过正，他忽视了《启蒙辩证法》中所蕴含的权力与理性的关系，使得启蒙辩证法陷入僵局[1]；或指出哈贝马斯仅关注自我保存理性而没有对整个第一章的内容有整体性的理解[2]。这些意见普遍认为哈贝马斯有曲解《启蒙辩证法》思想的嫌疑。显然，持该立场的学者普遍以霍克海默、阿多诺的视角来反驳哈贝马斯。也有学者意识到，在上述非此即彼逻辑下，哈贝马斯与霍克海默、阿多诺的《启蒙辩证法》之争最后演变为立场之争。他们试图通过对双方观点的研究抛弃立场之争，从而认为两者分别处于不同的解释框架下，不可以一概之，[3]认为霍克海默、阿多诺的目的是对现代启蒙理性进行反思，而哈贝马斯则试图为理性寻找一个规范基础[4]，从而实现了对这一问题的消解。即便哈贝马斯对《启蒙辩证法》的批判无法成立，但是无法否认在霍克海默、阿多诺消解权力与理性的张力之后，他们反思启蒙的解放逻辑展开存在狭隘启蒙理性之嫌。《启蒙辩证法》的确在垄断资本主义一历史时期反思启蒙作为实现解放路径的合法性。在霍克海默、阿多诺的《启蒙辩证法》中，启蒙的逻辑原本是一个具有张力的结构。但是，他们却将原本所具有的张力消解。这时，启蒙的逻辑仅剩权力与理性的思辨逻辑，该逻辑便成为霍克海默原先所批判的传统理论的思维方式，即形而上学的思维方式。同时，这种陷入权力与理性逻辑的有关启蒙的辩证法，主张理性必然受制于权力，理性走向其反面成为一种非理性，这种理性被从根本上否定了，那么，诉诸非理性的启蒙自然也就不包含进步的意义。正是在再次陷入形而上学的启蒙与反进步的启蒙这双重维度上，霍克海默动摇了他原本所持有的马克思主义的立场。

一、否定启蒙的进步意义

霍克海默退回至形而上学的维度诉说权力与理性的逻辑。在这里，他认

---

[1] Allen A. Reason，power and history [J]. Thesis Eleven，2014，120(1): 10-25: 12.

[2] Zuiservaart L. Social Philosophy After Adorno [M]. Cambridge University Press，2007: 113.

[3] 傅永军. 理性缺位的总体性批判——论哈贝马斯对《启蒙辩证法》的批评[J]. 山东大学学报(哲学社会科学版)，2006(06)：36.

[4] 谢永康. 启蒙辩证法与理性批判的潜能[J]. 中国社会科学，2016(07)：84.

为受制于权力的理性实质上是一种工具理性，以实现统治的合理性为目标，呈现为一种绝对性的理性。于是，在这个意义上，霍克海默机械地否定了启蒙，在批判启蒙理性时，将启蒙的积极意义一道否定了。

霍克海默之所以认为启蒙是人类苦难的根源，是基于权力与理性的思辨逻辑。在该逻辑下，霍克海默、阿多诺从三重维度确证了理性的绝对性。其一，在"祛除恐惧"启蒙下的理性本身就蕴含了绝对性的内涵。为了实现对自然的祛魅，只有具有绝对性的理性才能够宣称所遭遇的对象世界为全部世界。其二，与权力内在勾结的理性必然是绝对的。因为权力本身天然排他，与排他性权力勾结的理性必须维护统治权力的合理性，在这个意义上的理性也是绝对的。其三，与权力相勾结的理性绝对表现为工具理性。在权力与理性思辨逻辑下的理性被物化为工具，其目的是维护统治的合理性。在霍克海默看来这种绝对性的理性无法实现人的解放。基于此，他从根本上否定了启蒙，否认了启蒙的进步意义。显然，霍克海默对启蒙的判断，是基于理性中心主义的理性。在"祛除恐惧"的启蒙下的理性，天然与权力相勾结，必然具有绝对性的特点。这是对理性本身的否定。在该理性指引下的启蒙无法具有进步意义。在理性主义的立场之下，霍克海默、阿多诺如此认为并无不妥之处。这种理性中心主义立场仍处于形而上学之中，他们忽视现实维度中启蒙对人类发展的进步意义。霍克海默以理性中心主义的立场否认启蒙进步价值的看法显然是难以成立。

第四节　复归客观：理性的解放归宿与对马克思的背离

在《启蒙辩证法》中，霍克海默反思启蒙，他认为与权力相勾结的启蒙理性具有绝对性的特点。这使得该理性最终仅能作为工具，无法实现解放。延续着《启蒙辩证法》中理性中心主义的立场，霍克海默在《理性之蚀》中以理性为研究主题，并将时代症候指认为客观理性的空场。《理性之蚀》的写作正值第二次世界大战结束之际，面对二战在精神和物质上对人类毁灭性的打击，人们渴望在战后重建家园、寻找精神指引——这种时代的背景敦促霍克海默提出以客观理性的复归依循的解放归宿。然而复归客观理性的逻辑终点仅能作为理论呼吁，而无法遭遇现实维度的解放，反映了霍克海默拒斥实践的理论态度，因而无法真正实现解放。

一、复归客观理性的逻辑终点

在《理性之蚀》中霍克海默指出，现代社会问题的根源在于"进步的理性化倾向掩盖理性的本质"[1]。霍克海默追溯理性起源，将理性这一发轫自古希腊哲学中的概念区别出指出主观与客观两个方面，而他认为，理性的客观层面之于人类文明的虽意义重大，却在历史的发展中逐渐被人遗忘。基于对理性的历史考察以及对理性之必要性的呼吁，他将复归客观理性作为实现解放的策略。

霍克海默认识到于古希腊哲学中诞生的理性精神即是对事物本性的反思。理性在原初状态中就包含了主观方面和客观方面。霍克海默将理性与逻各斯等同起来。源于希腊哲学的逻各斯从其词源上来看意为"言说"，这是人类特有的存在方式，即指人以言说的方式追问真理之源。由于每个人都具备言说的能力，因而每个人都能够把握真理，可以追寻真理。理性既是人所把握到的真理，又是主体具有的一种认识真理的能力。前者是指理性的主观方面，这在于协调目的与手段之间的关系，其任务是以恰当的手段实现目的，表现为工具化的理性。所谓的"合乎理性"，就是说主观理性合乎被规定的目的。主观理性并不追问目的本身的合理性。因为对目的的追问是客观理性的功能，这种追问包含了双重意义，一方面，每人都能够实现对目的的追问，因为他们都有言说的能力；另一方面，对目的的追问只能由人来实现，因为只有人才具备的言说能力。主体即人理所当然地成为客观理性的创造者，追求至善，"调和'合理的'客观秩序和人的存在，即调和哲学构想与自我利益、自我保存"[2]。客观理性为社会发展提供了一个综合的结构。这是"内在于现

[1] Horkheimer M. Eclipse of Reason [M]. Bloomsbury Academic，2004: Ⅵ.

[2] Horkheimer M. Eclipse of Reason [M]. Bloomsbury Academic，2004: 4.

实的固有结构"[1]，也是主观理性的目的。该理性是对对象世界的不断反思，具有超越性的维度。由此，客观理性所具有超越性维度具有实现人类解放这一终极维度的可能。

霍克海默认为，基于客观理性本身、人类文明发展史、人类历史这三重视角来看，理性的客观层面逐渐被人们遗忘。从客观理性本身来看，客观理性内含的超越性维度不可避免地被社会权力所排斥。该理性在追求至善的过程中必然会超越、否定既有规定，这将对现有权力造成威胁。天然排他的社会权力无法允许现有规定被否定。苏格拉底之死便是客观理性无法被现实权力世界容许的例子。苏格拉底代表着主体对"事物真正本质的反思"[2]，苏格拉底对理性的客观方面的追求，具有客观理性的维度。当时的雅典统治者这种反思将会动摇世俗权力，威胁现有国家、共同体。最终，象征着客观理性的苏格拉底被象征着权力的城邦排斥。从人类文明的发展史来看，客观理性自出场之时便有被消解的趋势。哲学一度试图以最高见解取代宗教，达成客观理性。如此一来，同为对世界最高解释的哲学与宗教相互排斥、无法共生，要么是对至善追求的哲学见解，要么是宗教话语。但现实是哲学未能完全取代宗教，客观理性的维度没能达成。哲学话语和宗教话语被双重承认，都没有进入客观理性的问题域，都是对于终极真理的回答，但都没有反思终极真理的真理性。从人类历史来看，理性的客观方面日渐式微，最终仅存理性的主观方面。在中世纪及以前的时代，社会以宗教教义为其最高规范，客观理性在这个时代毫无立足之地。在中世纪以后，随着文艺复兴唤醒人类自我意识，社会发展需要理性思维。于是客观理性出场，但依旧未能取得主导位置。只因世俗权力更加倾向于作为工具的理性主观方面，具有调和态度的主观理性居于主导地位。这时，理性的客观方面尚未被完全消解，即使个人利益被当作某些哲学的出发点，这只不过是哲学考虑的众多维度的一个方面。随着启蒙运动的开展，现代资本主义国家逐步被建立，理性的客观方面则被完全消解。在这个时代，自我利益驱逐自由、平等、人权等话语，使得这些话语仅能作为口号而存在，成为形式化了的、丧失具体内容的存在。在该时代，

---

[1] Horkheimer M. Eclipse of Reason [M]. Bloomsbury Academic，2004: 8.
[2] Horkheimer M. Eclipse of Reason [M]. Bloomsbury Academic，2004: ，8.

作为形式的理性借助外部的强制力加以约束，成为维护强制权力的手段，成为工具化的理性。

客观理性之于人类社会又是必要的。既是因为人类文明的发展需要客观理性，又是因为人类天然具有追求客观理性的倾向。在人类文明的发展中，"自由、平等、人性"等概念既由理性的客观方面生成，又作为协调目标与手段的主观理性，维护世俗权力的有效工具。当这些概念还包含着具体内容时，它们维护着客观理性的发展。而当客观理性被形式化后，这些概念丧失其合理性来源，从根本上证明具有正当性的客观方面却消逝了，那么以此生存的世俗权力无法证明其合法性，易使人类文明陷入虚无。在此维度上，客观理性是必要的，因为其是避免虚无的有效手段。同时，人类也天然具有追求客观理性的倾向。但从人类文明史的角度看，客观理性就无法被彻底消解。就审美的观念来说，人类天然认为某些事物是高级的，某些事物是低级；青睐干净，而排斥肮脏；喜爱香味，厌恶臭味等等。人类不自觉地追求某些"美"且"好"的行为，源于人类对远古神话崇拜的观念无法在历史上抛弃。这些人类无法摆脱的观念本身就包含着否定性的因素，是对低级、肮脏、臭味等对立面否定。正如"自由、平等、人权"等概念一样，这些概念在诞生之初也具有否定内涵，因而它们无法成为完全形式化的内容，也就无法完全抛弃客观理性的要素，而去拥抱主观理性。

霍克海默通过追溯理性的发展史，提出理性包含主观方面与客观方面。随着人类历史进程的推进，理性的客观方面逐渐被消解，仅存理性的主观方面。但是，理性的客观方面是人类历史所必需的，它内含的超越性维度有利于实现解放，人类历史的发展无法彻底排斥客观理性。因此，霍克海默将复归客观理性作为其解放归宿。

二、背离马克思的解放归宿

但是，仅凭复归客观理性的理论呼吁无法实现解放，解放不是一个理论问题，而是一个现实问题。并且，将复归客观理性作为解放归宿的理论态度体现出霍克海默缺乏实践向度。在这种理论态度下，解放仅能作为霍克海默在理论上尝试。因此，霍克海默提出所谓的复归客观理性的解放归宿无法真正实现解放，是对马克思解放思想的背离。

复归客观理性仅能作为霍克海默的理论呼吁，未能面向现实，无法实现解放。复归客观理性是霍克海默在理性的客观方面被消解的时代所进行的理论呼吁。在这个时代的理性是他在《启蒙辩证法》中一再强调的与权力相联结的理性。该理性仅仅是一种不能没有具体的内容工具，被现代资本主义用来进行齐一化统治。不难发现，该理性即为霍克海默在《理性之蚀》中所研究的理性的主观方面。秉持一直以来所理解的客观理性与主观理性的关系，即客观理性是主观理性的目的之维、能为工具理性提供具体内容，霍克海默提出复归客观理性以面对理性的工具化倾向。不过，复归客观理性仅能够作为解放归宿，无法作为解放策略。霍克海默指出夸大客观理性为解放策略是"混淆了真正的哲学与历史的唯心主义解释，即……理论与实践之间的基本区别。"[1]复归客观理性并不意味着客观理性就能够实现解放，否则为历史唯心主义的错误，所以在他那里，复归客观理性，无法作为一个解放策略，不具备现实的实践向度，仅仅能够作为一个理论上的呼吁。事实上，解放并非一个理论问题，而是一个现实问题。从头脑中扬弃了重力的概念，并不意味着现实中人就一定不会落水。[2]呼吁复归客观理性，也不意味着在现实中就能实现客观理性。仅在理论上呼吁客观理性，根本无法触及现实问题，无法改变现代资本主义社会中的理性走向工具化理性的趋势。因此，霍克海默复归客观理性的解放归宿根本无法实现解放，是对马克思解放思想的背离。

复归客观理性是一种缺乏实践向度的解放归宿，体现了霍克海默所秉持的拒斥实践的理论态度，该理论态度使得他无法实现解放，是对马克思解放思想的背离。复归客观理性的解放归宿是霍克海默在形而上学的维度中区分理性，他认为理性分为客观理性和主观理性，发现客观理性日渐式微，而这又是实现人类解放之必要，因而提出复归客观理性的解放归宿。但他却从未在现实中考察，复归客观理性之可能，因而在他的理论中缺乏面向现实的实践向度。霍克海默批判理论的逻辑终点被认定为复归客观理性，这体现了他

[1] Horkheimer M. Eclipse of Reason [M]. Bloomsbury Academic，2004: 124.
[2] [德]马克思，恩格斯. 马克思恩格斯文集:第一卷[M].北京:人民出版社，2009:510.

对拒斥实践的理论态度。霍克海默的这种理论态度反映在现实生活之中。在现实中，他完全拒斥实践，并存在诸多纠结。保有着拒斥实践的理论态度，霍克海默全然成为一个学院派的学者，关注社会学、哲学以及培养专业素养等理论内容，抛弃 30 年代的批判理论所具有的批判性、现实性、开发性的内涵。霍克海默原本具有的马克思主义者的底色彻底消退，全然成为一位学院派的哲学家。他在遭遇学生运动之时，既没有在现实上没有参与到学生运动当中去，认为学生运动仅能作为行动无法成为实践，又未曾提出现实的实践路径。霍克海默这种缺乏实践向度理论态度，无法真正实现解放，所以是对马克思解放思想的背离。

此外，从他个人的社会地位来看，霍克海默即便拥有解放策略，也无法真正将解放策略推进至现实之中。他作为资本主义社会内部的学者，无法真正反对他所植根的资本主义国家。无论他对资本主义社会的剖析有多么深入，对文化工业的批判有多么鞭辟入里，都是在资本主义社会的内部批判资本主义，无法真正脱离资本主义社会。霍克海默的诸多批判只能作为现代资本主义内部涌现对于解放诉求的呼唤、对解放路径尝试，而从未落实于实际之中，无法实现真正的解放。

第五节　小结

霍克海默批判理论的解放言说包含三重变奏，以建构批判理论，从而超越形而上学为逻辑起点；以反思启蒙能否实现解放为逻辑展开；以复归客观理性为逻辑终点。在这三重变奏中，霍克海默批判理论中原本具有的马克思主义底色逐渐消退，与马克思的思想渐行渐远，未能挣脱客观理性式的形而上学囚笼，最终与马克思的解放思想相背离。因此，霍克海默的解放设想只能作为寓居于资本主义社会内部学院学者的一次遗憾的解放尝试。

在现有研究的基础上，追问"为何霍克海默在建构超越形而上学的批判理论之后，又再次落入形而上学的圈套？"是将本研究进一步深化的一个方向。不仅霍克海默，众多西方马克思主义者的理论都无法真正地实现解放，如卢卡奇无法唤醒无产阶级的阶级意识；马尔库塞停留于意识领域的审美解放；鲍德里亚在自身理论内部空洞呐喊等。仅提出解放诉求而无法真正实现解放仿佛成为众多西方马克思主义者的理论症候。

第五章 破解方案三：技术的社会主义应用

第一节 技术与"机器的资本主义应用"

我们本书的第三章讲过，虽然在马克思的经典著作中，"技术"一词出现的频次较少，并且即便出现，也当下技术哲学领域的技术概念在内涵与外延上有明显的不同，但是马克思是非常重视技术的。比如，他会在它的作品里面非常频繁地使用与"技术"相关的词汇——机器、工具、实践、劳动、发明、工业、劳动资料、分工、制作工具、应用自然科学等。在马克思那里，他更倾向于讨论那些特定的技术活动、技术器物、工艺等内容。国内外很多学者在讨论马克思关于技术的观点时，默认了这一点：在马克思技术观里面，技术与生产力、生产工具、机器是同一的。

关于"机器的资本主义应用"，前面几章也有所提及，我们将在这一章节里面较为详细地展开阐释。"机器的资本主义应用……由此产生了现代工业史上的一种值得注意的现象，即机器消灭了工作日的一切道德界限和自然界限。"[1]

马克思已经毫不含糊地将机器的应用场景从其功能属性中给区分出来：首先，机器具有聚合劳动价值和增值生产等功能，从某种程度上讲，它是生产力，更是衡量社会发展的重要标志；其次，机器作为生产工具，可在各种生产体系和社会制度中使用。生产力是人改造自然的能力，简单地说生产力就是机器、科学技术。从某种程度上讲，机器是技术的具体表现形式之一。技术是生产力发展的助推器，技术就是生产力。生产力是人们实践能力的最

---

[1] [德]马克思，恩格斯. 马克思恩格斯文集(第五卷).北京：人民出版社，2009：469

终结果，是生产方式的一个方面。如果说，机器的应用场景与机器的功能属性有所区分，那么技术的应用应该也存在同样情况。

通常来讲，劳动者被剥削被奴役、劳动价值被不公平分配被无偿占有，归根到底与机器、生产工具、科学技术的资本主义应用紧密相关，这正是马克思使用"机器的资本主义应用"这一说法的原因。在《资本论》中，他再一次说明了机器的资本主义应用所包含的两个方面。第一，机器的资本主义应用在于通过无限度地延长工人劳动时间使得剩余价值的最大化，当然，这种惨绝人寰的、贪婪至极的"无限度地延长"压榨严重摧残着工人的身心健康，很多禁受不住摧残的工人纷纷起来抵抗。由于一开始并未认清导致他们被压榨的实质，暂时没有看到真正应该抵抗的是资本主义体制，他们把怨气、悲愤全部撒向了机器。第二，机器的资本主义应用会带来机器淘汰工人的局面。机器可以 24 小时连轴转而丝毫不疲惫，工厂资本家只需招满看管或者辅助机器的工人即可，这么一来，多余的劳动力就被"制造出来"，谁都不想从这个过程中出局，社会竞争更加激烈，导致了越来越多的工人不得不服从资本的逻辑和规律，"不得不听命于资本强加给他们的规律"[1]，被迫屈从于工厂资本家所强加的各种制度。

第二节　"机器的资本主义应用"的本质

"机器的资本主义应用"的本质与马克思的剩余价值理论所揭示的资本主义经济实质关系密切。马克思对此进行了历史的回顾与理论的剖析，认为只有当劳动变成了商品，货币才能变成资本。

马克思在《资本论》中详细地阐述了相对剩余价值的产生过程。从产生剩余价值的维度而言，可以将资本分为不变资本（constant capital）和可变资本（variable capital）两种。可变资本也被称为"固定资本"，指资本家投入生产过程中不易消耗或不需经常更换的资本。这些资本在生产过程中不会被

---

[1] [德]马克思，恩格斯.马克思恩格斯文集(第五卷).北京：人民出版社，2009：469

消耗或减值，因此其价值可以通过雇佣工人的劳动力转换到新的商品中来，在商品中的价值等同于其在生产资料中的价值。不变资本的价值是一个不变量，因为在生产过程中不会发生变化。这个不变资本是生产剩余价值的条件，因为只有通过雇佣工人的劳动力，不变资本才能转化为新的商品，并在其中创造出超过初始资本的价值。生产剩余价值是资本主义经济体系中的一个重要概念，指在生产过程中超出工人必要劳动所创造的价值，这部分价值被资本家剥削占有。 相对应的，可变资本则是指资本家用于购买工人劳动力的那部分资本。在资本主义社会中，劳动力成为一种商品，资本家购买工人的劳动力并雇佣他们参与生产过程。因为劳动力并非像生产资料那样不会被消耗，而是在生产过程中会被消耗，其价值也会被转化为新的商品价值。因此，资本家需要不断投入新的可变资本来购买劳动力，以维持生产过程的持续进行。可变资本的合理使用和调配能够提高企业的劳动生产率，实现利润最大化。因为劳动力不同于生产资料，其价值在劳动过程中被耗用并转化为新的商品价值。可变资本和不变资本的组合构成了资本主义生产过程中的总资本，资本家通过对这部分总资本的配置和控制，实现对生产和劳动的掌控。由于劳动既能产生本身的增值，又能产生剩余的增值，因此，劳动是一种可变量，是剩余增值的重要来源。而资本家给工人的薪水却是对劳动的价值的一种货币表现。

马克思将剩余价值的生产划分为两种：一是绝对剩余价值生产，二是相对剩余价值生产。当劳动生产力一定，因此，在不改变必要劳动的前提下，通过延长工作时间，来使剩余劳动的时间增长，来使剩余劳动的剩余比率上升，这就是所谓的"绝对剩余价值"。二是相对剩余价值的生产，即在不改变总体工作时间的前提下，以革新技术或工具的方法来提升劳动生产率，从而减少必要的劳动，使剩余的劳动时间得到更多的利用，从而获取更多的剩余价值。马克思曾谈及，当一台机械和它的员工的工作经历越来越多时，劳动速度就越来越快，劳动强度越来越密集，这是显而易见的。他也以英国为例，比如，在过去的50年里，英国的工作时间在不断地增长，而在此过程中，工人的工作时间也在不断地增长。然而，现实是，如果一个工作是每天有节奏地、不变化地重复进行，就必然会产生工作日的延长和劳动的密度相互抵消的现象，不可能始终维持着工作日的无限延伸，又有劳动密度的持续提高。一言以蔽之，为了得到更多的剩余价值，要么让他们的工作时间变得更长，要让他们在同等时间段内的工作强度增大。

随着工作日的无限延长，工人阶级的反抗情绪日益增强，甚至危及社会的稳定，最后，国家不得不通过强制手段来缩短劳动时间来缓解这种矛盾。这么一来，如果想通过延长工作日来实现剩余价值的生产，几乎永远都不可能，因为任何政权都不希望自己受到威胁。当资本家很快地意识到了这一点之后，只能另找他法，"竭尽全力一心一意加快发展机器体系来生产相对剩余价值"[1]，一门心思扑在发展机器上面。与此同时，相对剩余价值的性质其实也随之发生了改变：通过改进机器，提高劳动生产力，促使工人尽量在同样的劳动时间里面输出更多的产值，生产出更多的产品，"使工人能够在同样的时间内以同样的劳动消耗生产出更多的东西"。[2]这就推动了技术的变革，继而催生了生产方式的变革。"必须变革劳动过程的技术条件和社会条件，从而变革生产方式本身，以提高劳动生产力，通过提高劳动生产力来降低劳动力的价值，从而缩短再生产劳动力价值所必要的工作日部分。"[3]在资本主义社会制度中，技术的发展，机器的先进化，是确保同样的劳动消耗在同等时间产出更多劳动产品的重要前提，这便给资本家剥削工人活劳动剩余价值提供了重要保证。

马克思明确指出"剩余价值只是来源于资本的可变部分，而且我们已经知道，剩余价值量取决于两个因素，即剩余价值率和同时使用的工人人数。"[4]。按照马克思的意思，新价值与生产工具和生产对象等生产要素无关，新价值是由劳动者创造的。就机器、工具与剩余价值的关系来讲，机器与剩余价值是紧密相关的，因为机器的引入可以增加生产效率，进而产生更多的剩余价值。机器可以替换部分体力劳动，提高生产效率，同时也可以减少人力成本。这样，对于同一种产品，生产出来的成本降低了，而售价不变或者有所提高，这样就能赚取更多的剩余价值。因此，机器在工业革命以后

---

[1] [德]马克思，恩格斯. 马克思恩格斯文集（第五卷）[M]. 北京：人民出版社，2009：471
[2] [德]马克思，恩格斯. 马克思恩格斯文集（第五卷）[M]. 北京：人民出版社，2009：471
[3] [德]马克思，恩格斯. 马克思恩格斯文集（第五卷）[M]. 北京：人民出版社，2009：366
[4] [德]马克思，恩格斯. 马克思恩格斯文集（第五卷）[M]. 北京：人民出版社，2009：468

的许多行业中都被广泛使用，成了生产力的增强者。

"相对剩余价值与劳动生产力成正比。它随着生产力提高而提高，随着生产力降低而降低"。[1]在逐利和市场竞争的双重因素促使下，一些资本家通常会率先通过创新来打破已有的平衡以实现超额剩余价值。其他资本家会紧随其后，然而当社会经济和技术发展到达新的水平时，超额利润也就失去了存在的可能性。"采用改良的生产方式的资本家，比同行业的其余资本家在一个工作日中占有更大的部分作为剩余劳动。他个别地所做的，就是资本全体在生产相对剩余价值的场合所做的。"[2]这就造成了资本行业内的"内卷"，新一批有竞争力的行业打破原有的平衡，其他资本家又纷纷被卷入其中，然后又下一批新的有竞争力的行业在此过程中脱颖而出，如此循环，永无尽头。

马克思关于"吸收无酬劳动过程"的论述，深刻地揭示了在资本主义条件下，沉淀在生产工具中的大量沉默的活劳动受到的剩余价值剥削是极其残酷的。他在《剩余价值理论》中是如是表述的："资本主义生产过程……是一个吸收无酬劳动的过程，是一个使生产资料（材料和劳动资料）变为吸收无酬劳动的手段的过程。"[3]在资本主义生产过程中，因为资本家对生产工具（机器）是一次性买断的，所以资本家不必重复为凝聚在生产工具中的大量沉默的活劳动付费。比如，一次性买断一个先进大机器，工厂可能要让该机器运作一年的时间才能抵掉购买机器时付的价格，不过，从此之后，机器带来的价值几乎全部被资本家无偿占有，即让资本家基本上能够免费占有这些活劳动。

我们知道，马克思将剩余价值的生产分为两类，一是绝对剩余价值生产；二是相对剩余价值生产。绝对剩余价值产生于劳动生产率不变，必要劳动时间不变的情况下，延长劳动时间以增加工厂工人的剩余劳动时间，提高剩余价值率。相对剩余价值产生于总的劳动时间不变的情况下，通过创新提高劳动生产率，缩短必要劳动时间，延长剩余劳动时间来获得更多的剩余价值。

---

[1] [德]马克思，恩格斯. 马克思恩格斯文集（第五卷）[M]. 北京：人民出版社，2009：371
[2] [德]马克思，恩格斯. 马克思恩格斯文集（第五卷）[M]. 北京：人民出版社，2009：370
[3] [德]马克思，恩格斯. 马克思恩格斯文集（第五卷）[M]. 北京：人民出版社，2009：406

资本家以无偿占有的相对剩余价值方式赚取的利润与剥削工人必要劳动时间的绝对剩余价值是不同的，这种无偿占有越来越多，推动相对剩余价值在资本主义生产中越来越重要，成为资本家争相追求的目标。

伴随着高科技的持续发展，基于 AI 的无人自动化的工厂企业层出不穷，给资本家们提供了更多的免费占有了相对剩余价值的机会，沉默的活劳动被大大地剥削。无人自动化的工厂，从外表上看来，似乎并没有牵扯到资本主义对于劳动者的身体上的活劳动力的生产剩余价值的利用，然而，从实质上来说，就算是无人自动化的工厂，也只不过是在工作场所中的无人。"无人"背后是技术研发人员等劳动者。无人自动化工厂本身不能创造价值。假设无人自动化工厂的机器也是由无人自动化工厂生产，而且无人自动化工厂能够自动维修，并且不需要任何管理者；那么无人自动化工厂创造的价值，实际上就是技术研发人员创造的。当无人自动化工厂没有被推广，只是提高个别企业的劳动生产率时，那么"机器的价值等于机器所代替的劳动能力的价值。"[1]无人自动化工厂的资本家便可以在市场竞争中瓜分到超额剩余价值。当无人自动化工厂被推广后，社会必要劳动时间会降低，导致商品的价值降低。当劳动生产力提高时，虽然产品的产量在增长，但是产品的价格在下降，因此产品的总价格是恒定的。还有，技术研发人员的劳动价值是不确定的。无人自动化工厂代替的劳动量越大，技术研发人员创造的价值也越大。而资本家付给技术研发人员的薪水，仅仅只是技术研发人员创造的价值的一部分。因此，很显然，技术研发人员的劳动被资本家被剥削了。所以，只要那些没有人操纵的、自动控制的工厂一开工，资本家对于那些"沉默的"、有生命的、以"吸纳无偿劳动"为主要特征地对剩余价值的掠夺就永远不会结束。

在资本主义的发展过程中，资本和劳动扮演着举足轻重的角色。不过，资本需要通过技术进步、科技进步、生产工具进步来促进生产力的提高，继而推动资本主义的发展。所以，我们不仅要重视资本和劳动，还要重视技术和生产工具。一方面，技术（生产工具）是生产力向前发展的重要推动力。技术和生产工具是资本家和工人共同使用的重要载体，它们的不断更新和升

---

[1] [德]马克思，恩格斯. 马克思恩格斯全集（第三十一卷）[M]，北京：人民出版社，1998:228

级，不仅直接影响着生产效率和质量，还能够引领生产方式和经济发展方向的改变。技术和生产工具的发展能够提高生产效率，进而促进经济增长和提高生活水平。在资本主义社会中，技术和生产工具的引入使得机器和自动化生产逐渐替代了人力而大大缩减了人力成本，提高了生产效率，增加了剩余价值。这种转变也引起了大量的社会变革和结构调整。对于资本家来说，技术和生产工具的更新和升级可以提升其市场竞争力，增强其市场份额和盈利能力；对于工人来说，技术和生产工具的使用可以提高其劳动效率，减轻其体力负担，提高其工作安全等级。因此，技术和生产工具的不断创新和应用不仅关乎着企业的盈利，如果抛开资本逻辑，可以说这些更是关乎着社会经济的发展和民生福祉的提高。另一方面，技术与工具要在资本主义生产中离不开资本与劳动。在资本主义生产中，技术和生产工具作为生产资料的重要组成部分，既是资本的投资对象，也是劳动的实施工具。资本家不断向技术和生产工具的升级创新中投入巨额资金，以求高效、高质量生产，从而获得更大利润。而工人则通过对技术和生产工具的熟练操作，才能完成生产任务，实现价值的创造，并从中获取报酬。因此，技术和生产工具作为资本主义生产的重要组成部分，离不开资本与劳动这两个因素的共同作用，只有充分发挥二者的优势和作用，才能实现生产效益和社会经济效益的双重提升。这是"资本主义的机器运用""资本主义的技术运用"的一种主要方式，它表明，在资本主义社会中，生产与手段的更新与发展，技术的推进与发展，都离不开资本的逻辑。

第三节　剩余价值理论中的技术拜物教属性

马克思的拜物教批判有着双重路径：其一，通过分析劳动产品如何成为商品、商品如何转化为货币、货币如何成为资本，来揭示资本主义生产方式所具有的拜物教性质。资本主义生产方式的拜物教性质可以从多个方面来揭示。首先，资本主义生产方式通过商品生产和商品交换的形式，将生产和消费割裂开来，使得人们的生产活动不再是为了满足自己的需要而存在，而是为了获取商品的交换价值而存在，从而人们与自身所生产的物品之间的关系被淡化。其次，资本主义生产方式强化了人们对金钱的追逐和欲望，将金钱与商品之间建立起相互支配的关系，人们的追求变成了对金钱的追逐和欲望，而不是对生活质量的追求。再次，资本主义生产方式也强化了劳动力的商品化趋势，将人们的劳动力当作商品进行买卖，剥夺了工人对于自己劳动的控制权，使得他们成了生产过程中的工具和经营者所支配的对象。总之，资本主义生产方式的拜物教性质涵盖了社会生活的各个方面，这种拜物教性质的存在也深刻地改变了人们对待事物的认知方式和行为习惯。

其二，通过剖析"资本——利润、土地——地租、劳动——工资"这个"三位一体"公式，来揭示资产阶级经济学家头脑中的拜物教观念的形成机理。首先，这个公式将资本、土地和劳动的关系简单化，将社会经济中复杂的人际关系、社会结构等问题简化成了物质与商品的关系，并将生产力当作原始动力，忽略了社会关系和制度环境的影响。其次，这个公式以利润、地租、工资等物质利益为出发点，忽视了经济行为背后的道德和伦理因素，将人的自尊、尊重、心理需求等层面的东西完全省略。此外，这个公式对于资本主义经济中出现的矛盾和冲突掩盖了很多问题。例如，只注重资本家与工人之间的利益关系，而忽视了工人之间的利益关系；只注重市场竞争，而忽视了资本家之间的协同和竞争关系；只注重经济效益，却忽视了社会公平和公正的考虑等等。因此，这个三位一体公式中的"物化"思维和"利益优先"思维体现了资产阶级经济学家对自然规律和商品交换的过度热衷，忽视了人的主观能动性和自身的创造力，也正是资产阶级经济学家头脑中拜物教观念的形成机理。

那么马克思理论视域中的技术是否具有拜物教性质？

一、机器对剩余价值来源的掩盖

机器对剩余价值来源的掩盖这个事情，上文应该也论述得差不多了。马克思指出，在资本主义制度控制的生产关系中，资本家通过延长工作日时间以获取绝对剩余价值和缩短工人生产自己的劳动力的补偿价值的时间以获得相对剩余价值这两种方式来满足自己对剩余劳动的贪欲。"机器消灭了工作日的一切道德界限和自然界限"[1]，通过延长工作日来榨取剩余价值，对工人的身心造成了极大的损害，经过几个世纪的抗争，工作日最终被限定在一定的限度内。于是，在工作日长度一定的情况下，为了提高利润，资本家想方设法通过劳动方式、劳动过程的革命来缩短必要劳动时间，如：采取大规模生产、建立分工协作机制等等。分工促成了工场手工业中复杂的机械装置的产生，这一产物又进一步生产出机器这一缩短生产商品的必要劳动时间最有力的手段。但是，资本家使用机器的初衷并不是为了减轻工人的辛劳，而是为了获得很多的剩余价值，只有当机器的价值低于它所代替的劳动力价格时，机器才会被使用。所以，机器替换工人，减少了资本家投入的生产成本，于是这样一幅画面就展现在资本家面前：雇佣的工人在减少，但利润在上升，机器才是剩余价值的源泉；与此同时，机器的使用在工人面前展现了另外一幅画面：工人的工作被机器取代，工人生活愈发贫苦。所以，机器一经产生，附着在其上的"幻象"就进一步淆了生产的物质内容与社会形式，加深了对剩余价值真正来源的掩盖，也因此具有拜物教性质。

在对直接生产过程的考察中，马克思揭示出了这个"幻象"产生的原因，即机器生产相对剩余价值的两种途径：其一，通过替代工人使工人相对过剩直接使劳动力贬值，通过降低劳动力再生产所需的商品的价格使劳动力价格下降。以此缩短工人用于再生产的时间成本。进而增加剩余劳动时间占工作日时间的比例；其二，当机器最初被使用并垄断时，它会将机器操作者的劳动转化为高效率的劳动，这样在生产一定产品的社会必要劳动时间内，它能够生产出更多的产品，资本家用产品中小部分价值来支付劳动力的价值，并进而提高剩余劳动时间的比例。除此之外，此外，马克思还区别了"机器"与"资本家对机器的运用"，指出只有在资本主义生产关系中，机器才变成压榨剩余价值的工具，并且提出在共产主义社会中，机器的用途与在资本家中是截然不同的。由此，马克思揭示出了机器与机器在不同社会形式下应用的差别，并阐明了在资本主义生产关系下这种混淆是如何掩盖了剩余价值的

---

[1][德]马克思，恩格斯. 马克思恩格斯文集（第五卷）[M]. 北京：人民出版社，2009：469

真正来源的，从观念上破除了机器（技术）所具有的拜物教性质。

二、机器大工业时代的技术拜物教观念

技术拜物教英文（Technology Fetishism），核心在 Fetishism。"Fetishism"有三个主要使用传统，首先作为"拜物教"出现在宗教语境中，而后作为"恋物癖"被弗洛伊德用于心理学分析，接着在《资本论》及其手稿中，到了马克思这里，它便将"拜物教"引入政治经济学批判。

"Fetishism"在三个语境中拥有完全不同的内在含义。"Fetishism"源自拉丁语"*facticius*（制造；艺术所造之物）"，英文形式最早来自葡萄牙文"*feitiço*（护身符、圣人的遗物）"。15 世纪末期，其被广泛地用于指代符咒，葡萄牙人在航行到非洲西海岸后用其来指称当地居民敬拜的物品，拜物教独特的内涵就起源于此。[1]1760 年，第戎议会的第一任议长查尔斯·德·布罗斯（Charles De Brosses）推广了拜物教的使用，并认为它代表所有宗教的起源。1830 年，奥古斯特·孔德（Auguste Comte）用其来指称"将人类的精神品质归于非人类的对象"的宗教理论，并将其视为宗教思想发展的第一个阶段。而泰勒（Edward Burnett Tylor）则更愿意将孔德所指的宗教理论称为"万物有灵论（animism）"，而将拜物教限制为"精神附着在某些物质物体上或通过这些物体传递影响"的学说。19 世纪末，拜物教概念因为其模糊性受到批判，哈登（A.C. Haddon）针对这种批判尝试提出了更为具体的定义：对"融入某种可见形式的无形力量或精神"的崇拜。[2]宗教范畴中拜物教"Fetishism"可以概括为：以物为崇拜对象的宗教；而物神"Fetish"则是：拥有魔法力量的物品。

在心理学语境中"Fetishism"则被译为"恋物癖"。1827 年，弗洛伊德在以此为题的短文中指出：恋物癖产生于主体（通常是小男孩），其心理幻

[1] Pietz, William. "The Problem of the Fetish，II: The Origin of the Fetish." RES: Anthropology and Aesthetics，no. 13，1987，pp. 23 - 45.

[2] Ellen，Roy. "Fetishism." Man，vol. 23，no. 2，1988，pp. 213 - 35.

象的目的是防范阉割焦虑的侵袭，因为他们拒绝接受女性或母亲"缺乏"阳具的现实。精神分析中的"恋物癖"从主体欲望的运作出发，探讨"假象制造"心理机制及其效果，是一种主体症状的解读；而马克思所说的"拜物教"则从商品生产的逻辑出发，研究"假象制造"在社会中的构成及其后果，是一种社会症状的解读。[1]

马克思在分析资本主义生产的神秘性质时，将这一概念引入到政治经济学批判的领域。这是因为他认为在资本主义社会中，自然和人类的关系受到了扭曲和颠倒，不是人类来支配自然，而是人类被迫为资本而工作，而资本则支配着人类。因此，从根本上批判资本主义的话题就是要深入挖掘资本主义所隐藏的"拜物教"本质，即把自然和社会看作是机械地、客观地运转的，并以此为理论基础去研究和批判资本主义社会的矛盾与危机。它一方面批判那种"把物在社会关系中获得的规定性与物的自然属性相混淆"的观点；另一方面指的是一种社会存在，即商品、货币、资本作为人自身一定的社会关系，在人们面前表现为物与物的关系，因而具有"拜物教"性质。

在马克思所处的时代，两种典型的技术拜物教观念已然显现：首先是资本家脑海中拜物教观念：机器生产利润，即谁拥有先进的技术谁就能赚钱。马克思指出，商品的价值是由生产它所需的社会必要劳动时间决定的，这意味着作为个体的资本家无法有效地影响某种商品的价格，所以当某些资本家获得机器这种提升劳动生产力最有效的手段后，他们就会发现在相同的时间内可以生产出比竞争对象多得多的产品，与此同时，该商品的实际价值仍然是以生产它所需的社会必要劳动时间来衡量，通常情况下，资本家会以高于该商品个别价值但低于其社会价值的价格出售多生产的商品，以扩大销售。通过这种方式，最先一批使用机器或者拥有较为先进技术的资本家就获得了更多的利润。这种利润是短暂的，因为随着其他资本家也开始应用这种技术，必然会带来劳动生产率的普遍上升进而使得社会必要劳动时间下降，降低该商品的社会价值，但这也进一步刺激了资本家去获得更为先进的技术。在资本家面前展现的情况就是：使用机器等较为先进的技术，能够获得更多的利

---

[1] 吴琼. 拜物教/恋物癖：一个概念的谱系学考察[J]. 马克思主义与现实，2014(3):88-99.

润，于是机器生产剩余价值的观念便在资本家的脑海中形成了。

机器的资本主义应用给底层工人带来过灾难，随着机器被广泛地应用于资本主义生产过程当中，大量人力被取代，工人失业、工资下跌，经历这一切的工人由此产生了一种观念：机器是贫困的根源。从 17 世纪开始，就已经发生了工人反对织带机、风力锯木机等机器的运动。随着机器给工人带来的苦难日益深重，在 19 世纪初，英国工厂手工业地区爆发了工人自发组织的大规模破坏机器的运动，被称为卢德运动。在这场运动中，数以千计的当地纺织工人看到他们的生计被蒸汽织机所取代，他们认为这些技术是违反传统公正和公平原则的不道德的装置，于是饱受收入减少和失业之苦的工人们选择用革命的怒火来回应——联合起来攻击和摧毁机器本身。在以卢德运动为代表的摧毁机器这种劳动资料的运动中，工人把在资本主义关系中作为资本的物质存在方式的机器具有的与工人对立、制造贫困的属性，当做作为一种劳动资料的机器本身固有的属性，混淆了物质内容与社会形式，这是一种拜物教观念。马克思也指出："……要学会把机器和机器的资本主义应用区别开来，从而学会把自己的攻击从物质生产资料本身转向物质生产资料的社会使用形式……"[1]

这里有个问题，既然在揭示剩余价值真正源泉被掩盖的过程中，马克思已经揭示了技术的拜物教性质和附着在其中的拜物教观念，为什么他没有明确提出机器拜物教或技术拜物教，而是选择通过区分机器作为劳动资料的自然属性和机器作为剩余价值生产手段的社会属性来强调这个区别呢？在马克思所处的时代，技术拜物教并没有上升为真正的问题，如果说技术拜物教问题显现于马克思所处的机器大工业时期，那么它在第二次世界大战后世界范围内广泛开始技术反思时才上升为真正的问题，因为在世界新技术革命长足发展、西方经济空前兴盛的这一时期，无论是鼓吹技术力量还是对其展开猛烈批判，其实质都是混淆技术和技术的社会应用，以技术问题取代政治问题，且新技术形态的复杂性和专业性也使得这种混淆和取代更具隐蔽性。

---

[1] 【德】马克思，恩格斯.马克思恩格斯文集（第九卷）[M].北京：人民出版社，2009：493

三、技术拜物教理论的发展：弱技术拜物教观和强技术拜物教观

从第一台蒸汽织机的产生到第一颗原子弹的爆炸，面对技术的蓬勃发展和人类遭受的灾难，对技术的态度也呈现出两极化趋势，特别在第二次世界大战之后的三十年，资本主义国家普遍实行凯恩斯主义，迎来了爆发式发展的黄金时代，资本主义世界经济呈现前所未见的繁荣景象，与此同时，通过诸如建设福利国家、股权分散化改革和管理改革等手段，缓和了劳资矛盾，劳动阶层工资与年俱增，社会收入差距大幅缩减，在一派和谐、温暖、美好的景象之下，认为无产阶级日渐式微的观点成为一种时尚。

以托夫勒（Alvin Toffler）和贝尔（Daniel Bell）等为代表的技术理性主义用纯技术的观点看待资本主义现实、预测资本主义发展未来，他们把技术发展的状况作为划分人类社会发展历史阶段的新标准，认为技术进步消解了阶级矛盾，使得资本主义社会进入了一个消灭一切资本主义弊端的新型社会……不难发现，技术理性主义企图在技术发展中挖掘消除资本主义弊病的方法，通过对社会关系避而不谈来掩盖资本主义的剥削现实、模糊资本主义社会的主要矛盾，从而宣扬资本主义永恒化意识形态、为资本主义制度辩护；以海德格尔（Martin Heidegger）、安德斯（Günther Anders）等为代表的人文主义则批判技术理性，认为在现代技术"座驾"促逼之下行动的人类已经受到了更彻底的奴役和控制，进而把人类的悲惨境遇归为技术发展带来的恶果。

以原子能技术、信息技术、空间技术等为主要标志的第三次技术革命以来，生产力发展水平再上新台阶，科学与技术一体化趋势越来越明显，技术理性主义的代表人物加尔布雷思（John Kenneth Galbraith）、奈斯比特（John Naisbitt）等人在"三位一体公式"的基础上，提出了"重要生产要素说""知识价值论"等理论来试图替代马克思的劳动价值学说[1]，模糊雇佣劳动关系下剥削与被剥削的关系、取消无产阶级革命的必要性。虽然技术的发展使得知识分子的数量和重要性上升，但这并没有改变他们在生产关系中所处的经济

---

[1] 李建松. 评现代西方资产阶级的 技术理性主义 思潮[J]. 世界经济与政治, 1992(8):17-22.

地位，只是进一步出现了体力劳动者和脑力劳动者区分，他们仍然是只能出卖自己劳动力的"自由得一所有的"工人。而且现实的展开，如：黄金时代的远去、经济危机的反复上演、贫富差距的不断扩大等都逐渐向人们揭示"技术神话"的虚幻性和迷惑性。从本质上来说，战后广泛传播的技术理性主义只不过是19世纪资本家头脑中"机器生产财富"这种技术拜物教观念的放大化和一般化：技术不仅可以生产无尽的财富，还可以生产出解决资本主义社会一切问题的方法。

而在另一极，面对技术笼罩下人类遭遇的灾难，人文主义流派对现代技术展开了猛烈的抨击。如果我们把上述技术理性主义归为"弱技术拜物教"，那么从人文主义视角反思和批判技术则可以归为"强技术拜物教"，因为，人文主义对技术采取的批判态度进一步掩饰了其观点内蕴含的技术拜物教逻辑。

作为"强技术拜物教"的代表，安德斯从批判"进步的迷信"出发，把人在世界中的失落——"过时的人"——作为讨论核心，阐释技术发展给人带来的毁灭性影响，对"技术官僚主义时代"人类面临的普遍性危机加以警示。他认为，人类灵魂的变化速度远远赶不上人类不断制造出新产品的速度，人在自己创造的完美机器面前感到自愧不如，产生了"普罗米修的羞愧"完成了对自我物化的认可，也因为盲目的自信患上了"世界末日失明症"，看不到人类创造的技术已经宣告了人类的终结。于是安德斯指出，就跟一百五十年前拿破仑关于政治、一百年前马克思关于经济所做的论断那样，今天技术已经主宰了我们的命运，资本主义作为人类问题的重要性已经消退，如今每一个人都是机器和机器产品的消费者、使用者以及潜在的牺牲品，因为技术发展的最终目的就是打造一个"没有人的世界"，但这并不单是人过度地滥用技术的结果，这是技术发展的本质所在。

安德斯批判人类沉迷在进步的幻象中，无视技术的变化给人类带来的威胁，这无疑具有重大的理论价值。如果说安德斯利用"夸大"手法对技术的批判在二十世纪过于"耸人听闻"，那么在工业4.0的二十一世纪，现实的展开正不断验证其理论的超前性：智能设备无时无刻不在形塑着人的思想和行为，人类越来越多地将选择权让渡给大数据，在休闲时间仍作为"数字劳工"

不断进行生产，在满足于短平快的浅层感官刺激下，逐渐失去了深入思考的能力……如今，脑机接口已成为现实，虚拟现实、元宇宙等新兴概念也层出不穷，科技发展在不断拓宽世界可能性的同时，也深刻改变了人与物、人与人、人与社会的关系，作为二十世纪的批判理论思想家，安德斯的理论仍是当今审视技术的重要理论资源。

但是，安德斯对现代技术超前性的批判，在人类学范畴内探讨人与机器的对立问题，将人类面临的灾难归结于技术，并从个体角度呼吁每个人反思并尝试改变技术给世界带来的变化，但又由于他认为人的创造性使人走向自身主体的反面，人类在自己创造的技术的绝对命令之下仅存有极其有限的自主性，所以最终陷入了悲观主义。究其根本，是由于回避了对生产关系的讨论，而将技术问题抽象化、一般化，同时也将其所处的资本主义阶段永恒化了，技术似乎在过去、现在和将来都是奴役人、宰制人的手段，技术似乎天然与人对立。安德斯混淆了技术和技术的资本主义应用，搞混了内容和形式，从本质上说，其技术批判理论就是一种拜物教。人文主义技术批判并未被技术带来的表面和谐幻象所迷惑，而是在现实的生产和生活过程中直面技术给人类带来的新的异化问题，其拜物教属性比被和谐表象迷惑的技术理性主义更加难以识别，此外新兴技术的"技术黑箱"也使技术带上了更为神秘的色彩，专业壁垒使得真正了解具体技术运行机制、理解具体技术运行逻辑的技术批判从事者仍是凤毛麟角。

斯蒂格勒称，自工业革命开始，科技发展进入了"人类纪元"，并指出，尤其是在马克思逝世一百多年，数字资本对工业生产方式和消费方式提出了新的要求，并对其提出了质疑。与蒸汽技术和电气技术相比较，数字技术是一项基本技术，它不仅集中在了制造方面，而且还深入到了整个制造、生活中。互联网，物联网，区块链，人工智能等技术正在以几何倍数的速度发展着，"新型智能性劳动资料将使大机器体系之智力系统也得以自动化运转。动力系统与智力系统双重的自动化运转，将使作'社会人的生产器官'之大机器体系完全发育成熟，人类生产力发展将达到极致。"[1]在此背景之下，对技术

---

[1] 刘方喜. 物联网分享还是人工智能垄断:马克思主义视野中的数字资本主义[J]. 上海大学学报（社会科学版），2018，35(2):52-65

拜物教的关注旨在提醒：要关注对技术的合理运用，能动地引导技术服务于人类解放，而不是盲目吹捧或批判技术本身。

第四节　技术的"社会主义应用"

马克思在他的《资本论》里提到英国出现的一系列的反抗机器的活动，例如人们反抗水轮锯，失业的人烧毁水轮剪刀，数万名靠梳毛谋生的工人上书国会抗议，以及 19 世纪初期的一次大范围的工人对机械的破坏。马克思对机器的应用和应用场合的区别进行了较为详细的论述："工人要学会把机器和机器的资本主义应用区别开来，从而学会把自己的攻击从物质生产资料本身转向物质生产资料的社会使用形式……。"[1] 显然，马克思的主张是，当劳动者完全认识到机器与其资本家运用机器的实质是不同的时候，他们就可以从自发地把机器粉碎上升到自发地消灭机器的资本主义应用这种非人道的"社会运用方式"。马克思在《资本论》中，以"机器的资本主义应用"为视角，强调了在机器的生产中，劳动者受到"剩余价值"的压榨，而剩余价值的产生与被剥夺，又与资本主义使用机器有关。当一台机器为资本家所利用时，就已脱离了最初的状态，而将其与资本家的运用联系在一起，就意味着它将给劳动者带来剩余的利润。增加劳动生产率的技术作用并不随着社会制度的性质的变化而变化，但其剥削性质却在资本主义制度中表现出来，在此情况下，其作用就是使大多数劳动者失去自己的劳动的控制。也就是说，资本主义制度赋予劳动工具以及工具的技术属性以剥削的功能属性。

马克思强调了"机器的资本主义应用"是"物质生产资料的社会使用形式"的一种体现。[2]他深刻地指出，机器的应用使生产率得到前所未有的提高，同时也使工人们失去了对生产过程的控制和决定，而成为生产资料的"附庸"，在资本主义制度中，劳动者成了机器和技术的附属品，被动地由机器支配。因此，机器既是生产过程中物质生产资料的一种重要形式，也是反映

---

[1] [德]马克思，恩格斯. 马克思恩格斯全集（第三五卷）[M]. 北京：人民出版社，2009:493
[2] 欧阳英.《资本论》中的生产工具理论及启示[J]. 哲学研究，2021(9):35-44.

资本主义生产关系的一个重要方面。按照人类社会的发展阶段，既然资本主义存在着"机器的资本主义应用"，那么自然也可以提出"社会主义应用"。社会主义应用指的是，在社会主义社会中，机器将被置于人民的服务下，成为人类创造与发展的有力工具，而不是仅仅服务于资本家的掠夺和剥削。社会主义应用将通过社会化的方式，实现生产资料和生产过程的公有和民主，使人民能够掌握和管理生产生活的主导权，从而创造更加美好、幸福的社会。在社会主义制度下，人民群众是机器的主人，机器生产的成果由人民共享。这样，机器不再成为剥削和压迫的象征，而是成为人民自我解放和实现共同富裕的强有力支持。机器本身没有价值属性，机器的功能也无涉姓资姓社的问题，区别在于，一旦与资本挂钩，它所产生的社会效应和机器、工具的资本主义应用会有很大的区别。"社会主义应用" 以"人"为先决条件为基础的应用，对"资本主义应用"是一种扬弃与超越。在人们的生活中，机器和技术都是在人们的生活中发展起来的，重点在于怎样充分地利用机器的生产作用，使其最大的价值增值结果为人们分享，从而让人们能够更好地为更多的人谋福利，这就是社会主义制度优越性所在。

第五节　小结

不可否认，技术的迅速发展加快了人类摆脱盲目自然力束缚的步伐，通过促进社会物质财富的极大丰富进而为生产关系的变革奠定了基础，在新兴技术渗透进人类生产生活全部领域的今天，揭示隐匿于剩余价值理论的"技术拜物教"，有利于帮助人们撕开摆脱剥削阶级思想观念控制的一条缝隙，进而促进人的解放。与此同时，"批判的武器"不能代替"武器的批判"，历史唯物主义之革新就在于跳出"解释世界"的近代思辨哲学，开启了以"改变世界"为基础的实践哲学，应在构建技术的中国特色社会主义应用方式的过程中，在共赴中国式现代化的新征程中，探索走向共产主义的现实技术路径，实现由必然王国向自由王国的飞跃。

当代中国从改革开放以来，大力发展科学技术，并将其应用于社会主义建设中，取得了令人瞩目的成就。中国的科学技术的社会主义应用体现在以下几个方面：第一，科技创新成为推动中国经济发展的新引擎。中国通过创新的方式，推动科技与经济的深度融合，为中国经济的快速发展提供了全新动力。中国的高铁、移动支付、互联网金融等领域都是科技创新的典型代表。第二，技术创新也为中国的社会发展提供了巨大的支持。例如，在医疗领域，中国已经成为世界上最大的医疗市场之一。同时，中国的医疗技术也在不断地提升，许多具有全球领先水平的疾病治疗技术在中国得到了广泛应用。第三，中国的科技创新也促进了社会的创新转型。例如，中国的移动互联网技术的发展，大大推动了中国消费升级和数字化转型。这一领域的技术也为中国的信息技术领域注入了新的发展动力。总之，中国的科学技术的社会主义应用已经发挥出了巨大的作用，助推了中国的经济和社会发展。在未来，中国还将进一步加强科技创新的力量，推动科技与经济的更深度融合，为实现人的解放做出巨大贡献。特别是在将新兴技术应用于社会主义的物质生产和精神生产过程中，使得传统的劳动形态发生了深刻的变化。这一现象，在某种程度上印证了马克思的预言。技术和高新技术的社会主义应用，极大地推动了社会主义的现代化进程。随着科学技术的深入发展，人们在社会生活中更加自由和充分的发展。这不仅体现了中国人民对马克思的劳动价值理论的自觉坚持和实践，同时也深刻地阐释了马克思的劳动价值理论的科学性。

中国特色社会主义的根本性质和方向决定了科学技术应用的社会主义根本性质和方向。　在建设社会主义现代化强国的历史进程中，必须贯彻人民的逻辑、坚持以人民为中心的发展思想来指引技术和高新技术的应用场景及其社会效用的治理。特别是高新技术的社会主义应用，例如人工智能的应用，为人类全面自由发展提供了新的动力。

马克思恩格斯指出："人类支配的生产力是无法估量的……这种无法估量的生产能力，一旦被自觉地运用并为大众造福，人类肩负的劳动就会很快地减少到最低限度。"[1] 高新技术的社会主义应用所能创造的生产力，更是无法估量的，它创造的生产力将为大众共享，体现了共同劳动、共享成果的宏

---

[1] [德]马克思，恩格斯. 马克思恩格斯文集（第一卷）[M]. 北京：人民出版社，2009: 77

观社会价值导向。在社会主义中运用高科技，不但可以加速人们的劳动解放的过程，而且还可以使人们在历史中对劳动这一人类的本质活动进行了有意识地、积极发展，从而使劳动神圣、工人至上成为全社会的共识。把高科技凝聚起来的先进的生产力放在人们的共同的集体使用中，将会更好地挖掘和利用其中所蕴含的协同、互惠、合作的生产力。在社会主义的生产体制下，人们通过科技凝聚而成的智慧，自觉地为全社会谋福利。

在社会主义中运用高科技，与资本主义相比，有着更加明显的优势，它一定会在科学技术和工业革命的过程中，为世界社会主义开拓出新的发展契机和新的未来。但是，高科技在资本主义应用中，如果资本主义的私有制和雇佣制度得不到改变，那么科技几乎无法为社会提供普遍性的发展。智能社会的发展又一次表明，资本主义不能承受其自身所创造的生产力。一方面，我们处于"智慧"的年代；另一方面，我们仍处在马克思所指出的"历史年代"之中。我们要深刻认识到某些新兴科技对社会的作用，坚持以人民为本，以社会发展为导向，科学、合理地运用技术，全面推动社会主义现代化。

第六章　大数据技术与人类解放

　　数据技术的本质是处理关系，数据应用是发现关系，处理关系和建立关系，数据离不开人，数据技术的发展要以"人类解放"为价值旨归。大数据技术的发展，促进了人类的自由，使人类能够实现在实在世界中所不能达到的目的，为人类提供更多美好的生活方式选择项。但是，数字化也给人们带来了两难困境。在实现信息自由的过程中，人们总是要面对一个问题，那就是尽可能地避免被信息自由所束缚。数据技术问题作为人类解放进程中的来加以理解，能够对信息技术的发展，给予准确的价值观引导，让关注人类自身，一直是所有技术发展的首要目的。

第一节　大数据技术与人的解放

　　在当前的数字化时代中，数据已成为我们生活中越来越重要的资源之一。与以往相比，我们现在所生产和搜集到的数据量是非常巨大的，涵盖了几乎每一个方面，包括生产、科研、医疗、社交、教育、娱乐等等。些资料进行综合与分析，能够为我们提供多种深入的见解与资讯，从而帮助我们更好地了解并做出正确的决定。数据提供了可能性。数据可以让我们了解市场趋势、用户需求、竞争对手的行动等，支持我们做出更好的商业决策。数据可以帮助科学家们更加深入地了解自然规律、人类行为、人体健康等，有利于进一步的科研成果。数据也有助于推进社会公共治理，例如，政府可以通过收集教育、医疗、城市建设等各种领域的数据，制定更为精准的政策，更好地服务社会民众。

数据也是商业竞争的核心资源。目前，许多企业已对数据资源进行了投资和利用。通过数据分析、挖掘和建模，企业可以深入了解消费者、推进产品创新、提高运营效率等，从而实现商业增长和盈利增长。同时，数据也是新兴产业的核心驱动力。例如，人工智能、大数据分析等技术可以解决许多领域的复杂性问题，成为新时代的产业新动能。

但同时，海量的数据也给研究提出了许多新的问题。要想保障用户的隐私权，就必须关注数据的安全性。另外，数据孤岛和数据鸿沟等问题导致了数据的利用价值被大大削弱，相应的政策及技术应加强数据开放，提高数据共享利用效率。同时，数据追溯、数据可信、数据写入和未来的数据标准化标注也是亟待解决的问题。

综上所述，数据已经成为我们生活中越来越重要的资源之一，提供了许多潜在的价值和商业机遇。因此，不仅仅是学者和企业家需要关注数据，普通人也应该参与到数据时代的进程中来，积极学习数据技能，更好地应对数据时代的挑战。通过技术的不断进步和数据的广泛运用，人们可以更准确地了解市场需求、行为趋势和社会状况。同时，数据技术也在改进医疗、教育、交通等社会服务领域的服务质量和效率。大数据技术更是能够发现和利用隐藏在各种数据背后的相关性和模式，提供更可靠的预测和未来趋势分析，为科学决策提供更有力的支持。总之，人在大数据时代中看起来比过去更能克服客观的阻碍，促进人们实现自由全面发展，大数据时代人更自由，使人实现了更大程度的解放。

一、数据延展了人的认知边界

数据可以被视为人类研究和认知世界的绝佳工具。在当前的数字时代，我们生产和搜集到的数据量是非常庞大的，这些数据涵盖了几乎每一个领域，包括科学、医疗、教育、商业、社交等，其广度和深度在人类历史上前所未有。这些数据被用来研究人类行为、社会和环境问题，因此，数据已经延展了人的认知边界。 数据可以提供有关各种现象的大量信息，帮助我们更好地理解和解释人类行为、发现规律等。例如，教育数据可以帮助我们更好地了解学生的学习行为和进展情况，从而为教育结构的完善提供帮助。在医疗领域，数据分析可以发现药物副作用、疾病发生率以及人体功能等，推进健康医疗发展。在商业领域，数据分析可以帮助企业更深入地了解顾客需求、扩大市场、提高竞争力，调整战略规划等。 通过实现数据的可视化展示，使人们更加深入地认识到世界的广度和丰富性。例如，遥感图像可以展示出地球上各种自然和人类现象，如自然灾害、城市规划等。数据还可以帮助国家和地区了解各种生态和气候问题。

数据可以帮助人类更好地了解世界、理解世界，拓展知识领域，探索人类认知边界。数据可以帮助人们更准确地了解事物的本质和规律，在一定程度上增强了人们的认知能力和判断力。比如，医学领域的数据分析可以帮助医生更好地诊断和治疗疾病，教育领域的数据分析可以帮助学生更好地掌握知识和技能，企业领域的数据分析可以帮助企业更好地了解市场需求和消费者行为，从而调整营销策略，提高销售效率。此外，大数据技术的发展也使得人们可以更加高效地获取和处理数据，更好地进行数据可视化和模拟分析，从而更加深入地了解数据背后的本质和规律。总之，数据的广泛应用和大数据技术的进步不仅促进了社会发展，也增强了人们的认知能力和智慧水平。

二、数据提供了更多的选项

在数字时代，数据已经成为人类认知和行为选择的重要依据之一。数据的广泛应用和大数据技术的不断进步，使得人们可以更加方便、快捷地获取到更多数据，不仅带来了对事物更加深入全面的认识，而且可以帮助人们更好地做出更明智的决策。因此数据提供给人们更多的选项。

首先，数据可以帮助我们更好地了解问题，尤其是复杂的问题。通过收集大量的数据并进行分析，我们可以看到问题的各个方面，从而更好地理解它。例如，以个人为例，随着社交媒体的兴起，人们可以通过大量数据来了解不同的文化、趋势和思潮，从而选择更加符合自己口味的生活方式；而在工作领域，人们可以通过数据分析了解市场发展趋势、企业竞争状况等信息，从而做出更加明智的决策。其次，通过分析数据，我们可以制作模型和预测，了解可能的结果并做出决策。例如，在投资领域，通过分析经济数据和股票行情，投资者可以做出更好的投资决策。在个人生活中，通过了解健康和营养数据，人们可以更有效地管理自己的身体健康和保持良好的饮食习惯。最后，数据可以给我们提供更多的选择。通过数字化的社交媒体、电子商务、在线信息等，我们可以获得更多个性化、及时的信息和服务。例如，网上商城可以提供各种产品，消费者可以根据需求和偏好来选择产品。网络教育平台可以向世界范围内的学生提供更多的学习课程，让学习者有更多的选择权。

总之，数据的增加为人们提供了更多的选择，能够帮助人们更好地实现自己的目标。

三、数据提供了更多的闲暇时间

人体自身的复杂性和工具的局限性限制了我们的生活，然而，"大数据"的生存模式突破了"空间限制""时间限制"和"媒介限制"等各种限制，大大提高了人的可选择时间，为人们追求个人兴趣和爱好、实现全面发展和人格自由奠定了技术保障。数据在很多方面帮助人们提高了效率，减少了时间成本，使得人们拥有更多的闲暇时间去做其他事情，发展自己的良好个性，促进个人的全面发展，提高闲暇时间的生活品质，提升幸福指数。

随着科技的快速发展和大量线上信息的便利获取，数据的增加已经成为人们生活中的一部分，不仅仅是在工作和学习方面，同时也在娱乐和闲暇时间中发挥着越来越重要的作用。 在娱乐和休闲方面，数据的增加提供了更多种、更具有选择性和趣味性的娱乐方式。随着互联网的普及，人们越来越多地喜欢在线观看电影、电视剧、综艺节目、微视频等，并可以根据自己的兴趣、爱好和时间自由选择观看。除此之外，更多的在线游戏、社交工具、数字图书馆等也为人们的生活增添了更多的乐趣。同时，通过数据，人们也可以更好地规划自己的闲暇时间，了解各种活动和娱乐场所的开放时间和基本信息，以便能够更好地利用好自己的闲暇时间。数据的增加也使得人们在宅家期间可以通过网络获得更多的信息和资源，进一步缓解了由于疫情等原因带来的肉体限制和心理困扰，让人们在家中也能够享受到更加广泛、便利的娱乐资源。因此，数据的增加为人们的休闲娱乐提供了更多的选择，可节省时间和成本，让人们享受更加丰富多彩的生活。

四、数据拓展了人们的生活空间

2023 年上映的一部热门电影《流浪地球 2》中，有一个"数据人"的故事，这个故事讲述的是一个人死后，他的脑海中的数据会被抽取出来，储存在一枚芯片中，然后，这个数字就会变成一个数字人，这个数字人会留在这个数字世界中，让人们能够通过芯片与计算机进行交流，从而获得一种精神上的慰藉。

2023 年，北京卫视的元旦晚会，邓丽君这个"神秘嘉宾"，突然出现在了舞台上，她将与王心凌、韩雪一起，共同演唱一首《我只在乎你》，这首让人耳目一新的歌曲，瞬间引起了热议。真实与虚幻的冲突，表明了数字世界里，肉体的含义被加强，肉体的种种变数被引进到了虚幻的生存之中。目前，随着虚拟空间和人体的联系日益紧密，尤其是 VR 和 AR 等应用，网络产品和服务将更加注重人体的感受。人体成为联系真实和虚幻两个世界的最直接的纽带，将两者结合起来。

大数据技术渗透至实在社会的方方面面，大大提高了人类的物质文化素养。首先，以数据为基础构建的"数字空间"为人类提供了崭新的生存环境与经验。这个虚拟的数据空间有着与真实空间不一样的表达形式，在真实生活中，所有的生活元素和表达形式都是非常真实的，所以生活的内容、形式和范围都受到了某些客观因素的制约。然而，在真实的世界中，在时间、空间、地域等客观因素的制约下，在数字的技术上，将图、文等元素融合在一起，从而创建出一个崭新的时间空间和时间的运作方式。在虚拟世界里，你能体会到很多在真实世界里无法体会到的不同的人生经历。比如，在各类社交平台上，可以体验不受地域、性别、身份限制的交往，可以设置自我定义的个性化、多元化的娱乐体验，虚拟场景发展极为迅速，甚至可以有虚拟空间的仿真"感觉"体验，比如今年爆火出圈的"接吻神奇"就是给异地恋带来了福音。

这种开放、自由、平等的数据世界，不但为人类创造了一个巨大的展示与沟通的舞台，更为人类创造了一个独特的时间与地点，让人类获得了一种对真实世界的感受。它在一定程度上超越了真实生活，为人们创造了一种理想的、快乐的生活状态。

通过数据技术，人们可以实现跨地域、多元化的生活方式，例如远程办公、视频通话等。此外，人们还可以通过数字化技术实现智能家居管理，如随时掌控家中温度、灯光、电器等，自动化程度更高、生活更便捷。物联网技术的普及，也使得人与人、人与物体的互联更加广泛，实现交互性和灵活性的增强。

数据增强了人们的认知能力，提供给人们更多的可选择项，提高了效率而增加了人们的闲暇时间，通过各种数据合成数字空间而拓展了人们的生活空间，而使得人们变得更加自由。数据从多维度、全方位给人们更多的自由，使得人们获得了更大程度的解放。

第二节　人与"数据牢笼"之困

随着大数据技术的纵深发展，人们所面临着的困境也变得越来越复杂。虽然大数据技术给人类带来了巨大的机遇和利益，但同时也暴露了人类在大数据处理和应用上的种种隐忧：首先是隐私泄露问题。大数据需要通过用户数据来发掘其中隐藏的信息和关联，这一过程中，用户的个人隐私很容易被泄露。其次，信息过载问题。随着信息的不断增加，我们很难判断哪些数据是可靠且重要的，而哪些数据是不可靠和无用的，这种信息过载可能导致人们做出错误的决策。第三，质量问题。大数据并不总是真实可靠的，可能存在数据偏差和错误，因此需要处理出正确的数据才能更好地应用这些数据。同时，大数据也会导致种种伦理困境，例如基于人工智能的自动化系统可能对媒体、金融、教育等领域带来巨大利益，但同时也可能对社会产生负面影响。此前就曝光过的某些公司通过应用大数据，从而获得了大量用户的信息，进而通过这些信息来实施钓鱼行为，给用户造成了巨大的经济损失。　此外，大数据的出现也使得普通用户的数据安全处于风险之中。现在，许多移动应用和社交平台都要求用户授权共享其数据，这给黑客和欺诈分子提供了机会，从而增加了许多潜在的威胁。

大数据技术的发展应该增进人的自由、促进人的发展，而不是反过来使人被囚禁于"数据牢笼"中。数据空间具有对现实空间的超越性，帮助人们完成现实生活中无法达成的目标。然而，数据空间也引发了现实困境。随着数据技术的日益推进和纵深发展，人们面临的是虚实共存的世界。虚拟生活的到来，不仅让人的生活模式发生了变化，还让人的生活条件得到了提高。但是，它也让人的生活模式呈现出了现实与虚拟性的二元化的冲突，同时，虚拟的互联网也逐步演变成了一种对人类进行约束和约束的技术架构，从而造成了人的新的异化。

因此，大数据时代虽然给我们带来了很多便捷和利益，但也暴露出了许多隐患和问题。我们必须认清这些困境和问题，并通过合理的政策和技术手段来解决它们。

一、过度依赖问题

数据越"能干"，人们对数据就越依赖。大数据的爆炸式增长，让人类感觉到早已被"数据化"，我们几乎可以通过大数据解决所有问题，数据技术的功能越强大，人们就越依赖它。然而，在这种依赖的同时，我们也应该注意到其中的过度依赖可能会带来的问题。首先，人们的过度依赖大数据可能会使得个人思维能力逐渐下降。人们越来越依赖数据，忽视了本质上掌握抽象思维能力的重要性。也就是说，我们随着依赖大数据的加深，人类的独立思考和判断能力可能会下降，甚至会变得越来越局限。此外，绝对服从于100%正确的数据也会影响人类对直觉和经验的信任。而我们的直觉和经验是我们从古至今漫长的人类文明历程中积攒下来的宝贵、深厚的财富，我们应该保留和珍视。其次，用数据来判断复杂的社会问题也可能会带来一定的风险。大数据分析追求的是客观的数据和规律，但是人类社会本身就是比较复杂的，数据模型存在的局限性也可能会导致一些社会问题无法被合理地解决。

在此领域需要的是多方面的思维方式，结合数据分析，更加全方位地解决这些问题，同时分析数据时也需要在专家指导下进行科学合理的判断。最后，过度依赖大数据还可能使得数据泄露、侵犯个人隐私、恶意攻击等问题变得更加突出。随着数据逐渐成为商业利益竞争的手段，有些企业可能仍然存在侵犯用户隐私的行为。

过分地依靠虚拟生命，使得人们成了资讯科技所规制的客体。大数据技术既是人们改变生活方式的手段，又是人们生活方式的主导。人们利用信息和通讯技术，构建了一个完备的虚拟世界，以满足人们对现实生活领域和生活质量的要求。没有了互联网，他们的生活、工作、学习似乎都会受到影响。互联网上的大量信息资源，无处不在的信息辐射，创新的生活方式，无时无刻不在影响着他们，对他们的心态和意识进行操控。

二、新异化问题

在这样一个新的社会里，由于社会分工的日益细化，智能机器变得更加的智能和强大，而人类却变得更加的迟钝和弱小，很多人都开始担忧，人会不会慢慢地变成智能机器的一个零件，最终被机器所控制、奴役，乃至被替代。随着大数据的不断发展，越来越多的新的数据异化问题也随之出现。 首先，大数据的特点之一就是"大"。大规模的数据集往往需要采用复杂的算法和技术来管理和分析，这也放大了数据背后的权力和掌控力。在这个过程中，数据分析的过程也失去了透明度和公正性，数据所带来的结果或者预测也可能受到制定方的意志和偏见的影响，从而导致社会中的一些群体难以获得平等的机会和公正的待遇。 其次，大数据可能会加剧对知识和技术高度集中化的趋势。因为大数据的处理需要拥有强大的计算和分析能力以及专业知识和技能。这就导致了对更大型和更具攻击性的头部企业和机构的需求。而这些头部企业和机构可以通过数据和技术的优势稳定其市场地位，从而进一步阻碍创新和竞争，压抑其他企业和机构的发展和成长。 最后，大数据还可能加剧社会的分化。尤其是在数据丰富度低，标准化程度低的社区和社会中，数据科技往往更难贯彻到生产、管理、服务等领域，从而导致这些社会群体在数字时代中的快速落后。这一现象可能会加剧不仅是市场上的不平等，制造出更加强烈的社会不公。

因此，大数据虽然带来了许多优越的性能和挑战，但它也可能带来新的异化和不公问题。我们应该对这些问题保持警惕和关注，不断推动技术的进步和网络的完善，保障一个公正、透明和开放的数字未来。同时，我们也应该不断拓宽数据的利用范围，开发适应不同层次的人的数据分析技术，从而达成以数据为核心的普惠性网络目标。

三、数据操控问题

在一个数字化的时代里，普通民众很容易被数据精英所控制。在数据时代，人类以大数据技术为基础，创建了一个虚拟数字世界，然而，这个世界非但不能满足普通大众的需要，而且还变成了控制和操纵他们的异己力量。比如，大数据增加了数据的复杂性。与传统数据不同，大数据包含各种形式和来源的数据，例如结构化数据和非结构化数据，从传感器、移动设备、社交媒体等来源获得的数据等。这些数据不仅形式不同，而且在结构、格式、质量和处理能力方面也各不相同，因此需要特殊的工具和技能来收集、汇总和分析，而这些特殊的工具和技能往往掌握在少数人手里，比如技术精英、资本寡头等。掌握了信息技术，并且擅长利用信息技术来创造经济效益的知识精英们，可以过上更高质量、更快乐的生活。同时，因为拥有的信息资源不平衡而造成的数字鸿沟，也造就了一大批的信息贫穷。就一般民众而言，他们不能掌握最新的资讯科技与资讯，不能跟上时代的步伐，没能选择自己想要的生活，就无法成为生活的主宰。

随着数字挖掘技术的发展，对数据被深度挖掘、转售等二次利用等后果的担忧也越来越大。人们几乎每时每刻暴露在智能设备面前，时时刻刻在产生数据并且被记录。个人隐私机会将无从谈起。其次，用户一直被投喂经过筛选的信息而被控制在一个"信息茧房"之中被驯化，无法获得全面的信息而做出偏颇的判断和决策。还有数据鸿沟问题。一些人可以很好地拥有和使用大数据，而另外一些人却很难拥有和使用大数据，数据鸿沟由此产生。数据差距将导致红利分配的不平等，并进一步激化不同群体之间的分歧和甚至导致社会冲突。

第三节　大数据技术下的数据垄断

习近平总书记也在党的二十大上强调："建设现代化产业体系。坚持把发展经济的着力点放在实体经济上，推进新型工业化，加快建设制造强国、质量强国、航天强国、交通强国、网络强国、数字中国。"[1]构建数字中国，需要充分利用数据的价值、促进数据流通，但是，数据所带来的巨大价值和潜力也导致了"数据掌控""数据争夺"等"数据垄断"现象的出现。

大数据技术可以帮助企业深入了解用户需求和行为，指导企业的产品设计、营销策略等方面。但是，一些企业占有大量用户数据，使得其他竞争对手难以获取相关信息，形成了数据垄断现象。 数据垄断的存在带来了多方面的问题。首先，它增加了市场垄断和垄断利润的可能性，这将限制竞争和创新，并且会影响消费者的选择。其次，数据垄断会加剧社会不平等，因为只有少数大公司拥有数据资产，而其他公司则无法获取它们所需的数据。最后，在大数据技术下，数据隐私问题也变得更加突出。由于数据垄断者掌握了大量的个人信息，这意味着他们可以通过数据分析收集用户敏感信息，造成隐私泄露和滥用。 因此，要解决数据垄断问题，需要加强数据监管和保护，并促进数据共享，确保数据的公平和透明。同时，需要加强技术创新和培养竞争性企业，以实现数据创新和市场多样性。

浙江某高校法学系副教授郭兵在 2021 年 12 月向杭州市中院递交了一份针对《中国知网滥用市场支配地位》的诉状。中国科学院文秘中心于 2022 年 4 月 8 日发出将关闭"中国知网"的通告，其中提到中科院在 2021 年采购的数据库总额已经超过了千万，高额的采购成本已经成为中科院在采购过程中

---

[1] 习近平：高举中国特色社会主义伟大旗帜 为全面建设社会主义现代化国家而团结奋斗——在中国共产党第二十次全国代表大会上的报告[EB/OL]. [2022-10-26]. http://www.gov.cn/xinwen/2022-10/25/content_5721685.htm.

的"庞然大物"，在社会上引发了轩然大波。"知网"是一家被称为"知网"的公司，在 2022 年 5 月 13 日，就其是否存在"知网"的垄断问题进行了初步的调查。

1998 年，世行引入了"国家知识基础设施（NKI）"这一概念。为了响应世行的要求，中国学术期刊杂志社变更为中国学术期刊电子杂志社，并在此基础上开通了网上投稿业务，由光盘版转为网络版，由此诞生了中国知网。国家给予了知网极大的支持，被国家科技部等五部委列为关系到民族前途的"国家级重点新产品首选"，并颁发了国家级项目证书。在这种情况下，"知网"将各大学的学术期刊频道全部覆盖，从而在中文期刊上形成了一家独大的局面。然而，自 1999 年起，随着我国高校扩大招生规模，中文文献数据库在"知网"上的持续积累，"知网"已经占据了中国高校文献数据库的接近 100%的市场占有率，其"低成本"地接收高校文献，并通过"高成本"地获取文献数据库，并将其与"高效率"地捆绑在一起，形成了"高利润"的竞争格局，这既违反了"知识资源共享"的目标，又通过"高利润、高效率地使用"的原则，最终造成了"高收益"的"垄断"局面。

虽然新兴的数据技术及其广泛应用给社会带来了更多接触及机会享受信息，但一些企业或国家图谋自己的利益，采取不正当手段实施数据垄断行为，不仅给个人权益带来侵害，还阻碍数据流通，波及更大范围，拖垮数据经济发展，削弱数据治理的空间，从而不利于社会和国家的政治经济发展，甚至带来新的社会不公正。

一、数据垄断侵害个人权益

大数据时代的到来令数据资源在企业运营中的重要性日益显现，使得保护用户个人数据以及使用服务过程中产生的数据变得更加重要，无论是对企业来说还是对用户来说，都是不可抗拒的现实。数据垄断者拥有了大量的用户数据，能够从中获取用户的个人信息和隐私，侵犯了用户的个人权益。首先，数据垄断导致用户的数据隐私和信息安全得不到保障。数据垄断者通过掌握大量的用户数据，可以利用这些数据进行个性化定位和精准营销，而这些过程中用户的个人信息和隐私容易被泄露、滥用。例如，用户在使用某些应用程序时，会被迫同意分享个人信息，而这些信息可能被滥用。另外，数据垄断还会造成信息不对称的现象，这意味着消费者的选择将受到限制。因为数据垄断者拥有大量的用户数据，让他们能够更好地了解用户需求，而其他企业却无法获取这些数据，从而导致无法顺应市场变化，而无从对市场做出应对。 最后，数据垄断也会对用户的利益产生不利影响。企业利用垄断地位，可以利用数据的优势，独占市场，操纵行情，加重用户的负担。而其他具有竞争力的企业因无法获取数据，进入市场的难度也大大增加。总的来说，数据垄断者的行为侵害了市场公平，损害了消费者的个人权益，必须进行严格的监管和管理，从而保障消费者的权益。

在数据市场平台上，一方面，占据优势的"大数据赢家"们能合理地把握和运用贵重的用户行为数据，塑造更加统一而权威的消费市场；另一方面，失效的隐私保护则导致用户在免费产品或服务换取或交换数据时，失去对数据之掌控，更有可能被恶意侵害或受到不公正的对待。而进一步加重该状况的是，大型数据驱动经营者的数据合并更会加速数据市场的垄断化，对用户的不公正对待和隐私泄露带来更大的威胁。

于互联网大型企业持有大量用户行为数据，其利用相应的算法技术手段可以预测分析用户的行为习惯，以向用户推送相似兴趣的广告或内容而非其希望看到的内容。因此，由于数据被集中在少数企业中，个人在获取理想的产品、服务时将无法主动，而企业可以通过提供个性化定制服务来让用户盲目购买其不需要的产品或服务。

二、数据垄断损害行业利益

在大数据时代，数据垄断已经成为一个使得行业受损失的问题。数据垄断者通常是拥有大量用户数据的大型企业，其通过收集、分析和利用数据来控制市场，扼杀竞争对手，使得行业利益受到损害。数据垄断挫败了正常的市场竞争，这是因为数据是商业竞争的基础。同时，一些数据垄断者通过掌控数据，滥用其垄断地位来制定不公平的定价策略，迫使小企业或消费者承受过高的成本。这不仅损害了其业务利益，还破坏了整个行业的生态环境，导致整个行业的发展寸步难行。

已经占据市场支配地位的数据巨头完全有充分理由、动力和能力消灭潜在或未来的威胁，这具体表现为数据巨头利用其在数据资源和技术上的优势操纵市场，强制新进入者接受不公平的交易条件或者利用"雪球效应"向周边市场传播其在产品市场一侧建立的垄断地位，从而阻碍有潜力的参与者平等、自由地进入相关市场。另外，数据垄断令重要的数据资源和技术出现高度的集中和扩散，尤其在数据驱动的市场中，数据巨头如此结成协议基于共同利益，相互提拔，力图利用这种一致性达成暴利，也就是常说的"结盟优势"，以此作掩护篡改和抵消市场竞争的正常步伐，进而使其他竞争者的竞争壁垒叠加，形成市场进入壁垒。此外，横向或纵向集中行为搞拢数据资源和技术的集中，从而扼杀他人的行动空间，甚至阻碍新者的进入，而拥有数据资源和技术优势的数据巨头恰恰利用这种干扰来控制市场，掌握自身垄断优势，侵犯他人的正当权益。数据被集中在少数几家经营者手中，其他经营者的生存空间必然会受到限制。一旦没有其他竞争势力以后，垄断者自身的创新能力就会衰减，这也将使整个行业失去多样性的产品和服务，影响行业的发展和进步。

因此，要解决数据垄断问题，需要建立相关的监管制度，加强数据保护和共享，保障数据的公平，防止垄断者的滥用垄断地位。同时还需要逐步发展竞争性企业，提升行业反垄断和自律机制，促进行业的健康发展，维护行业的利益。

三、数据垄断损害国家利益

数据垄断问题日益凸显，损害着国家利益。数据具有资产化的特点，数据垄断、集中掌握数据将会给国家带来很多负面影响。

首先，数据垄断会导致产业结构失衡，对国家经济发展造成不良影响。数据垄断者能够占据市场的一定比例，对其他竞争者产生压制和排挤作用。新建的企业和中小型企业由于难以获取数据而难以与数据寡头进行竞争，形成行业强弱悬殊的格局，严重影响产业结构调整和优化。

其次，数据垄断也会降低国家的科技创新能力。创新如同一把钥匙，可以开启新的市场和未来的发展。但如果数据的获取权被垄断于少数企业手中，就会限制其他企业的探索能力，难以进行创新。数据垄断者还可以利用自己的数据垄断优势来压制有创新能力的企业，这将限制国家的科技和产业发展。

此外，数据垄断者还可以利用垄断地位，掌控用户信息，甚至对国家利益构成较大的安全隐患。人们日常生活的各个领域，比如社会网络、在线旅游、电子商务、本地生活、在线医疗等，都存在大量的数据，而这些正是我国最重要的民生领域，如果把这些数据分析出来，就能全方位监测和预测民众的经济和生活，从而为国家的经济社会安全带来不可忽视的威胁。如果数据垄断者被外部恶势力所利用，就可能造成社会稳定的动荡，甚至是国家安全问题。

数据垄断不仅仅造成了消费者利益的受损，也会危害到国家利益。应该加强数据垄断者的管理和监管，确保数据在国家安全和社会福祉的前提下更加公平地流通和完善地应用。同时，要鼓励数据共享和数据开放，加快建立对数据的全面管理制度，从根本上杜绝经济、收入和信息不均等问题。

滴滴事件退市

为了预防滴滴公司的信息安全隐患，保护我国的信息安全和公众的权益，我国的信息安全委员会在《国家安全法》和《网络安全法》的指导下，根据《网络安全审查办法》，对其进行了一次网络安全检查。根据《全国互联网安全检查报告》显示，滴滴公司的数据操作行为，对我国的国家安全造成了极大的危害，还出现了一些不遵守监管规定，或者是背地里搞小动作，或者是恶意规避监管的行为，滴滴公司的这些行为，对我国的重要信息基础设施和数据造成了巨大的威胁。法律规定，由于事关国家机密，不得对外公布。

此次事件发生后，滴滴选择了在美公开发行，但美国议会于2020年颁布了《外国公司担责法案》，规定在美国公开发行的公司必须能够证实自己没有被国外国家所持有或所控，或者必须接受公司审计委员会的审计报告。该条款违反了《关于加强在境外发行证券与上市保密和档案管理工作的规定》，该文件是中国证监会、国家保密局、国家档案馆在 2009 年联合发布的。此外，由于非法获得的乘客个人的旅行信息，极易引起涉及国家军事目标、关键基础设施等重要的涉密地理信息的泄漏，不仅严重影响国家的国家地理信息的安全性，而且还会带来潜在的军事风险。

网络中有大量的假数据，一般民众对数据的了解与数据巨人们之间，本来就有信息不对称，因为知识层次不同，经济水平不同，对数据需求、敏感度不同，因此不同群体对数据的直观感觉也有很大的不同，一旦民众对精美的数据出现了盲从，就会影响到国家意识形态的稳定性。

第四节　走出数据垄断困境：数据开放

数据开放是解决数据垄断问题并促进国家经济和社会发展的重要途径。通过数据开放，可以打破数据壁垒，促进数据共享和交流，让更多参与者（包括企业和个人）共同分享数据和信息，促进公平竞争、产业升级和科技创新。下面从三个方面分析数据开放如何帮助解决数据垄断困境。首先，数据开放可以促进市场公平竞争。数据垄断者在市场上占据了不可撼动的地位，通过掌握大量的专有数据将竞争者排斥在市场之外，形成一种市场独占局面。如果进行数据开放，开放更多数据资源，可以让更多企业有机会进入市场，提供更优质、更多样化的服务和产品。这样可以有效地打破数据壁垒，打破数据垄断，让市场上的参与者更加平等地参与市场竞争，并更有效地激发市场创新和动力。其次，数据开放可以促进科技和产业创新。数据是科技创新和产业升级的重要支撑。更多、更广泛的数据流通，会加速科技和产业创新的迭代升级。通过数据的开放共享，可以为研究机构、企业和各行各业提供丰富、的数据资源，更便捷地挖掘数据信息，有效地促进科技创新和产业发展，创造更多的社会效益，推动经济增长及社会进步。 最后，数据开放可以提高社会个人的获得感和参与感。数据资源应该是一个共同、公平、透明的公共资源，所有个人和企业都有共享和利用数据资源的权利。数据开放的实施可以为公众带来更多更好的生活体验，增强公民投资意识和权益意识，让每个个人成为数据经济的参与者，提升对数据经济的获得感和参与感。通过数据开放可以打破数据垄断，促进市场公平竞争，助力科技和产业创新，提高社会个人获得感和参与感，有助于构建一个更加健康、公平、可持续的数据经济生态系统。

大数据改变了我们生活中的数据采集、传输、处理和贮藏，引领着世界走向一个数据化的未来，可透明的世界正在我们身边慢慢建立。大量数据都源于人们日常活动，可以无声无息地被某些机构搜集到，而数据流通者则可以以此为机会，在数据生成者不知情的情况下，免费地对数据进行收集、分析、储藏、运用甚至出售，从而获取经济利益。但在如此敏感的地方，一旦数据采集或使用不当，就不可避免地会产生巨大社会损害，因此，数据掌握者应当承担责任，切实保护数据生成者的利益和权利。

由于数据的管理和获取过程不透明，导致许多社会公众并未真正理解数据的开放价值，并缺乏对于可信数据的信任度。如果数据仅仅是少数人掌握和使用的资源，那么就会限制科学、经济和社会的发展，甚至制约民主和公平的实行。而数据透明度正是解决这种问题的关键之一。随着越来越多的数据得到公开，许多原本难以获取的信息变得透明和易于获取。公众可以更好地了解数据对于商业和政策决策的重要性和实际应用效果，并对于数据的开放性和可信性产生信任感。同时，数据透明度也促进了开放数据的使用，推动创新和创造价值。 数据透明度的提高，也让数据变得更加全面和公正。公开的数据可以减少误解、降低偏见，使得社会更加包容和开放。公众也可以通过检查数据的来源、研究方法和基准等信息，更好地理解数据的分析和判断过程，发现数据中的不足并指出改进空间。数据透明度的提高，让更多的社会公众认识到了数据开放的价值和重要性，同时也让数据更加全面和公正。这种普及开放的趋势对于实现公平、可持续和创新型发展也有着十分重要的意义和作用。

除此之外，还可以从以下几个方面来全面提升数据透明化水平：首先，改善数据管理和组织。建立高效的数据收集、管理、处理和分析系统，建立公正、可信的数据质量标准以及保障数据隐私和安全的法律法规，保持数据的一致性和准确性。 其次，推行数据开放政策。政府、企业等机构制定并实施数据开放政策，对于符合条件的数据进行公开，使得数据能够更便捷地被大众所使用，有效地提高数据的透明化水平。再次，加大技术投入。通过加强技术研发和应用，提高数据的可视化、可操作性，为用户提供更加直观易懂的数据呈现方式，提升数据交流和利用的效率和质量。还有，落实信息公开制度。政府、企业等机构把信息公开作为必要的政策制度，定期公开相关数据和指标，并支持独立媒体和社会组织对于数据进行监督和传播，确保数据的公正性和可信度。另外，促进产业合作。建立与数据相关的产业联盟或协会，加强行业内信息交流和协作，提高数据的互通性、可利用性和安全性。最后，进行国际合作。国际数据信息的共享合作也是提升数据透明化水平的重要方法之一，与他国开展科技合作、数据共享，促进信息交流和共同发展。

一、数据开放的价值导向

数据开放的价值导向是指，在数据开放的过程中，应该遵循哪些价值取向和原则来促进数据开放的实现和应用，从而达到更高的社会效益和经济效益。数据开放的价值导向包括以下三个方面：第一，数据开放应该遵循公共利益原则。数据开放的目的是促进公共利益，提高社会效益。在实施数据开放的过程中，应当考虑公共利益，遵循公开、透明、公正等原则，确保数据开放符合社会伦理和法律法规的要求。第二，数据开放应该遵循共享经济原则。数据开放是共享经济的重要组成部分。在数据开放的基础上，可以促进更多企业和个人的参与，推动经济增长和产业升级。数据的共享和交换可以促进产业链上的个体间互动和联盟建设，形成互惠共赢的生态系统。数据开放应该遵循公平、共赢的原则，提高数据的价值和效率。第三，数据开放应该遵循技术创新原则。数据开放的实现离不开技术和平台的支持和保障。数据开放需要依托于先进的技术和平台，以保障数据的交互和传输的质量和效率。同时，数据开放也可以促进技术创新的迭代发展。数据的推动和应用可以为技术创新提供源源不断的动力和支撑，从而创造更多的社会价值。

数据开放的价值导向是多方面的，旗帜鲜明的价值导向是保障数据开放实现和应用的基本条件，也是实现数据开放价值的关键。在实践过程中，各项数据开放政策和实践措施应当贯彻这一价值导向，从而达到更高的经济效益和社会效益，并推进数据经济持续健康发展。

通过数据交换、共享、开放和流通，数据资源得以充分发挥价值，消除数据的孤岛，使它得以更加被优质地利用和开发，这也是数据开放的关键所在。数据开放能够使更多的人更容易直接或间接访问和获取数据，有效地减少重复的数据获取劳动，将精力主要放在开发更具创新性的应用程序和系统集成上。此外，数据开放的运用还有助于为公众提供优质的服务，有效促进个体利用免费开放的数据，创造出便捷的工具以适应信息时代的需求，以及不断探索新产品。此外，随着公众对数据透明度的不断提高，政府数据的开放就体现出更为重要的意义，其开放的内容也不再是笼统的信息，而是更加精细、准确的原始数据，让政府部门有机会接收到公众的反馈信息，形成良好的政民互动循环，有助于推进公共事务管理，协助政府做出利于民众的公共决策。

二、数据开放策略

数据开放的策略是指在数据开放的实践中，应该采取哪些指导思想和措施，以实现数据开放的目标和效果。在制定数据开放的策略时，需要综合考虑政策、法律、技术和实际情况等因素。数据开放的策略包括以下几个方面：第一，基础设施建设。目前，数据开放的技术基础设施建设尚未完备，需要加强数据交换和共享平台的建设。政府应该引领数据共享平台建设，促进数据交流，促进企业、政府部门及社会组织之间的数据共享，推动数据经济的协同发展。第二，完善法律法规。数据开放涉及个人隐私和数据安全等敏感问题，因此需要采取法律措施保护数据的安全和隐私。政府应该加强法规建设，完善数据保护的法律法规，明确数据开放必须遵守的规则，建立数据开放的监督机制，保证数据公开透明、利于监管和应用。第三，优化数据管理。政府应该加强对数据的管理，建立科学的数据分类、标准化和管理制度，统一数据格式，确保数据的质量、可靠性和开放的可用性。在数据开放的过程中，政府应该加强数据的共享、交换和流通，建立标准数据接口，推动数据的互通有无，实现数据的良性流动。第四，鼓励社会参与。数据开放不仅仅是政府行为，还需要广泛的社会参与和支持。政府可以鼓励社会组织和企业创新应用数据，推动数据开放的市场化发展。此外，还可以积极推动公众参与到数据的开放和使用中来，提高数据的民主化和透明度。第五，加强宣传和培训。政府应该通过各种方式，积极宣传数据开放的意义和价值，提高公众对数据开放的认识和支持。同时，政府还应该加强国家级的数据开放培训和示范项目，提高数据开放的技能和应用水平，促进数据开放的推广和普及。

为了更有效地开放和使用数据，我国必须加快统一的门户平台建设，以国家为主导，并规定通用的元数据标准，规范数据的开放、交换和共享。这样可以使数据更容易访问，便于使用，同时也减少重复的数据获取劳动，让更多精力放在开发更具创新性的应用程序和系统集成上。此外，利用数据挖掘、关联技术等措施，对开放的数据进行整合，过滤掉无效、重复的数据，供社会各界使用各类优质免费数据资源，推动公共事务有效管理，使政府拥有更好地进行民众需求听取方式，从而做出利于民众的公共决策。

数据开放不仅有政府起主导作用，也需要多方共同参与和合作才能有效运行。除政府开放公共数据资源外，还要积极鼓励互联网公司、高校研究机构、学者、各行业企业、社会组织和民间组织等多方参与，以搭建信息共享桥梁，搭建信息共创平台，以形成产—学—研的融合发展模式。此外，加强与社会征信、商业资讯、学术研究等各项社会性数据源的协同推进，加快构建广域的大数据交换共享机制，充分挖掘大数据价值，丰富社会大数据应用，发挥其价值。数据开放的策略是多方面的，在实践过程中，需要充分考虑各种实际问题和现实情况，综合运用各种合理的策略，从而推动数据开放的顺利进行，实现数据开放的众多价值和目标。

第五节 大数据技术下的数据鸿沟

数据鸿沟指的是在数据产生、收集、处理、分享和利用中，由于缺乏一定程度的数据普及和数据素养，导致数据资源的庞大和多样性无法被有效地共享和利用。大数据技术迅猛发展，数据的产生、存储、处理和应用能力也得到了大幅提升。然而，大数据技术下却出现了一个新的问题，即数据鸿沟。

"数字鸿沟对无法获取不可或缺的医疗卫生信息的人而言是关乎生死的问题"。[1]伴随着大数据技术发展进程，"数字鸿沟"问题日益凸显，那些在"数字化"新常态中被落下、被边缘化的人群的生存境遇就变得令人担忧。人们在积极肯定大数字技术促进社会发展和增进人类福祉之同时，也担忧其引发新的社会不平等和社会分化。如何回应数字化发展过程中不断变化演进的数字鸿沟问题，引导"技术向善"，打造公平包容的数字未来，已成为普遍关切。

随着互联网的普及，技术扩散引发的数字基础设施接入鸿沟趋于缓解，智能手机的广泛使用也缓解了由数字融入引起的技术使用差距。但是以数字应用收益差距为主要特征的效能鸿沟仍然成为新的关注焦点，引发了对数字技术对带来的社会分配的不公的担忧。因此，数字化收益差距成为影响数字经济时代包容性发展的核心问题。

《2016 年世界发展报告：数字红利》探讨了数字技术产生的巨大效益及效益的不均衡分配。它首先认可数字技术在全球范围内的普及正在推动经济增长，增加发展机遇；但同时也指出，由数字技术带来的"红利效应"或发展机遇存在地区和群体上的差异，而这正是"非数字配套机制效应"的风险所在。所谓"数字红利"，指的是互联网等数字技术的普及引发的经济发展效益，包括带动经济增长、创造就业岗位以及改善政府服务等。其中，数字经济通过联接企业，可以促进经济增长；它通过联接民众，可以帮助新兴行业的就业增长与收入提升；同时也可以联接政府，为公众提供更完善的服务。

受数字技术的影响，传统数字化程度落后的主体，会因缺乏数字化设施而无法利用数字技术实现收入增长，这就导致了数字红利分享的不均衡。由此可见，数字红利差异的深层原因在于有限数字资源分配的不平衡。由自然环境和技术的现状决定的数字接入及使用的权利不对等，是造成数字红利不均衡的主要原因。另外，地理位置、文化、资源开发程度以及政策的不均衡

---

[1] 新冠疫情暴露全球数字鸿沟拉大，每日经济 2020 年 8 月 24 日。
https://cn.dailyeconomic.com/tech/2020/08/24/9452.html

等方面的因素也是影响数字红利差异的重要因素。其背后的机理主要表现为以下两个方面：

首先是由于资产的互联网资本化所产生的差异。[1]我们将"资本"定义为凝聚以往投入而形成的、具有市场进入机会并能够通过市场获益的资产。转化资产为资本的过程，就是为资产获取市场进入机会的过程，其意义在于行动者不仅变成资产的占有者，也成为和市场紧密联系在一起的主体，其占有的价值将通过市场得以评价。而由于自然环境、技术的现状以及政策的不均衡，许多偏远农村的技术水平低、数字接入受限，无法利用数字技术实现收入增长，从而导致数字化红利分享的不均衡。因此，把店铺从传统集市搬到互联网商务平台，将互联网技术应用于实践，激活原本"僵化"的资产，赋予它们新的价值，使原本难以资本化的资产转化为互联网资本。我们将"互联网资本"定义为拥有特定互联网市场进入机会因而能够通过市场获益的资产，因其具有的网络"连通性"带来的规模效应，使得数字红利差异进一步扩大和显性化。

二是因数据要素收益分配的失衡所致：一方面，东西部数据要素存量的差距使得东西部数字经济发展效益不均衡。据国家数据资源调查报告提供的数据，我国数据资源的绝大部分集中在东部地区，在 2017 年至 2019 年期间全国的数据存量中，东部地区数据存量占比大约在 56%左右。东部地区发展的数据要素产业集群效果显著，《2020 年中国数字经济发展研究》报告显示，广东、北京、浙江、江苏、上海等省市在 2019 年的数字经济增加值均超过 1 万亿元，几省市的数字经济比重都在 40%以上，位居我国数字经济发展的最前沿；与此同时，数字经济规模在西部地区普遍地低于全国平均水平。[2]

另一方面，作为主要的提供者，个人缺少能够直接参与用户数据要素收入分配的机会，这加剧了用户数据要素收入分配的不平等，而当前个人参与用户数据要素收入分配的方式仅有通过获取隐私保护的回报以及获得个人数据侵权赔偿。然而，个人信息、用户隐私侵权案件经常发生，同时，这些案

---

[1] 邱泽奇;张樹沁;刘世定;许英康.从数字鸿沟到红利差异——互联网资本的视角[J].中国社会科学，2016，(10):93-115+203-204.
[2] 杨铭鑫等，《电子政务》2022 年第 2 期。

件的赔偿金额却根本不及用户的隐私补偿预期。中华人民共和国中央人民政府网发布，2020 年公安机关侦办侵犯公民个人信息刑事案件 3100 余起；[1] 澎湃新闻报道，2021 年全国共破获侵犯公民个人信息案件 9800 余起，2021 年全国共破获侵犯公民个人信息案件 9800 余起，福建网安部门侦查查明，犯罪嫌疑人诱骗某电商平台店铺客服点击木马链接，窃取 200 余家店铺的买家个人信息 1000 余万条，向他人层层贩卖，最终流向网络诈骗团伙。[2] 据统计，我国个人数据侵权案件中平均每条个人数据的赔偿价格远低于用户牺牲其隐私而愿意出售个人数据的平均价格。此外，海量用户数据能精准反映偏好、消费习惯、行动轨迹等潜在信息，数字用户剩余价值在数字平台的强制"自愿许可"包装下被侵占。[3]

此外，参与数据要素生产的劳动者收入分配不足，即共同参与数据要素生产的劳动、技术、知识要素和资本要素之间存在收益不平衡，其原因在于劳动力价格歧视与知识要素贡献的低估，而且个体的数据分配权由于不可见性和市场信息不对称存在很大不确定性。特别是平台经济，平台依赖由业务员收集的数据来提升业务效率，而这些数据采集者以零工身份受雇，基本社会福利保障尚不到位。技术人员要为平台提供整理、分析和挖掘数据，将来自劳动、技术、知识等要素的数字技术创新有机结合在一起，这些数据资源化生产的价值应当通过知识劳动者的劳动力价值得到确定，而不是以持股分红等长效激励分配机制代替的方式。

数字鸿沟应该被视作一种多阶段的不均衡现象。[4] 它可分为接入鸿沟、使用技能鸿沟、应用效能鸿沟。

接入鸿沟可以由政府或私营部门提供的数字基础设施供给能力及意愿上的差异而造成，其不均衡的地理分布是其最重要的特征之一。[5] 以中国为例，

---

[1] http://www.gov.cn/xinwen/2020-12/30/content_5575322.htm

[2] https://www.thepaper.cn/newsDetail_forward_16235698

[3] 杨铭鑫等，《电子政务》2022 年第 2 期。

[4] Yu L Z．Understanding information inequality: Making sense of the literature of the information and digital divide［J］．Journal of Librarianship and Information Science，2006，38(4).

[5] Van Dijk，J. A. The Deepening Divide: Inequality in the Information Society. London: SAGE. New Media & Society，2005，16 (3)：507 -526.

虽然我国数字技术水平已经得到较大提升，但与英美等国家相比（互联网普及率分别为96%和90%）仍存在较大差距。且中国人口基数大，2022年8月31日，中国互联网络信息中心（CNNIC）在京发布第50次《中国互联网络发展状况统计报告》。报告显示，截至2022年6月，我国网民规模为10.51亿，与此相对应的是 4 亿多的非网民群体，庞大的数字化"失连（接）"群体使得我国数字鸿沟问题依然严峻。从结构上来看，中国的数字使用存在较大的地区差异和城乡差异。据第50次中国互联网络发展状况统计报告，报告显示，截至2022年6月，我国城镇网民规模达7.58亿，占网民整体的72.1%；农民网民规模达2.93亿，占网民整体的27.9%。而根据2022年中国互联网发展报告，位列 2022 年中国互联网发展指数综合排名前列的是北京、广东、上海、山东、江苏、浙江等发达省市，西部落后省份排名靠后且与东部发达地区的互联网发展指数存在较大差距。以上数据表明，我国数字接入水平和数字化发展水平在城乡和东西部之间还是存在一定差距。

当然，随着我国经济发展水平不断提高，数字社会建设加快推进，数字接入上的差距已得到较大程度的改善。特别是，2017 年，当数字中国首次写入党和国家的纲领性文件之后，我国的数字化建设取得了飞速发展，截至2021年，我国是全球数据第二大国和数据算力第二大国，数字中国建设取得了巨大的进展。2021 年，《中华人民共和国国民经济和社会发展第十四个五年规划和 2035 年远景目标纲要》专篇部署"加快数字化发展，建设数字中国"战略规划。随着互联网接入和数字设备的普及，宏观层面上看来，区域、城乡之间的差距正在得到极大的缩小。

然而，旧的矛盾缓解，新的问题接踵而至，微观层面存在于不同信息主体之间数字技术使用技能方面的"使用技能鸿沟"逐渐受到普遍关注。

使用技能鸿沟关注的是数字素养和技能如何影响人们以对其需求有意义的方式参与数字化生活。要想使用网络更加有效，掌握相应的数字技能是不可或缺的，与之相对，物理接入可能无法带来太大帮助。每个人使用网络的方式和程度也有所不同，有些人把网络用来娱乐消遣，而另一些人则主要将网络用于学习或工作，分别被称为"网戏人"和"网学人"。[1]

相关研究曾指出，城乡网民在商务交易类、支付、新闻资讯等应用使用率方面差异较大。也有研究显示，社会地位较高的社会成员用于提高社会资本的应用程度更高，而社会地位较低者则会花费更多的时间在各个类型的应用上，尤其是在娱乐应用上耗费更多的时间。对于大多数农村网民以及其他低收入人群而言，互联网仍然停留在"单纯的娱乐工具"阶段，而不是可提供多元服务的应用平台。他们也倾向于花费更大量的时间在无意义的内容上，因为他们更容易被算法控制，被动接收算法推荐的内容，困在互联网构筑的"信息茧房"里，这就是数字使用技能鸿沟的具体表现。

数字使用技能鸿沟又会进一步影响到数字使用地位。讨论数字使用的地位，指的是在数字使用中个体或群体能够享受的社会资源以及受到的尊重程度。网络空间建立在数字优势群体的偏好上，他们的年轻化趋势更加明显，主要位于社会的中上层，他们的价值观在网络空间上也支配着主流趋势。他们按照自己的需求设计出一些社交、办公、娱乐类的程序软件，以及一套对于程序运作的操作偏好，追求精细化和专业化的表现；他们的城市文化、精英文化、流行文化等也主导了网络空间上的文化趋势，加强了他们的"文化霸权"，而那些农村、草根文化却被边缘化甚至排斥。这就导致大多数来自底层和大龄的人群在操作手机或进行网络社交时，都感到不适应，甚至重遭歧视。在数字使用上的不平等要比接入上的差距更加隐蔽，它成为信息时代社会不平等的新形态，反过来也进一步加剧了现有的不平等。[2]

使用技能鸿沟尤其体现在数字代沟或代际鸿沟，主要指的是由于年龄和成长环境等差异而导致的不同时代之间掌握和使用信息技术能力以及判断信息价值能力上的差距。随着信息传播技术的更新，划分不同的代际的标准已经从传统的时代转变为掌握各种新技术的能力，从而形成"数字原住民"和"数字移民"的对比，他们的技能水平的差异拉开了数字鸿沟的距离，老一辈往往要跟新一辈学习。同时，这种代际数字鸿沟也令人类得以拓展新的文

[1] 胡明川.网戏人与网学人的知识沟在急剧扩大[J].重庆工学院学报(社会科学版)，2009，（4）.
[2] 黄雨晴.中国数字鸿沟的成因与赋权式治理[J].学习与实践，2022，(09):23-33.

化传播模式，即年轻一代获取新技术的能力，可以被用来传承古老的文化精髓，从网络移民到网络原住民，将带来全新的文化传播体验和发展方式。

数字技术作为一种生产要素在实践中受到越来越多的应用，但产生了极大的社会经济差异，其后果不仅表现为权力、收入和福利差距，同时也使得社会分层现象不断累积和叠加，进而演变为以收入差距为主要特征的新的数字鸿沟，是谓数字技术"应用效能鸿沟"。

沃斯乔瑟指出，数字鸿沟至少包括物理资源（计算机、其他设备和接入互联网）、数字资源（内容和语言）、人为资源（信息素质和教育）、社会资源（社区和制度）等四个维度。[1]不难理解，物理资源实际上可看作基础设施，数字资源和人力资源属于数字技能相关要素，而社会资源（社区和制度）可看作数字使用效能因素。

在数字经济时代的发展过程中，涌现出大量新的业态、新的模式和新的就业机会，这可视为数字应用效能鸿沟的生动展现。根据国家统计局发布的数据显示，2021 年我国新产业、新业态、新商业模式等"三新"经济增加值不断提升，其增加值达到 197270 亿元，相比 2020 年增长了 16.6%，其比重占国内生产总值 GDP 的 17.25%，比 2020 年更是提高了 0.17 个百分点，说明"三新"经济在数字时代的发展中发挥了重要作用。伴随着新一代信息技术的发展，新业态与职业类型随之而生，它不仅在拓宽劳动者就业领域与职业选择上具有积极的作用，也给劳动者带来更多新的收入来源，有助于营造经济社会发展的繁荣氛围。

今日，从数字技术驱动的接入数字鸿沟到使用技能鸿沟再到应用效能鸿沟，体现了数字鸿沟研究范式的发展进程。其中，接入数字鸿沟关注的是数据技术地理分布方面的差异；使用技能鸿沟关注的则是数字技术使用的平衡性，以及它对用户参与度和社会福祉的影响；而应用效能鸿沟强调的是不同社会经济群体在数字应用效能上的发展差距，以及其带来的社会经济损害。随着技术的发展，数字技术和数据资源逐渐向微观个人发展，成为生产和分配领域的重要组成要素，为社会发展带来积极影响。

---

[1] 秋发．中国数字鸿沟——基于互联网接入、普及与使用的分析［M］．北京：社会科学文献出版社，2010:23.

一、消弭鸿沟的赋能进路：提升素养和精准帮扶

（一）提升全民数字素养与技能

为实现数字公平，首先要让每个个体都拥有平等的"数字身份"，成为有资格使用数据和技术的人，并享有平等的数据接入、获取和使用权利。这样就能让每个人都有公平的机会使用数字技术，并通过提高数字素养和技能来适应数字化发展的需求。这将有助于削弱社会领域存在的结构性不平等对数字领域公平的影响，进而实现数字领域的公平。何谓数字素养？什么是数字素养？数字素养是指一个人对于使用数字技术的基础能力和技能的掌握程度。它包括快速获取信息的能力、信息加工和管理的能力、交流和协作的能力、安全和保护的意识和技能，以及评价和创新的能力等。数字素养不仅意味着技术的熟练掌握，还需具备对数字信息的处理和运用的能力，以及理解数字技术对社会、经济、文化等方面的影响的认知水平。数字素养是 21 世纪必备的一项能力。

2021 年 11 月，中央网信办正式发布了《提升全民数字素养与技能行动纲要》，以推进数字素养与技能培育发展加速推进数字革命。《纲要》指出，当前数字鸿沟问题与现实社会分层现象日益突出，主要表现为蓝领群体数字技能普遍落后，农民与新兴职业群体数字技能落后，女性数字素养落后，未成年人数字安全需求未得到妥善落实。数字素养与技能培育发展，将在习中、贵中、艾中、申中关切的改革发展理念的指导下，着眼"以人民为中心"的发展思想，让不同背景的人民从数字化浪潮中都能受益，充分地享受到数字祝福。 为此，《纲要》明确部署"建立全民数字素养与技能培育发展体系"建设，构建以"基础型""岗位/职业型""主体自主型""培育赋能型"为模式的"四位一体"发展体系。要求"培养全民基础数字素养与技能训练体系""培养数字领域高水平大国工匠"；要求"提升企业管理人员数字素养，建立数字化思维，提升经营管理水平""加强就业者与其他职业性学习教育""建设个人数字自主发展机制，积极参与数字生态创新"。最终促成数字时代的每个人都有数字素养去分享数字带来的成果。

为了解决数据鸿沟，实现数据公平，我们应该努力建设能覆盖全民、能实现城乡融合、体现公平一致的持续发展的数字素养与技能培育体系，强调知识的更新和创新的驱动，并兼顾变化的适应和未来的发展。

（二）精准帮扶数字弱势群体

要实现数字领域的真正平等，我们不能再将个体简单地视为抽象的"数据或技术的使用者"，而是应该在数字环境中，充分尊重和满足他们独特的身份认同、期望、欲望和需求。只有这样，我们才能真正实现数字领域中的平等，让每个个体都能够平等地参与数字赋能，并得到公正、公平、合理的对待。为此，算法设计者需根据诸身份认同，如位置、年龄、性别、学历等，设计参数，并采取更广泛、更具代表性的数据收集和采样测试方法。换言之，要实现数字包容，我们要求以不同的身份认同进入数字领域，而不是改变个体本身顺应数字世界的要求。

根据差异原则，我们要加强对特殊群体的精准帮扶，打造一个友好型的数字化社会。近年，我国发布了《关于切实解决老年人运用智能技术困难便利老年人使用智能化产品和服务的通知》《关于推进信息无障碍的指导意见》等政策，帮助老年人、残疾人使用互联网应用。这些政策下，近 452 家应用网站和 APP 完成了适老化、无障碍改造，充分尊重老年人、残疾人的身份认同，并实施了形式多样的技术培训和数字教育活动。此外，政府还落实了多种技术支持措施，包括为特殊群体提供免费、优惠的数字设备，减轻特殊群体进行数字化转型的经济负担，不仅可以为特殊群体提供便捷使用数字产品的环境，还可以弘扬特殊群体的价值。

首先，要加大适老化及无障碍智能终端供给，以满足老年人、残疾人需求，保证他们"看得见、听得清、用得了"。要推动智能手机、平板电脑的适老化及无障碍改造，引导终端生产企业推出带有极简模式、无障碍模式的智能终端，要具备大字体、大音量播放、远程协助、SOS 呼叫、语速减慢等功能，推动 ATM 取款机、自助售卖机、登机值机设备等智能终端在便利店、停车场、超市、药店、公共汽车站、餐饮店、摆渡人商店等公共场所陆续投入使用，为老年人、残疾人等不同群体提供更加便捷的智能服务。

其次，要提高无障碍服务的适老化及普及率。以老年人、残疾人需求为导向，推动新闻资讯、社交通讯、生活购物、金融服务、医疗健康、市政服务等领域的利器应用进行适老化及无障碍改造。要求互联网应用产品在设计阶段就考虑老年人、残疾人用户的使用习惯和特殊需求，参照国家无障碍设计相关标准推出适老化及无障碍优化功能，并将其纳入产品日常维护流程，满足老年人和残疾人特殊实际需求，让他们足不出户享受数字服务便利。

第三，要落实老年人和残疾人的数字技能培训。鼓励手机厂商、互联网企业等机构基于自身产品和平台推出便于理解、易于掌握的数字技能培训教材，以及相应视频，帮助老年人和残疾人学习使用智能终端及相关互联网应用。要积极鼓励企业和社会团体发挥社会责任，在老年社区、开放大学等公共活动场所设立专门的志愿培训学院，开展针对老年人和残疾人的数字技能培训，提高其培训效率和可获取性。

此外，要支持智能化服务与传统服务共存。智能化、信息化和数字化以及无线通讯等正在大势所趋中成为新一轮社会发展的根基，但仍有很多社会成员习惯以传统的方式进行日常生活，因此，要尊重各类群体的生活选择，支持智能化服务与传统服务的共存，譬如延续营业厅、银行、社区居民服务中心等机构提供人工窗口服务，为了满足未习惯于数字化服务的群体，保障全体社会成员都能平等享受便利性服务。

二、消弭数据鸿沟的三次分配进路

（一）初次分配：市场机制起主导作用，发挥数据要素价值

大力发展数字经济，最大化利用数据要素价值。发展数字经济是弥合数字鸿沟的前提，不能本末倒置，应从规范数据收集和加工、共享存储及处理、瓦解数据魔方等多个方面着手。首先，需要建立规范的数据要素收集与处理机制，使数据收集和处理流程合法化、规范化、自动化，强化数据闭环管理。其次，完善数据共享存储及处理机制，建立可靠、安全稳定的数据共享平台，实现多用户、多领域、多渠道的数据共享服务。最后，要瓦解数据魔方，发

挥数据分析能力，加强数据挖掘技术的破解能力，使数据得到全面赋能。同时，要大力推进数据资源共享，发挥数据要素价值，更有效地体现社会价值，同时采取有效措施加强消费者数据个人隐私保护，促进更加公平、合理的数据价值共享。

（二）再分配：发挥政府调控收入分配的作用

在数字经济发展迅速的今天，政府应对不断发展的新业态和新模式的税收征管有必要强化宏观调控，确定税收课税对象及收入适用的税率，通过调节税制实现二次分配或贫富分化/数字鸿沟的缩小。

同时，应加强税收治理，采取精准征管措施，完善流程和机制，实现与新业态和新模式相适应的跨境税收征管体系，不断提高税收服务手段，简化税务程序，强化违规行为处罚，增强社会公平正义感。

因此，平台企业和个人都需要加强纳税意识，遵守相关税收法规，规范从业行为，秉承诚实信用的精神，积极合作，充分尊重税务机关的工作，积极缴纳税款，积极主动地进行税款的缴纳和缴纳。有关部门要加强对数字经济运作规律的深入探讨，针对在数字经济中出现的不合理的高收入来源，对其进行特殊的税收制度，强化对网红、直播带货等新型个人收入所得的税收制度。同时，也应制定相应的法律法规。2021 年底，知名网络主播黄薇（网名"薇娅"）偷逃税案件成为人们热议的焦点。经税务部门核查，其在 2019 年至 2020 年期间，偷逃税款 6.43 亿元。按照相关法律法规，税务部门对薇娅追缴税款、加收滞纳金并处罚款，共计 13.41 亿元。事件一出，引起一片哗然。网红"雪梨"、林珊珊同样涉嫌偷逃税款，分别被追缴并加收滞纳金 6555.31 万元、2767.25 万元。2022 年 2 月 22 日，广东省广州市税务部门依法对网络主播驴嫂平荣的偷逃税款等行为进行处罚，对平荣追缴税款、加收滞纳金并处 0.6 倍罚款，共计 6200.3 万元。数字经济收入的多元化和灵活性，容易通过实际控股、运作室设立等形式进行转移，导致有些人在收入数额庞大的情况下，却仅适用较低的个体税率，从而造成不合理的避税情况，比传统经济更为严重。此外，由于数字经济收入更加便捷，容易使人脱离传统经济场景，加深了避税问题的严重性。

与此同时，要健全社会保障体系和完善再分配体系，加强对弱势群体的扶助，从而尽量减小数字产业化和产业数字化对不同群体的数字就业境遇、数字红利获取和财富分配及贫富差距带来的负面影响。

（三）第三次分配：发挥科技向善的力量

第三次分配是由市场主体、公益机构和政府三方协同自发，以自愿的形式进行的，可以弥补初次分配和二次分配的不足，达到更平等的社会公平与发展均衡。它是市场资源的短板分配与联动，地方财政对再投资的促进，和权力分配机制的调整，有效地确保资源分配公平，提升社会各界的发展。实践领域涉及数字慈善捐助、数字志愿服务、数字民间互助、数字社会企业等。

1.数字化慈善捐赠

数字化慈善捐赠正在促进慈善事业的发展。它拓展了慈善捐赠的时空畅通度。慈善捐赠是整个慈善事业的核心环节，也是第三次分配作用发挥的关键所在。良好的公开透明和规范运作是慈善捐赠的重要保障，这不仅影响着慈善捐赠的质量，也关系到整个慈善事业的可持续发展。确保慈善捐赠的公开透明和规范运作，需要各方面的共同努力，建立良好的监管机制和慈善管理体系，让慈善资源得到更好地利用，更有效地帮助需要帮助的人。数字化慈善捐赠将最新的数字技术工具如慈善移动互联网、大数据和人工智能等与慈善形式有机统一。通过运用大数据和智能科技，数字化慈善捐赠可以确保慈善捐赠的公开透明和规范，从而提升慈善捐赠的质量和公众的知晓度和参与意愿，同时实现慈善捐赠的第三次分配和可持续发展。数字化慈善捐赠以数据资源作为核心要素，以数字科技为引擎，是全新的形式。它的出现，将慈善捐赠从传统的线下转移到线上虚拟网络空间，并催生了许多慈善捐赠网络平台和公益慈善捐赠场景，从而极大地提高了公众的参与意愿和认知度。

2.数字化志愿服务

数字化志愿服务是指利用数字技术手段进行志愿活动的组织、管理、宣传和服务等各环节。它将数字技术和志愿服务相结合，通过互联网、移动通信、大数据、云计算、物联网等技术手段，使志愿服务更加高效、精准和智能化。数字化志愿服务显示了数字时代下社会关注和参与公益事业的新态势，旨在打造全新的志愿服务生态系统。数字化志愿服务包括志愿者招募、任务发布、安排调度、培训考核、服务记录、数据汇总等多个环节，所有志愿服务活动的信息都可以通过网络传输和存储，志愿者和管理人员可以根据系统匹配志愿服务需求。数字化志愿服务既可以随时随地参与，又能够保证安全可靠、规范、透明，充分激发社会力量，促进公益事业的健康发展。数字化志愿服务不仅扩大了志愿服务的范围和深度，改变了传统志愿服务的方式和模式，同时还有助于推进数字化社会的建设和发展，促进社区共建共享。

3.数字化民间互助

利用数字化工具，尤其是大数据，可以整合分散在网络场域的各类信息，如图片、文字、视频等，通过数据共享与计算机算法的优化，可以为民间互助性的公益慈善活动提供有效参考或决策依据，特别是数据化存储的"去中心化"特性，使得每个个体或社会团体都可以参与其中。随着互联网技术、社交网络化及移动支付工具的广泛应用，民间互助得以与网络技术有机融合，产生了颠覆性的新模式，可广泛用于医疗救助、应急管理、养老服务、教育和其他诸多领域。

4.数字化社会企业

数字化社会企业可以突破传统社会企业的公私界限，利用数字技术来不断改进社会企业的治理结构，促进其发展目标，更好地实现企业的价值，从而更加有效地推动第三次分配的有序运转。它可以将社会价值可视化，使用户使用行为可以被量化评价，从而更加直接，快速地影响社会问题。并且，通过商业手段帮助解决社会问题，促进数字化社会企业的发展，从而使商业和非营利领域的界限逐渐模糊。这种趋势也使得社会企业的认证、运营和迭代更加便利。

三、树立数字包容理念，在发展中实现数字普惠

数字包容理念是指将数字技术的发展与普及与社会公平和包容相结合，使每个人都有机会接触、学习和使用数字技术，共同受益于数字化发展的成果。数字包容理念需要考虑到数字鸿沟等不平等因素对于社会内部的影响，

包含贫困人口、老年人、少数民族、身体残障人士等群体，因他们往往因缺乏教育、资源、技能、资金等方面的支持而被较大程度地排斥在数字化发展的边缘，导致数字社会创造的机会和价值并没有得到充分的发挥。数字包容理念需要政府、企业和社会一起合作，通过普及和开发适合各群体的数字产品和服务，提供培训、知识传授和技术支持等多方面的帮助，推进数字化发展为更多的人服务，共同推动数字包容和普惠。

首先，包容性发展要求实现发展主体的全面性。如果没有全民的参与，分享发展的结果就不会公平，要鼓励所有主体积极参与国民经济发展，以确保发展成果的公平共享。因此，全面发展的本质要求是促进各方面都积极地参与到经济发展中来。特别要关注脆弱人群的发展。由于与其他群体相比，弱势群体在经济发展中的作用和机会相对较少。加强对社会弱势人口的人力资本投入，提高他们的能力，拓宽他们的就业渠道，是实现全面发展的关键。需要指出的是，有关如何缩小数字差距的讨论，大部分都是以发达国家为中心。在数字技术、知识积累等领域，发达国家有可能利用数字技术和知识积累来实现信息霸权，全面发展需要更多的参与主体；让发展中国家在讨论互联网治理方面拥有更多实际的发言权。

其次，确保发展机会的公平性是实现包容性发展的关键，既涉及参与公平性，又涉及成果分配的公平性。发展机会公平性是发展权意义上的公平，是提供所有参与者公平参与、平等受到回报的可能性。它要求人们不必因家庭背景、自然禀赋或特定环境而感到挫败，而是有同等的参与机会、可被挑选机会和获得服务的机会。虽然公平机会不代表各参与者必须获得一样的回报，但可以确保每一个人都能按照自身能力和努力程度参与发展，真正获得发展成果。

第三，在包容性发展中，该段落可改写为：实现普及和共享发展成果是包容性发展最终目的。在此过程中，每个人都应享有平等机会和责任，共同合作推进社会的协调发展。只有真正实现发展成果的全体共享，并消除不平等现象，才能实现包容性发展旨在追求全面和公平社会发展的目标。

数字鸿沟与数字包容相对应，分别代表着普遍参与新技术发展的理想和现实情况。数字鸿沟方面关注让不同人群参与信息技术发展之中，注重弥补不同群体之间数字能力上的差距，成为伦理主张和公共政策中的一种重要关注。而数字包容理念更强调把不同群体的平等参与作为共同发展的重要前提，致力于减少信息技术发展过程中的数字鸿沟，让每个人拥有平等的数字参与权利。

从数据鸿沟到数据包容的过程应该被视作一个不断调整的动态过程。首先，数据鸿沟是随着数字技术的创新和传播进而产生出又不断被解决的一种演变过程，即使采取了相应措施也不能一劳永逸地解决问题。其次，数据鸿沟的弥合也是一种不断的人与技术配合的过程，技术驱动人类建立新的能力，将数字技术和传统能力有机结合，同时在作出更大努力满足弱势群体特殊需要的基础上，促进其参与和并与发展。第三，数据包容的过程也是推动不同群体发展权/权利平等化的动态过程，其中重视数字弱势群体的获取权，又不会损害其他群体参与数字化发展的机会，然后方可使各个群体相互融合，从而实现社会整体发展的目标。最后，当最大化全体数字经济参与者的权利并同时弥合数据鸿沟时，全体数字经济参与者都能够共享发展红利，人民群众的获取感、幸福感和安全感也随之提升。

闪耀的希望与尊严正在从大数据"赋能"的本质中来源源不绝而至。数字化生存的力量对未来所能实现的民主化、交流与变革构成重要支撑和助推，让我们有机会拥抱更美好的未来。在社交媒体时代，通过人们间交流分享资讯而实现普遍赋权的数字平台，我们可以具有自主自由的行为心态。社会认同可以通过网络来实现，而孩子们可以通过社交媒体建立起跨国的互助友谊，开发出新的思维领域。可以说，通过数字化生存，个人可以大幅提升自身的话语渠道及交流能力，以及追求尊贵的感觉。而社会也可以通过科技发展和市场共建而实现社会软实力的增强，从而拥有更加丰富多彩的未来。

第六节　小结

"以人为本"的智慧治理

"十四五"规划和 2035 年远景目标纲要提出"营造良好数字生态"的重要指示，亟须加以重视，切实开展工作。在大数据的智慧治理中，创新是推动此治理走向未来的最大动力，"以人为本"是建构这一体系的基石，应用大数据是实现二者必要的手段，而面向大数据技术的未来，构建"有温度的大数据技术"就是其一方面。因此，在大数据技术的治理中，必须重视建构"人与数字技术共生"的理念，把以人为本作为重要的取向与核心原则，以维护个人权利和保障基本自治体系，贯穿整个大数据治理过程，实现和谐的社会发展，促进人的解放。

大数据技术本质上仍然要坚持"以人为本"的思想引领，要注重"人技共治"的重要价值内核，大数据技术发展要以促进社会进步、改善民生、推动经济发展以及促进人类社会可持续发展为目标，这与人类未来可持续发展息息相关。数字生态是一个复杂的系统，一个个要素交织，形成紧密互联关系，要想更好地促进可持续发展，就必然要求各个主体都有责任承担，共同构建和谐稳定、自由与开放的良性数字生态，建设更美好的数字未来，努力营造温馨安全的数字文明，才能更好地发挥数字身份的社会治理功能，推动和谐社会发展。

二、写在最后

技术的应用场景决定了人们对它的态度，技术的社会主义应用与技术的资本主义应用会带来截然不同的结果。技术进步对人们的幸福程度的影响程度决定了人们对它的态度。如果技术的进步意味着大部分人的失业，诚然，这种技术进步会给人们带来不幸福；相反，如果技术的进步能够改善人们的生活体验或工作环境、降低他们工作的辛劳程度从而提升他们的幸福感，那这种技术是被人们热烈欢迎的。学者们从使能技术（enabling technology）和取代技术（replacing technology）的角度考虑进步。我们知道，望远镜的发明让天文学家能够更清楚地遥望星球，但是这个进步的技术并没有造成劳动者大量失业，反而帮助我们去完成一些全新的、之前无法想象的工作，促进人类科学的进步。纺织机器则相反，它们取代了手工纺织工人的现有工作，导致纺织工人失业，他们的收入甚至生存受到了威胁，这种不受欢迎的技术会遭致他们的反抗。一旦技术以资本的形式取代了工人时，人们就更有可能奋起反抗。

每一项技术的采用和推广都是由人决定的，如果人们因此失业，而大规模失业威胁到社会稳定，那么这项技术的推广也不会畅行无阻。我们常常理所当然地认为新兴的技术创新是受欢迎的和令人惊叹的，但这似乎并不能充分解释为什么它应该如此。事实上，技术的采用取决于那些受其影响的资本控制者或利益集团能否从中受益。挤占工作岗位的技术变革通常会导致社会不稳定，有时还会适得其反。担心技术进步会破坏工作岗位并不稀奇。在 1930 年代的大萧条时期，Charles Beard 和其他著名的美国思想家指责工程师和科学家为大规模失业创造了条件。在 1960 年代，当企业开始严重依赖计算机时，机床减缓了车间工作岗位的增长，对自动化的恐惧又回来了。然后，崭露头角的戏剧演员伍德艾伦在他的常规节目中提到了"自动化狂热"，描述了自动扶梯如何失去他父亲的工作。[1]

但是情况不是一成不变的。19 世纪中期，正值英国摆脱了恩格斯式停顿（Engels' pause）[2]，马克思和恩格斯曾预言，持续的机械化将导致工人阶级的持续贫困。当然，他们对之前的判断是正确的，工业革命确实让很多英国人的处境越发窘迫。然而，他们关于"持续进步会导致同样的结果"的看法是有偏差的。在工业革命后期，工厂中出现的更复杂的机器就要求有更多技术工人，工人们发现新技术有助于增强他们的技能。越来越大的工厂也需要更多工程师和更多技术工人从事运营和管理。技术进步从取代技术转向使能技

---

[1] P. Zachary, 1996, "Does Technology Create Jobs, Destroy Jobs, or Some of Both?" Wall Street Journal, June 17.

[2] W. Owen, 1962, "Transportation and Technology, " American Economic Review 52(2):405-13.

术，随着技术变得越来越有价值，人们普遍开始接受技术进步，因为他们发现技术可以带来利益。

在人类解放的进程中，技术在解放人类的同时，穿插着禁锢人类的小插曲。然而，我们面临的挑战并不在技术本身，而是在于应用技术的"政治"。戴维·兰德斯（D.S.Landes）曾说，即便我们假设科学家和工程师们有永不枯竭的创造力，总是能产生新电子取代旧观念，但是我们无法保证那些利用这些想法的人会采取明智的做法，更无法保证非经济的外围因素不会让整个宏伟体系化为灰烬，毕竟人与人之间的合作无法达到尽善尽美。[1]

有一点是很明确的，如果人类永远能和科学技术并驾齐驱的话，那么就不可能会出现技术困境。比如，人类不会因为工作被新机器取代而奋起反抗。又如，即便人类暂时不能跟科技并驾齐驱，但是科学技术不会威胁到我们的生存和生活，比如，国家通过执行相关福利政策确保每个人在暂时被机器夺去工作的情况下不至于生活窘迫。

因此，这里就涉及两个问题。

人类如何能够保持与科学技术并驾齐驱？第二，国家在人类暂时落后于科学技术的步伐时能做些什么？为了使得人们在技术进步过程中能保有较强的幸福感和获得感，我们要考虑去做些什么以帮助他们能够在技术面前保持主动。

首先是个人保持终身学习，国家提供教育培训。在历史上，教育一直是人们适应技术迅猛发展、技术加速变革的方式。经济学家克劳迪娅·戈尔丁（Claudia Goldin）和劳伦斯·卡茨2（Lawrence Katz）的研究结果表明，从20世纪初到20世纪中期，美国实现快速的经济发展，很大程度上要归功于教育的大范围推广和升级，他们把20世纪看作由美国主导的人力资本的世纪，这并非历史偶然，20世纪以来，现代化事实上正在逐步深入人们的生活，经济发展离不开受过良好教育、具备高技能和跨学科知识的工人、经理、企业家和公民，以及必须由有技术的劳动者来创新发明与维护现代技术。如以任

---

[1] D.s.Landes，1969，The Unbound Prometheus: Technological Change and Development in Western Europe from 1750 to the Present (Cambridge: Cambridge University Press)，4.

[2] C. Goldin and L. Katz，2008，The Race between Technology and Education (Cambridge，MA: Harvard University Press)，1–2.

何衡量方式，技术飞速发展都已经可以确定并被看作 20 世纪的一种特征，美国人受过的教育程度最高，他们有最好的位置发明创新先进的技术用于生产商品和提供服务，同时拥有浓厚的企业家精神。[1]

技术与教育之间进行博弈是典型的美国劳动力市场的情况，20 世纪 80 年代前变革越来越多地采用取代型技术。不过，这种技术革新并未导致教育没有用处，反而使教育变得更加重要，因为有着不同教育程度背景的人们适应自动化技术的能力也相当不同。[2]随着中等收入的半技能型工作开始减少，未经大学教育的劳动者只能从事工资低的服务工作或者彻底退出劳动力市场。与此相比，拥有大学教育背景的人就可以攀爬到更高的阶层中。受过高等教育的人在技术变革中往往能比未经高等教育的劳动者更容易不被淘汰，也更容易跃升阶层。为了创造公平的竞争环境，人们纷纷建议政府加教育的投资。

我们中国从社会主义革命和建设时期就开始做各种努力保障广大人民群众受教育的基本权利。2010 年《国家中长期教育改革和发展规划纲要（2010—2020 年）》，均对职业教育、高等教育、继续教育制度之间的关系作出界定，并启动实施了一系列改革发展政策举措，全面普及了义务教育，不断推动职业教育、高等教育、继续教育改革发展，为我国从人口大国转变为教育大国和人力资源大国创造了重要条件。

党的二十大报告指出："统筹职业教育、高等教育、继续教育协同创新，推进职普融通、产教融合、科教融汇，优化职业教育类型定位。"这是以习近平同志为核心的党中央全面部署"实施科教兴国战略，强化现代化建设人才支撑"的重点举措，对开拓职业教育、高等教育、继续教育可持续发展新局面，书写教育多方位服务社会主义现代化建设新篇章，具有非常重要的导向意义。党的十八大以来，在全面建设社会主义现代化国家新征程中，习近平总书记对职业教育、高等教育、继续教育作出一系列重要论述，党的十八大以来的多次中央全会文件和党的十九大报告进行了连续的宏观部署，从顶层设计和基层实践等方面，为党的二十大报告关于统筹职业教育、高等教育、

---

[1] C. Goldin and L. Katz，2008，The Race between Technology and Education (Cambridge，MA: Harvard University Press)，1–2.

[2] Carl Benedikt Frey.2019.The Technology Trap: Capital，Labor，and Power in the Age of Automation. pp. 316-357.

继续教育协同创新，推进职普融通、产教融合、科教融汇等新要求提供了重要支持。

为构建现代职业教育体系，加快职业教育国家政策及实务落实。我们积极优化职业教育类型定位，秉承职普融通、产教融合、校企合作的原则，坚持工学结合、知行合一的理念，投入更充足的人力资源，动员社会各界及行业企业积极支持职业教育，健全终身职业技能培训制度，广泛开展职业技能培训，探索中国特色学徒制，培育出更多高素质劳动者、高技能人才，以及具有多种技能的熟练技工，增强职业教育的实用性与适应性。

为实现国家高等教育领域改革发展目标，需要进一步对高校区域布局、学科结构、专业设置进行合理地调整与优化，引导高等学校规范定位，发挥学校特色和优势，不断创新高校人才培养机制，增强学校自主创新能力，鼓励学科争创一流，分类建设一流大学及一流学科，推进产学研融合协同创新，为实施创新驱动发展战略贡献力量。

在继续教育领域，为了促进教育变革创新，畅通继续教育通道，充分发挥在线教育、网络教育和人工智能等优势，以期办好更加伴随个人一生的教育、具备平等面向和适合每个人的特性、更加开放灵活的教育，为提升教育服务经济社会发展能力作出贡献。

就个人层面而言，首先，要有意识地接受继续教育。尽量去学习和接纳多种技术：不要只局限于自己专业领域的技术，也要多了解和学习其他领域的技术，如网络、数据库、软件开发等，以增加自己的技术广度，同时也能更好地理解其他人的技术。多参与课程和培训，定立明确学习目标，在参加课程和培训之前，应该清楚地了解自己想要学成什么技术，学成后想要达到什么目标。这样可以有针对性地学习新技术，而不是盲目地跟风；选择可信赖的平台，参加课程和培训时，应该选择可信赖的机构和培训师。可以通过从同行或网络中获得的反馈来评估一个平台的质量和可靠性，以确保学到的技术是受认可的；定期更新知识，技术领域变化很快，为了保持与时俱进，应该定期参加培训和学习新课程，以确保自己了解最新技术趋势，并且始终保持竞争力；实践运用已学技能，学习新技术后，最好通过实践来巩固自己已经学到的技能，并运用到日常工作中。通过实践来更好地了解自己掌握的技术；经常反思和总结，学习新技术后，最好总结自己的学习过程和成果，在学习的过程中，要不断反思自己的不足和问题，并及时进行调整和改进。未雨绸缪，掌握一些不容易被机器取代的专业技术。

就国家政府层面而言，一方面要完善政策，提升教育水平。加强教育资源配置，完善基础教育体系，调整教育结构，深化教育改革，提高新技术接触者的素质水平，以提升技术服务水平。加强教育资源配置，加大教育投入，建立均衡、分级享受教育资源的机制，完善教育体系，发挥各级教育资源突出优势，提升和平衡教育水平。深化教育改革，应实施素质教育，加强新技术接触者的技能和素养培训，加强师资队伍的建设，提升教育覆盖范围和教育质量。　推动技术研发要加大科研力度，深入推行创新教育，普及知识和素质，支持大学生科技创新实践，优化教育投入结构，提高科技研发能力。完善政策支持，完善技术服务体系，引导各级技术研究单位和企业共同支持技术革新，落实专项资金营造良好客观市场环境，促进教育与技术的深度对接。

另一方面，为了实现技术革新，政府和企业可以建立有效的合作机制，采取利于技术政策的形式，并制定特定的技术孵化、金融、产业和投资政策。此外，将通过公共研发项目以及政府投资，还可以结成企业联盟，利用税收筹资的方式实现技术转让和转移。其次，为了落实专项资金，支持教育与技术的深度对接，可以通过完善政府教育投资政策，安排资金支持教育改革与革新，加大科技创新教育和实践型技能教育建设，推动技术人才培养和双师型学校建设，对技术发展进行提标和补贴，以及营造良好的客观市场环境，来提高教育投入性收益。最后，要深化教育与技术的深度对接，可以采取改革和创新教育体系，加大科技创新教育和实践性技能教育建设，实行技能提升和职业资格认证，完善新兴科技领域人才培养体系，搭建科技创新人才共享机制，建立技术资源共享网络，降低技术鸿沟。实施用人企业有偿聘请教育人才机制，以及开展科技创新实践。

主要参考文献

中文参考文献：

[1][德]马克思，恩格斯. 马克思恩格斯文集第 1—10 卷[M]. 北京：人民出版社，2009.

[2][德]马克思，恩格斯. 马克思恩格斯选集（第一卷）[M]. 北京：人民出版社，2012.

[3][德]马克思，恩格斯. 马克思恩格斯选集（第二卷）[M]. 北京：人民出版社，2012.

[4][德]马克思，恩格斯. 马克思恩格斯选集（第三卷）[M]. 北京：人民出版社，2012.

[5][德]马克思. 机器，自然力和科学的应用[M]. 北京：人民出版社，1978.

[6][德]马克思.1844 年经济学哲学手稿[M]. 北京：人民出版社，2014.

[7][德]马克思. 资本论（纪念版）（第一卷）[M]. 北京：人民出版社，2018.

[8][德]马克思.恩格斯. 共产党宣言[M]. 北京：人民出版社，2018.

[9][德]马克思. 雇佣劳动与资本[M]. 北京：人民出版社，2018.

[10][德]马克思，恩格斯. 共产党宣言[M]. 北京：人民出版社，2018.

[11]田广兰，单杰. 科技前沿的伦理挑战——第十一次全国应用伦理学研讨会综述[J]. 哲学动态，2019（03）：128.

[12] 赵汀阳. 人工智能"革命"的"近忧"和"远虑"——一种伦理学和存在论的分析[J]. 哲学动态，2018（04）：12.

[13]孙伟正，赵建芳. 信任研究的哲学思路探析——基于不同学科的视角[J]. 重庆社会科学，2006（4）：38.

[14]刘涛. 风险、流动性与"不确定性"批判：通往马克思主义阶级分析范式

198

[J]. 南京社会科学，2016（05）：93.

[18]程海东，王以梁等. 人工智能的不确定性及其治理探究[J]. 自然辩证法研究，2020（02）：38-39.

[15][美]安德鲁·芬伯格. 可选择的现代性[M]. 陆俊，严耕等译. 北京：中国社会科学出版社，2003：99.

[16]谈克华. 权力视域内的技术[J]. 自然辩证法研究，2011（02）：29.

[17][美]R·尼布尔. 道德的人与不道德的社会[M]. 蒋庆，阮炜等译. 贵阳：贵州人民出版社，2007：118-135.

[18]岳楚炎. 人工智能革命与政府转型[J]. 自然辩证法通讯，2019（01）：23.

[19][以]尤瓦尔·赫拉利. 今日简史：人类命运大议题[M]. 林俊宏译. 北京：中信出版社，2018：71.

[20]刘永谋. 安德鲁·芬伯格论技治主义[J]. 自然辩证法通讯，2017（01）：126.

[21][英]安东尼·吉登斯. 现代性与自我认同：现代晚期的自我与社会[M]. 赵旭东等译. 北京：三联书店，1998：275.

[22]郭喨，张学义. 专家信任及其重建策略：一项实证研究[J]. 自然辩证法通讯，2017（04）：82.

[23]郭蓉. 从技术理性到行政伦理[J]. 道德与文明，2018（06）：20.

[24][美]尼尔·波兹曼. 娱乐至死[M]. 章艳译. 北京：中信出版社，2015：185.

[25]高海青. 可选择的技术民主化：在哈贝马斯和芬伯格之间[J]. 哲学分析，2012（03）：121.

[26]朱春艳. 费恩伯格技术批判理论研究[M]. 沈阳：东北大学出版社，2005：118.

[27][美]安德鲁·芬伯格. 可选择的现代性[M]. 陆俊，严耕等译. 北京：中国社会科学出版社，2003：103.

[28]王华英. 芬伯格技术批判理论深度解读[M]. 上海：上海交通大学出版社，2012：193.

[29] [德]马克思.机器、自然力和科学的应用[M].北京：人民出版社，1978.

[30] 刘同舫.人类解放思想史[M].北京：人民出版社，2019.

[31] 代俊兰.马克思人类解放理论的历史轨迹及其当代价值[M].北京：中国社会科学出版社，2013.

[32] 王伯鲁.技术困境及其超越[M]. 北京：中国社会科学出版社，2011.

[33] [美]安德鲁·芬伯格. 可选择的现代性[M]. 陆俊，严耕等译. 北京：中国社会科学出版社，2003.

[34] [法]邦雅曼·贡斯当. 古代人的自由与现代人的自由[M]. 阎克文等译. 北京：商务印书馆，1999.

[35] [古希腊]柏拉图. 理想国[M]. 郭斌和、张竹明译. 北京：商务印书馆，2014.

[36] [法]贝尔纳·斯蒂格勒. 技术与时间：爱比米修斯的过失[M]. 裴程译. 南京：译林出版社，2012.

[37] [古希腊]亚里士多德. 尼各马克伦理学[M]. 王旭凤、陈晓旭译. 北京：中国社会科学出版社，2007.

[38] [德]阿明·格伦瓦尔德. 技术伦理学手册[M]. 吴宇译. 北京：社会科学文献出版社，2017.

[39] [德]汉斯·约纳斯. 技术、医学与伦理学：责任原理的实践[M]. 张荣译. 上海：上海译文出版社，2008.

[40] [英]亚历克斯·沃尔夫. 世界简史[M]. 盛文悦等译. 北京：当代世界出版社，2010.

[41] [英]约翰·格雷. 人类幸福论[M]. 张草纫译. 北京：商务印书馆，2014.

[42] [美]费雷德里克·费雷. 技术哲学[M]. 陈凡等译. 沈阳：辽宁人民出版社，2015.

[43] [法]亨利·伯格森. 创造进化论[M]. 汤硕伟译. 福州：海峡文艺出版社，2017.

[44] [法]米歇尔·福柯. 疯癫与文明[M]. 刘北成等译. 北京：生活·读书·新知三联书店，2012.

[45] [埃]萨米尔·阿明. 全球化时代的资本主义：对当代社会的管理[M]. 丁开杰译. 北京：中国人民大学出版社，2016.

[46] [法]阿尔都塞. 保卫马克思[M]. 顾良译. 北京：商务印书馆，2016.

[47] [美]大卫·哈维. 资本社会的17个矛盾[M]. 许瑞宋译. 北京:中信出版社，

2016.

[48][美]卡尔·米切姆. 技术哲学概论[M]. 殷登祥等译. 天津：天津科学技术出版社，1999.

[49][法]米歇尔·福柯. 规训与惩罚[M]. 刘北成、杨远婴译. 北京：生活·读书·新知三联书店，2012.

[50][德]西美尔. 货币哲学[M]. 陈戎女等译. 北京：华夏出版社，2002.

[51][荷]E·舒尔曼. 科技文明与人类未来——在哲学深层的挑战[M]. 李小兵等译. 北京：东方出版社，1995.

[52][美]赫伯特·马尔库塞. 审美之维[M]. 李小兵译. 桂林：广西师范大学出版社，2001.

[53][法]雅克·德里达. 书写与差异（上册）[M]. 张宁译. 北京：生活·读书·新知三联书店，2001.

[54][美]丹尼尔·贝尔. 意识形态的终结：50年代政治观念衰微之考察[M]. 张国清译. 北京：中国社会科学出版社，2013.

[55][美]R·尼布尔. 道德的人与不道德的社会[M]. 蒋庆，阮炜等译. 贵阳：贵州人民出版社，2007.

[56]萧前等. 历史唯物主义原理（第三版）[M]. 北京：北京师范大学出版社，2012.

[57]张一兵，蒙木桂. 神会马克思[M]. 北京：中国人民大学出版社，2004.

[58]代俊兰. 马克思人类解放理论的历史轨迹及其当代价值[M]. 北京：中国社会科学出版社，2013.

[59]杨耕. 重建中的反思：重新理解历史唯物主义[M]. 北京：北京师范大学出版社，2017.

[60]俞吾金. 被遮蔽的马克思[M]. 北京：人民出版社，2012.

[61]乔翔. 马克思人的解放思想研究[M]. 北京：中国社会科学出版社，2012.

[62]乔瑞金. 马克思技术哲学纲要[M]. 北京：人民出版社，2002.

[63]牟焕森. 马克思技术哲学思想的国际反响[M]. 沈阳：东北大学出版社，2003.

[64]王伯鲁. 马克思技术思想纲要[M]. 北京：科学出版社，2009.

[65]陈振明. 法兰克福学派与科学技术哲学[M]. 北京：中国人民大学出版社，1992.

[66]朱春艳. 费恩伯格技术批判理论研究[M]. 沈阳：东北大学出版社，2005.

[67]朱春艳. 技术民主化：费恩伯格的民主政治理想[A]. 陈凡，秦书生等. 科技与社会（STS）研究[C]. 沈阳：东北大学出版社，2008.

[68]王华英.芬伯格技术批判理论深度解读[M].上海：上海交通大学出版社，2012.

[69]刘大椿等. 科学技术哲学[M]. 北京：高等教育出版社，2019.

[70]吕世荣. 马克思意识形态批判的彻底革命性[J]. 河南大学学报（社会科学版），2002（2）：6-7.

[71]胡俊. "颠倒"：作为马克思意识形态理论中的核心[J]. 黑龙江社会科学，2012（1）：21-25.

[72]鲁品越. 《资本论》的生产力与生产关系概念的再发现[J]. 上海财经大学学报，2018（4）：4-14.

[73]韩立新. 从国家到市民社会——《论犹太人问题》和《〈黑格尔法哲学批判〉导言》研究[J]. 河北学刊，2016（5）：15-21.

[74]黄力之. 资本主义文化矛盾理论与马克思的文化思想及其延伸[J]. 中国社会科学，2012（4）：23-45.

[75]王代月. 劳动解放与自然的复魅[J]. 教学与研究，2017（4）：57-64.

[76][美]莎朗·史密斯. 马克思主义、女性主义和妇女解放[J]. 金寿铁译. 国外理论动态，2019（7）：79-86.

[77]牟成文. 马克思精神解放理论简论[J]. 哲学研究，2015（1）：25-28.

[78]朱春艳，齐承水. 论马克思主体解放思想的逻辑演进[J]. 东北大学学报（社会科学版），2018（6）：628-633.

[79]高山奎. 试析海德格尔的技术之思及其限度[J]. 云南大学学报（社会科学版），2020（2）：19-28.

[80]朱凤青. 论芬伯格的技术民主化思想[J]. 自然辩证法研究，2010（6）：37-42.

[81]关锋. 马克思的劳动过程理论和微观政治学[J]. 哲学研究，2011（8）：30-35.

[82]高海青. 可选择的技术民主化：在哈贝马斯和芬伯格之间[J]. 哲学分析，

2012（3）：119-129.

[83][加]M·邦格. 技术民主：资本主义和社会主义的替代物[J]. 鲁旭东译. 哲学译丛，1994（2）：18-20.

[84]卫才胜. 技术代码：芬伯格技术批判理论体系构建的基石[J]. 华中科技大学学报（社会科学版），2010（5）：99-103.

[85]李志昌. 编码的方法论意义[J]. 自然辩证法研究，1996（3）：24-25.

[86]宋伟. 批判与解构：从马克思到后现代的思想谱系[J]. 文化研究，2010（10）：377-393.

[87]杨楹. 论马克思解放理论的伦理旨趣[J]. 哲学研究，2005（8）：11-18.

[88]胡大平. 全球资本主义和后革命氛围——论德里克的"后革命氛围"理论[J]. 南京社会科学，2001（8）：11-15.

[89]朱春艳，陈凡. 社会建构论对技术哲学研究范式的影响[J]. 自然辩证法研究，2006（8）：59-63.

[90]谈克华. 权力视域内的技术[J]. 自然辩证法研究，2011（2）：26-31.

[91]刘永谋. 安德鲁·芬伯格论技治主义[J]. 自然辩证法通讯，2017（1）：124-129.

[92][美]曼纽尔·卡斯特尔. 网络社会与传播力[J]. 曹书乐等译. 全球传媒学刊，2019（6）：74-92.

[93]刘兴章. 感性存在与感性解放——对马克思存在论哲学思想的探析[D]. 博士学位论文，复旦大学，2008.

[94]吕良沛. 芬伯格"技术代码"思想研究[D]. 硕士学位论文，安徽师范大学，2017.

[95]晋朝荣. 安德鲁·芬伯格技术批判理论溯源[D]. 硕士学位论文，陕西师范大学，2010.

[96]安启念.再读《关于费尔巴哈的提纲》前三条——论马克思的核心哲学思想及其方法论价值[J].马克思主义与现实，2015（03）：32-41.

[97]刘召峰."改变世界"：特定的问题语境及其内涵的拓展与深化——对《关于费尔巴哈的提纲》第十一条的解读[J].河北学刊（石家庄），2010（1）：225-229.

[98]聂锦芳.究竟该如何解读《关于费尔巴哈的提纲》[N].《光明日报》，
　　2005-10-18.

[99]吴鹏；马述忠.包容性发展与全球数字鸿沟[J].上海商学院学报，2021，22
　　（05）：14-26.

[100]马洪范，胥玲，刘国平.数字经济、税收冲击与税收治理变革[J].税务研究，
　　2021，（4）：84-91.

[101]米兰·布拉伊奇：《国际发展法原则》，第 365 页，中国对外翻译出版
　　公司 1989 年版。

[102]刘春霞.中国公众的数字公平观调查报告（2022）[J].国家治理，2022
　　（17）：60-64.

[103] 景天魁.适度公平就是底线公平[J].中国党政干部论坛，2007（4）：26.

[104]邱泽奇；张樹沁；刘世定；许英康.从数字鸿沟到红利差异——互联网资
　　本的视角[J].中国社会科学，2016，（10）：93-115+203-204.

[105] E·M·罗杰斯.创新的扩散（第五版）[M].唐兴通，等译.北京：电子
　　工业出版社，2016.

[106]王辉.城市社区老年人数字融入影响机制[C].清华大学，2021.

[107]秋发.中国数字鸿沟——基于互联网接入、普及与使用的分析［M］.北
　　京：社会科学文献出版社，2010：23.

[108]黄雨晴.中国数字鸿沟的成因与赋权式治理[J].学习与实践，2022，（09）：
　　23-33.

[109]胡鞍钢，周绍杰.新的全球贫富差距：日益扩大的"数字鸿沟"［J］.中
　　国社会科学，2002（3）.

[110]陈艳红.我国数字鸿沟问题的理论分析与应对策略［J］.档案学通讯，
　　2005（6）.

[111]胡明川.网戏人与网学人的知识沟在急剧扩大[J].重庆工学院学报（社会
　　科学版），2009，（4）

[112]闫慧，孙立立.1989 年以来国内外数字鸿沟研究回顾：内涵、表现维度及
　　影响因素综述[J].中国图书馆学报，2012，38（05）：82-94.

[113]胡鞍钢等.中国的信息化战略：缩小信息差距［J］.中国工业经济，2001

（1）：25-29.

[114]曹荣湘. 解读数字鸿沟——技术殖民与社会分化［M］. 上海：三联书店出版社，2003： 282.

[115]汪明峰. 互联网使用与中国城市化——"数字鸿沟"的空间层面［J］. 社会学研究，2005

[116]习近平：高举中国特色社会主义伟大旗帜 为全面建设社会主义现代化国家而团结奋斗——在中国共产党第二十次全国代表大会上的报告[EB/OL]. [2022-10-26].

[117]丁纯，李君扬.德国"工业 4.0"：内容、动因与前景及其启示[J].德国研究，2014，29（04）：49-66+126.

[118]中共中央 国务院《关于构建更加完善的要素市场化配置体制机制的意见》[EB/OL]. [2022-10-19]. http：//www.gov.cn/zhengce/2020-04/09/content_5500622.htm.

[119]新华社.习近平主持召开中央全面深化改革委员会第二十六次会议[EB/OL]. [2022-10-19].

http：//www.gov.cn/xinwen/2022-06/22/content_5697155.htm.

[120] 央视网.中央经济工作会议在北京举行 习近平李克强作重要讲话[EB/OL]. [2022-10-19].

https：//baijiahao.baidu.com/s?id=1686420333847023433&wfr=spider&for=pc.

[121] 政府工作报告——2021 年 3 月 5 日在第十三届全国人民代表大会第四次会议上[EB/OL]. [2022-10-19].

http：//www.gov.cn/gongbao/content/2021/content_5593438.htm.

[122]曾雄."大数据杀熟"的竞争法规制——一个性化定价的概念展开[J].行业研究，2019（9）：26-32.

[123]郭铮铮，岑卓，董琛.大数据时代数据驱动型企业竞争行为分析[J].中国集体经济，2018（23）：54-55.

英文参考文献：

[1] L. Kolakowski. *Main Currents of Marxism*，New York：Oxford University Press，1978.

[2] P. Bromley. *Marxism and Globalization*，In A Gamble et al.（ed.），Marxism and Social Science. Basingstoke：Macmillan，1990.

[3]Bob Jessop. *The Capitalist State：Marxist Theories and Methods*，Oxford：Blackwell，1982.

[4]Bob Jessop. *Nicos Poulantzas：Marxist Theories and Political Strategies*，London：Macmillan，1985.

[5]Bob Jessop. *State Theory：Putting the Capitalist State in its Place*，Cambridge：Polity Press，1990.

[6]Bob Jessop. *The Future of the Capitalist State*，Cambridge：Polity Press，2002.

[7]Fromm，Erich. *Marx's Concept of Man*，New York：The Free Press，1961.

[8]S. Avineri. *The Social and Political Thought of Karl Marx*，Cambridge：Cambridge University Press，1968.

[9]R. N. Hunt. *The Political Ideas of Marx and Engles*，Pittsburgh：University of Pittsburgh Press，1974.

[10]O'Rouke，James. *The Problem of Freedom in Marxist Thought*，Dordrecht：Kluwer Academic Publishers，1974.

[11] Dummett. M. "What is a Theory of Meaning Ⅱ？" in G. Evans & J. McDowell，*Truth and Meaning*，1976.

[12]Dummett. M. *Truth and Other Enigmas*，Cambridge：Harvard University Press，1978.

[13]Putnam. H. *Realism and Reason*，Cambridge：Cambridge University Press，1983.

[14]Richard W. Miller. *Analyzing Marx：Morality，Power，and History*，Princeton：Princeton University Press，1984.

[15]Dummett. M. *The Logical Basis of Metaphysics*，Cambridge：Harvard University Press，1991.

[16]Paul Smart. *Mill and Marx：Individual Liberty and the Roads to Freedom*，Manchester：Manchester University Press，1991.

[17]Dummett. M. *The Sea of Language*, Oxford: Clarendon Press, 1993.

[18]Watson J B. Psychology as the Behaviorist Views it, *Psychlogical Review*, 1993.

[19]Gavin Kitching. *Marxism and science : analysis of an obsession*, Philadelphia: Pennsylvania State University Press, 1994.

[20]E. Driver-Linn. Where is Psychology Going? *American Psychologist*, 2003.

[21]Michael A. Lebowitz. *Beyond Capita: Marx's Political Economy of the Working Class*, NewYork: Palgrave Macmillan, 2003.

[22]Erich Fromm. *The Revolution of Hope: Toward a Humanized Technology*, New York: Harpe and Row Publishers, 1968.

[23]McDowell. J. Truth-Conditions, Bivalence, and Verificationism, in G. Evans & J. McDowell, *Truth and Meaning*, 1976.

[24]Andrew Feenberg. *Questioning Technology*, New York: Routledge, 1999.

[25]Pluralism. *the Philosophy and Diversity*, Edited by Maria Baghramiau and Atrracta Lngram. London: Routledge, 2000.

[26]Karl Marx. *Marx on globalization*, Edited and selected by David Renton, London: Lawrence & Wishart, 2001.

[27]John Hoffman. *The Gramscian Challenge: Coercion and Consent in Marxist Political Theory*, New York: Blackwell, 1984.

[28]Kate Crehan. *Gramsci, Culture and Anthropology*, Oakland: University of California Press, 2002.

[29]James Martin. *Gramsci's Political Analysis: A Critical Introduction*, New York: St. *Martin's*, 1998.

[30]Ernst Bloch, Michael Lowy, Vicki Williams Hill. Interview with Ernst Bloch, *New German Critique*, 1976.

[31]Ernst Bloch. The German Philosopher of the October Revolution, trans, Jack Zipes, *New German Critique*, 1975.

[32]Ernst Bloch. *Natural Law and Human Dignity*, trans, Dennis J.Schimdt, Cambridge: the MIT Press, 1986.

[33]Waldenfels. Bernahard and Jan M. Broekman（eds.）. *Phenomenology and Marxism*，London：Boston：Routtledge & K.Paul，1984.

[34]Pike，Shirley R. *Marxism and Phenomenology*，London：Croom Helm，1986.

[35]Kitehing，Gavin. *Karl Marx and the Philosophy of Praxis*，London：Routledge，1998.

[36]Brudney，Daniel. *Marx's Attempt to Leave Philosophy*，Cajubridge，Mass：Harvard University，1998.

[37]Herbert Marcuse. *Reason and Revolution*，Boston：Beacon Press Paperback，1960.

[38]Hall，Stuart. *Introduetion，in Formation of Modernity（edited by Stuart Hall & Bram ieben）*，Cambridge：The Open University Press，1992.

[39]Ehrenberg，John. *Civil Soeiety：the Eritieal History of an Idea*，New York：New York University Press，1999.

[40]Thompson. E. P. *The Making of the English Working Class*，Harmondsworth，Middlesex：Penguln Books，1968.

[41]Robert Weaatherley. *The Diseourseof Human Rights in China：Historieal and Ideologlcal Perspective*，New York：ST. Martin S Press，1999.

[42]Leopold，David. *The Young Karl Marx，German Philosophy，Modern Politics，and Human Flourishing*，Cambridge：Cambridge University Press，2007.

[43]Cohen. G. A. *Karl Marx's theory of History：a Defence*，Oxford：Clarendon Press，2000.

[44]Colletti，Lucio. *Marxism and Hegel*，Translated from Italian by Lawrence，Garner，London：NLB，1973.

[45]Antonio Gramsci. *Selections from the Prison Notebooks. Ed*，trans，By Quintin Hoare and Geoffrey Nowell Smith，London：Lawrence and Wishart，1971.

[46]Lichtheim，George. *Marxism：an Historical and Critical Studay*，New York：

Routledge， Praeger， 1961.

[47]Louis Althusser. *For Marx*，trans，by Ben Brewster，London：NLB，1979.

[48]Bloch， E. *Philosophie der Gewalt oder Gewalt der Philosophie .1972*， In：Ernst Bloch Ergaenzungsb and zur Gesamtausgabe： Tendenz-Latenz-Utopie，1978， Frankfurt/ Main， 1985.

[49]David Leopold.*The Young Karl Marx： German Philosophy， Modern Politics，and Human Flourishing*. Cambridge： Cambridge University Press， 2007.

[50] Georg Lukács. *History and Class Consciousness*，London： Merlin， 1971.

[51]Henri Lefebvre. *Everyday Life in the Modern World*， Trans， Sacha Rabinovitch， London： The Penguin Press， 1971.

[52]Henri Lefebvre. *Critique of Everyday Life*，volume I，Trans，John Moore，London： The Penguin Press， 1991.

[53]Michel Foucault. *Politics， Philosophy， Culture： Interviews and other writings 1977-1984*， Paul Rabinow ed，New York： Routledge， 1988.

[54] Paul Rabinow ed. *Ethics： Subjectivity and Truth*， London： The Penguin Press， 1997.

[55] James Bernauer. and David Rasmussen ed. *The Ethics of Care for the Self as a Practice of Freedom. in the final Foucault*， Cambridge： The MIT Press，1988.

[56] Jean Baudrillard. *For a Critique of the Political Economy of the sign*， Trans，by Charles Levin， New York： Telos Press， 1981.

[57] Jean Baudrillard. *The Mirror of Production.，* Trans， by Mark Poster， New York： Telos Press， 1975.

[58] Žižek. *The Sublime Object of Ideology*， London and New York： Verso，2008.

[59] Žižek. *The Ticklish Subject： The Absent Center of Political Ontology*，London and New York： Verso， 2008.

[60] Karl Leidlmair. "From the Philosophy of Technology to a Theory of Media"，*Society for Philosophy and Technology*， No.3， 1999.

[61]Ronald Aronson. "Review of the Principle of Hope", *History and Theory*, Vol.30, No.2, 1991.

[62] Perry Anderson. "The Antinimies of Antonio Gramsci", *New Left Review*, Vol.100, 1976.

[63]European Commission. Ethics Guidelines for Trustworthy AI[EB/OL]. https: //ec.europa.eu/digital-single-market/en/news/ethics-guidelines-trustworthy-ai, 2020-05-08

[64]Pitt, C. J. It's Not About Technology[J]. Knowledge Technology and Policy, 2010, 23（3）: 446

[65]Tapp. L. J. , Kelman. C. H. & Wrightsman S. L. *et al*. Continuing Concerns in Cross-Culture Ethics: A Report[J]. International Platform For Psychologists, 1974, 9（3）: 231-249

[66]Baier, A. Trust and Antitrust[J]. Ethics, 1986, 96（2）: 235

[67]Hirsh, F. Social Limits to Growth[M]. Cambridge: Harvard University Press, 1978: 78-79

[68]Hardin, R. Trust and Trustworthiness[M]. New York: Russell Sage Foundation, 2002: 3-9

[69]Uslaner, M. E. The Moral Foundations of Trust[M]. Cambridge: Cambridge University Press, 2002: 221

[70]Boddington, P. Towards a Code of Ethics for Artificial Intelligence[M]. Berlin: Springer, 2017: 8

[71]Feenberg, A. Transforming Technology: A Critical Theory Revisited[M]. New York: Oxford University Press, 2002: 3, 22, 75, 76, 84

[72]Winner, L. Do Artifacts Have Politics?[J]. Modern Technology: Problem or Opportunity, 1980, 109（1）: 121-136

[73]Marcuse, H. One-Dimensional Man: Studies in the ideology of advanced industrial society[M]. New York: Routledge, 2006: 59

[74]Habermas , J. Moral Consciousness and Communicative Actions[M]. Lenhardt, C. , Nicholsen, W. S. eds. Cambridge: MIT Press, 1990:

65

[75]Doppelt，G. What Sort of Ethics Does Technology Require?[J]. The Journal of Ethics，2001，5（2）：155-175

[76]Braverman，H. ，1998，Labor and Monopoly Capital： The Degradation of Work in the Twentieth Century，New York： Monthly Review Press.

[77]Feenberg，A. ，2002，Transforming Technology：A Critical Theory Revisited，New York： Oxford University Press.

[78]Piketty，T. ，2014，Capital in the Twenty-First Century，translated by A. Goldhammer，Cambridge： The Belknap Press of Harvard University Press

[79] Babette Babich，Günther Anders' Philosophy of Technology： From Phenomenology to Critical Theory[M]. Bloomsbury Publishing Plc，2021.

[80] Feenberg， A. Transforming Technology： A Critical Theory Revisited[M]. New York： Oxford University Press，2002.

[81] Fuchs， C.. Karl Marx in the Age of Big Data Capitalism. 2019.

[82] Feenberg， A. Replies to Critics： Epistemology， Ontology， Methodology[A]. eds. Arnold， D. P. and Michel， A. Critical Theory and the Thought of Andrew Feenberg[C]. New York： Palagrave Macmillan，2017.

[83] Sikka， T. An Analysis of the Connection Between Climate Change， Technological Solutions and Potential Disaster Management ： The Contribution of Geoengineering Research[A]. ed. Filho， L. W. Climate Change and Disaster Risk Management[C]. Berlin： Springer，2013.

[84]Babette Babich . Günther Anders's Philosophy of Technology： From Phenomenology to Critical Theory [M]. London： Bloomsbury Academic，2022.

[85]Dawsey，J. Marxism and technocracy： Günther Anders and the necessity for a critique of technology [J].Thesis Eleven 153.4（2019）.

[86]Dawsey，Jason. Ontology and Ideology： Günther Anders's Philosophical and Political Confrontation with Heidegger [J]. Critical Historical Studies 4（2017）： 1 - 37.

[87]Fuchs， Christian. Günther Anders' Undiscovered Critical Theory of Technology in the Age of Big Data Capitalism [J]. tripleC： Communication， Capitalism & Critique. Open Access Journal for a Global Sustainable Information Society 15 （2017）： 582-611.

[88]Günther Anders，Die Antiquiertheit des Menschen：Über die Seele im Zeitalter der zweiten industriellen Revolution [M]，München：C.H.Beck，1961.

[89]Günther Anders，Die Antiquiertheit des Menschen：Über die Zerstörung des Lebens im Zeitalter der dritten industriellen Revolution [M]，München：C.H.Beck，1992.

[90]Martin Woessner.Heidegger in America [M].Cambridge ： Cambridge University Press，2011.

[91]Peter Osborne，How to Read Marx [M]，New York： W. W. Norton & Company，2006.

[92]Feenberg， A. Transforming Technology： A Critical Theory Revisited[M]. New York： Oxford University Press，2002

[93]Feenberg， A. Heidegger and Marcuse： The Catastrophe and Redemption of History[M]. New York： Routledge，2005

[94]Feenberg， A. Technosystem： The social life of reason[M]. Cambridge： Harvard University Press，2017

[95]Feenberg， A. Questioning Technology[M]. New York： Routledge， 1999

[96]Lefebvre， H. Critique of Everyday Life： Introduction[M]. trans. Moore， J. London：The Penguin Press， 1991

[97]Weber， M. The Protestant Ethics and the Spirit of Capitalism[M]. New York： Routledge， 2001

[98]Marcuse， H. One-Dimensional Man： Studies in the ideology of advanced industrial society[M]. New York： Routledge， 2006

[99]Horkheimer， M. & Adorno， W.T. Dialectic Of Enlightenment： Philosophical Fragments[M]. California： Stanford University Press， 2001

[100]Feenberg， A. Replies to Critics： Epistemology， Ontology， Methodology[A]. eds. Arnold，D. P. and Michel，A. Critical Theory and the Thought of Andrew Feenberg[C]. New York： Palagrave Macmillan， 2017

[101]Sikka， T. An Analysis of the Connection Between Climate Change， Technological Solutions and Potential Disaster Management： The Contribution of Geoengineering Research[A]. ed. Filho，L. W. Climate Change and Disaster Risk Management[C]. Berlin： Springer， 2013

[102]Achterhuis， H. American Philosophy of Technology： The Empirical Turn[M]. trans. Crease，P. R. Bloomington： Indiana University Press, 1997

[103]Winner， L. Democracy in a Technological Society[M]. Dordrecht： Springer， 1992

[104]Feenberg， A. Do We Need a Critical Theory of Technology? Reply to Tyler Veak[J]. Science，Technology and Human Values，2000，25（2）: 238-242

[105]Feenberg， A. Democratizing Technology: Interests， Codes， Rights[J]. The Journal of Ethics， 2001， 5（2）: 177-195

[106]Feenberg， A. Do We Need a Critical Theory of Technology? Reply to Tyler Veak[J]. Science，Technology and Human Values，2000，25（2）: 238-242

[107]Feenberg， A. Democratizing Technology: Interests， Codes， Rights[J]. The Journal of Ethics， 2001， 5（2）: 177-195

[108]Ellul， J. Ideas of Technology： The Technological Order[J]. trans. Wilkinson， J. Technology and Culture， 1962， 3（4）: 394-421

[109]Winner，L. Do Artifacts Have Politics?[J]. Modern Technology： Problem or Opportunity， 1980， 109（1）: 121-136

[110]Philip Brey. Philosophy of Technology： A Time for Maturation[J]. Metascience， 1997（6）: 91-104

[111]Veak， T. Whose Technology? Whose Modernity? Questioning Feenberg's Questioning Technology[J]. Science， Technology and Human Values, 2000， 25（2）: 226-237

[112]Doppelt，G. What Sort of Ethics Does Technology Require?[J]. The Journal of Ethics，2001，5（2）：155-175

[113]Servon L J. Bridging the digital divide：Technology，community and public policy［M］. Malden：Blackwell pub-lishing，2002：1-23.

[114] Paul Attewell. The First and Second Digital Divides［J］. Sociology of Education，2001.

[115]Eszter Hargittai. Second-Level Digital Divide：Differences in People's Online Skills［J］. First Monday，vol .7，no .4，2002.

[116]Van Dijk，J. A. The Deepening Divide：Inequality in the Information Society. London：SAGE. New Media & Society，2005，16（3）：507 -526.

[117]Mehra，B. ，Merkel，C.，Bishop，A. P. The Internet for Empowerment of Minority and Marginalized Users. New Media Society，2004，6（6）：781～802.

[118]Arquette，T. J. Social Discourse，Scientific Method，and the Digital Divide：Using the Information Intelligence Quotient （IIQ） to Generate a Multi-Layered Empirical Analysis of Digital Division [M]. Northwestern University，2002.

[117]Yu L Z. Understanding information inequality：Making sense of the literature of the information and digital divide［J］. Journal of Librarianship and Information Science，2006，38（4）.